誠與恆的體現

王振鵠教授與臺灣圖書館

顧力仁 著

Ainosco Press

王館長振鵠教授伉儷出席 2004 年 7 月中國圖書館學會暨師範大學社會教育系、圖書資訊學研究所舉辦八十榮慶研討會

　　一位在圖書館界學養與行政經驗都如此豐富的長輩,有沒有什麼話可以送給後學者呢?王館長說:「這麼多年的公職經驗,我深深體會到服務人群的要訣,一是誠,誠乃不自欺,不欺人,誠心誠意的實事求是,千萬不能像放爆竹似的圖一時的天花亂墜,放完了什麼也沒留下;一是恆,恆乃信心耐心,擇善固執,堅持到底,持之以恆的人終將有成。」

　　凡是接近過他的人都知道,他的所有為人行事,都為這兩個字下了最好的註腳。

　　　　雷叔雲,〈謙抑應世協和容眾:館長王振鵠教授〉,1986

王振鵠教授紀要

- 1924　生於天津。
- 1941　17 歲,高中二年級,參加抗日活動,被日憲拘捕,判監禁三年。
- 1949　25 歲,來臺灣,入臺灣省立師範學院工作,初與圖書館結緣。
- 1955　31 歲,任臺灣省立師範大學圖書館主任。
- 1958　34 歲,甄選赴美,入田納西州畢保德師範學院圖書館學研究所(該校後與 Vanderbilt University 合併),參觀各大圖書館近百所。
- 1966　42 歲,升任省立師範大學教授。
- 1967　43 歲,改任國立師範大學圖書館館長,又兼任總務長。
- 1972　48 歲,兼任國立師範大學社會教育學系主任。
- 1974　50 歲,主編《圖書館學》一書,由中國圖書館學會委由學生書局出版。
- 1975　51 歲,創編《圖書館學與資訊科學》半年刊。
- 1976　52 歲,撰《當前文化建設中圖書館的規劃與設置之研究》,國家建設研究委員會編印。
- 1977　53 歲,借調任國立中央圖書館館長;通過規劃中央圖書館館舍遷建事宜,教育部組織遷建委員會。
- 1980　56 歲,成立「圖書館自動化作業規劃委員會」,推動圖書館作業自動化計畫,第一階段分成中國編目規則、中文機讀編目格式及中文標題總目等三個工作小組。

1981　57歲，行政院核准成立「漢學研究資料暨服務中心」，受聘任中心主任及指導委員會推主任委員；倡組「中華民國人文及社會科學圖書館館際合作組織」，任召集人；創編《中華民國圖書館年鑑》。

1982　58歲，行政院文化建設委員會聘為「語文圖書委員會」委員兼召集人。

1983　59歲，任美國資訊學會（ASIS）臺北分會會長（1983-1984）。

1984　60歲，編印出版《圖書館學論叢》。

1985　61歲，主持《建立圖書館管理制度之研究》。

1986　62歲，中央圖書館新館啟用，佳評如潮；中國圖書館學會贈圖書館特殊貢獻獎。

1987　63歲，羅馬教廷頒聖思維爵士勳獎；美國華人圖書館員協會頒發傑出服務獎，獎詞中將學術研究與教育、行政、組織領導並列為先生的四大成就；以督導遷建新館、推動圖書館自動化、妥善保存歷代珍籍、策辦漢學研究中心，成績卓著，行政院頒授功績獎章；舉辦中華民國臺北第一屆國際書展。

1988　64歲，美國俄亥俄大學頒授榮譽法學博士學位。

1989　65歲，舉辦第二次「全國圖書館會議」；成立國際標準書號中心，實施國際標準書號登記及在版圖書編目作業；屆齡退休，回任師範大學，續任教職。

1990　66歲，組團赴大陸訪問，為兩岸圖書館界正式交流之始。

1991	67 歲，選任中國圖書館學會理事長（1991-1995）。
1994	70 歲，自臺灣師範大學教職退休，計任教職及公職 45 年。
1998	74 歲，中國圖書館學會聘為榮譽理事。
2002	78 歲，臺灣師範大學聘為社會教育學系名譽教授。
2004	80 歲，任中國圖書館學會榮譽理事長；中國圖書館學會等單位共同舉辦「王振鵠教授圖書館學術，教育與志業：見證臺灣圖書館事業發展研討會」；出版《書緣：圖書館生涯五十年》。
2005	81 歲，辭去各校教學工作，保留師大博士生論文指導。
2014	90 歲，中華民國圖書館學會等單位舉行「臺灣圖書館事業發展——王振鵠教授學術思想研討會」；發表新書《臺灣圖書館事業文集》、《臺灣圖書館事業百年發展》、《書緣：圖書館生涯五十年》（增訂版）；受贈「CALA 圖書館傑出領袖張鼎鍾教授紀念獎」。
2015	91 歲，整理舊稿，準備出版文集。
2019	95 歲，6 月 9 日（星期日）於自宅午休中安詳辭世。

吳序

　　繼 2014 年《典範的時代和理想的人格：王振鵠館長與國立中央圖書館》一書後，力仁學棣再度完成此一大作，意義非凡。力仁要我寫序，開始我有些猶豫，因為覺得尚有其他更適合的先進同道，拜讀本書的草稿後，欣然同意。

　　王振鵠館長是對我國圖書館事業發展最具影響力的人物，論著豐富，同道對他的推崇評述也數量頗多。力仁完整蒐集這些著作，細心閱讀，有組織、有條理地歸納王館長的思想與貢獻，並且摘引其中精華，作為佐證。我跟許多圖資界的同道一樣，都曾經拜讀王館長的大作，從中學習。在教學生涯中，我經常引用王館長的論點，因為王館長總是能將一些關鍵概念精確地加以解說。在圖書館實務經營上，我也常以王館長的待人處事為典範，獲益良多。再讀此書，更加體認王館長的高瞻遠矚與風範。

　　王館長是全方位的圖書館學者及實踐者。本書對王館長的教育理念、學術研究、管理哲學，以及其對圖書館事業的貢獻有明確扼要的敍述。我們看到他對圖書館及現代圖書館所做的定義，以及對圖書館學價值的剖析；他主張圖書館教育需要以通才為基礎進而為專門學術人才；他認為圖書館的經營觀念不應只重視管理要求，更重要的是適合讀者的需求；他指出書目控制是手段，資源共享才是目的；他強調圖書館不僅是資訊的傳播系統，進而是知識的傳播系統。王館長在擔任國立中央圖書館館長及中國圖書館學會理事長期間，擘劃及執行許多影響我國圖書館事業發展深遠的制度及計畫，本書做了系統性的歸納與描述。其中在技術服務規範及兩岸圖書館合作交流方面，我很榮幸有機會在王館長的領導下參與其中，因此，讀本書時倍感親切。

王館長之受人尊崇，除了他在學術及實務上的貢獻外，無疑是與他的人格特質有關。在本書各章節中我們都可以看到許多對王館長個人風格的描述，無論是他的學生、部屬，或是海內外同道，都能感受到他器識宏闊、冷靜客觀、溫文儒雅、謙沖為懷、律己以嚴、待人寬厚的風範。1980-1982 年間，我有幸參與中國編目規則等標準的編輯工作，晚間定期在南海路國立中央圖書館舊址開會，王館長經常蒞臨指導並慰勉小組成員。1993 年首次邀請大陸圖書館界先進來臺參訪，我負責事務性工作，許多事項的安排及處理須向王館長請示，因此常有連繫。王館長退休後，我偶爾會與王館長一起參加在國家圖書館舉行的會議，好幾次開車送王館長回和平東路寓所，在短短的車程中得以親炙教誨。此外，在許多專業活動場合，也有機會見面。這些機緣，讓我能更感受及見證書中對王館長為人的形容。

　　力仁為了撰寫本書，近年來除了勤讀王館長著作，也時時拜訪王館長，確認書中細節。他提到自己幾乎每天都到臺大圖書館查找資料以及書寫，經常以三明治或麵包當作午餐。在這本書，我們可以看到力仁之用心、認真，以及組織的功力。透過本書，相信讀者同道對於王館長有關圖書館理論的精闢見解，以及對圖書館事業的卓越貢獻，當更有系統性的體悟。建議本書的讀者在閱讀正文之前，先翻閱後記，除了瞭解作者撰寫本書的旨意，更可以掌握本書的精華。

吳明德 謹識

國立臺灣大學圖書資訊學系名譽教授

中華民國 107 年 8 月

目　錄

吳　序	i
第一章　緒　論	**1**
第一節　時代鍛鍊與服務人生	4
第二節　臺灣社會與圖書館發展	8
第三節　專業實踐影響半世紀	13
第二章　教學與教育理念	**17**
第一節　前言	17
第二節　投入實際教學	20
第三節　探索內涵並掌握脈絡	28
第四節　規劃教育方向	37
第五節　結論	41
第三章　研究與學術思想	**45**
第一節　前言	45
第二節　研究歷程及階段意義	46
第三節　研究成果	51
第四節　研究精華	60
第五節　研究特色	66
第六節　結論	72
第四章　圖書館行政與管理哲學	**77**
第一節　前言	77
第二節　師大圖書館館長（1955-1977）	79
第三節　國立中央圖書館館長（1977-1989）	85
第四節　管理特色	97
第五節　個人特質	101
第六節　結論	105

第五章　圖書館與事業提升　　109
　第一節　前言　　109
　第二節　大專院校圖書館　　112
　第三節　學校圖書館　　116
　第四節　公共圖書館　　122
　第五節　國家圖書館及專門圖書館　　128
　第六節　教育部圖書館事業委員會的成立及推動　　134
　第七節　結論　　138

第六章　書目管理與國家書目　　143
　第一節　前言　　143
　第二節　書目控制　　144
　第三節　吸收經驗並融貫實施　　147
　第四節　成立書目中心　　153
　第五節　規劃書號中心　　156
　第六節　充實國家書目　　160
　第七節　結論　　163

第七章　專業組織與圖書館合作交流　　167
　第一節　前言　　167
　第二節　專業組織　　168
　第三節　館際合作　　188
　第四節　兩岸圖書館交流　　193
　第五節　結論　　199

第八章　當代師友關係及情誼　　205
　第一節　前言　　205
　第二節　師長先進　　206
　第三節　國內同道　　220

第四節　海外同道　　　　　　　　　　　　225
　　第五節　大陸同道　　　　　　　　　　　　231
　　第六節　結論　　　　　　　　　　　　　　235

第九章　結　論　　　　　　　　　　　　　　239
　　第一節　環境淬練出毅力與恆心　　　　　　239
　　第二節　教育、研究與實踐三者的結合　　　242
　　第三節　對臺灣圖書館影響深遠　　　　　　245
　　第四節　畢生體現了誠與恆　　　　　　　　253
　　第五節　為臺灣圖書館結實纍纍　　　　　　257

參考文獻　　　　　　　　　　　　　　　　　259

附　錄　　　　　　　　　　　　　　　　　　279
　　附錄一、王振鵠教授大事紀要　　　　　　　279
　　附錄二、王振鵠教授著作及傳記分類目錄　　325
　　附錄三、王振鵠教授著作及傳記編年目錄　　373
　　　　　　（增補刪改部分）
　　附錄四、王振鵠文集自序及編輯後記　　　　381

後　記　　　　　　　　　　　　　　　　　　397
　　一、人物及時代的還原　　　　　　　　　　397
　　二、有容乃大，無欲則剛　　　　　　　　　398
　　三、文化底蘊和斐然文采　　　　　　　　　400
　　四、王振鵠先生文集的出版　　　　　　　　401
　　五、感念及致謝　　　　　　　　　　　　　403

圖表目錄

	王館長振鵠教授伉儷出席 2004 年 7 月中國圖書館學會暨師範大學社會教育系、圖書資訊學研究所舉辦八十榮慶研討會	iii
圖 1-1	行政院長孫運璿 1982 年 9 月 8 日頒發公務人員績優獎章	3
圖 1-2	1958 年美國田納西州畢保德師範學院圖書館學研究所攻讀學位留影，時年 34 歲	6
圖 2-1	師範大學社會教育學系 1969 年 6 月謝師宴	21
圖 2-2	先生 1972 年撰寫國科會研究《美國圖書館員養成制度之研究》內頁	31
圖 3-1	《當前文化建設中圖書館的規劃與設置之研究》及《建立圖書館管理制度之研究》書影	49
表 3-1	王振鵠教授研究著述分類類目簡表	51
圖 3-2	《圖書館學論叢》及《臺灣圖書館事業文集》書影	61
圖 4-1	任師範大學圖書館館長時在 1972 年主持會議	79
圖 4-2	先生在 1982 年 12 月巡視中山南路新館工地	88
圖 4-3	先生主持漢學研究資料暨服務中心於 1986 年 8 月 1 日舉辦「敦煌學國際研討會」，左為文化建設委員會陳奇祿主任委員	92
圖 5-1	先生所著《學校圖書館》、《小學圖書館》及《兒童圖書館》等書，都刷印多次	118
圖 5-2	先生 1981 年著《當前文化建設中圖書館的規劃與設置之研究》內頁	123
圖 6-1	《近五年教育論文索引》、《教育論文索引》、《中文參考書選介》、《西文參考書選介》及《國立臺灣師範大學出版品暨教職員著作目錄》	151

圖 6-2	中國圖書館學會於 1982 年 2 月舉辦中文機讀編目講習會，前右起盧荷生、黃克東、先生、張鼎鍾、胡歐蘭、辜瑞蘭諸講師	154
圖 7-1	中國圖書館學會 1970 年第 18 屆年會理事當選名單	169
圖 7-2	先生所起草的〈圖書館法草案〉手稿	177
圖 7-3	1993 年 10 月於師範大學圖書館，右起林孟真教授，美國 School of Information Studies, University of Wisconsin-Milwaukee 所長 Professor Mohammed M. Aman 所長夫婦、先生，該所 Dr. Wilfred W. Fong，吳明德教授	182
圖 7-4	先生於 1990 年率團訪問大陸圖書館界，大陸文化部圖書館司杜克司長在歡迎酒會中介紹臺灣訪問團，中立者為北京圖書館任繼愈館長	193
圖 8-1	師範學院社會教育系 1965 年師生出遊，前排左起蔣復璁先生、先生、王省吾先生	207
圖 8-2	歡宴費士卓教授夫婦於 1984 年 5 月返臺訪問	209
圖 8-3	與劉真校長、藍乾章、孫邦正教授於 1992 年 7 月合影	211
圖 8-4	出席 1985 年 11 月美國加州大學「全美中國研究協會年會」，與錢存訓、李志鍾、鄭炯文諸先生合影	214
圖 8-5	中央圖書館新館 1982 年 10 月 12 日動土典禮，向教育部長朱匯森（左）介紹建築模型	216
圖 8-6	中央圖書館附設資訊圖書館於 1988 年 9 月 16 日本開館啟用，李國鼎政務委員及教育部、資策會主管參觀圖書館自動化系統	217
圖 8-7	楊日然教授攝於臺灣大學舊總圖書館門首	219
圖 8-8	1998 年 8 月參觀北京大學圖書館新廈，右起胡述兆、莊守經、先生、林被甸、盧荷生、范豪英	221

圖 8-9	先生於 1982 年 10 月率團參加美國 Ohio 哥倫布市舉行的美國資訊學會（ASIS）年會，左起 Ohio 大學圖書館館長李華偉、張鼎鍾、楊鍵樵、謝清俊諸教授及先生	224
圖 8-10	萬惟英教授舊照	228
圖 8-11	俄亥俄大學於 1988 年 6 月 10 日頒發榮譽法學博士學位，與校長 Dr. Charles J. Ping 及圖書館長李華偉博士合影	230
圖 8-12	大陸圖書館界 1993 年 2 月來臺開會留影，左起：王振鳴、周文駿、陳譽、莊守經、彭斐章、史鑑諸教授	232
圖 9-1	雷叔雲訪問先生所撰〈謙抑應世、協和容眾：館長王振鵠教授〉書影	252

第一章　緒論

先生獻身圖書館工作逾五十餘年，是半世紀以來影響臺灣圖書館事業最深遠的學者，他在論著、治事乃至於應世，永遠秉持著「誠」與「恆」的信念，為圖書館的專業形象與服務倫理樹立了完美的典範。

先生，河北濮陽人，後居天津，1924 年生。抗戰時，先生讀高中，參加學生組織抵禦日侮，被捕入監。戰後於中國大學中國文學系畢業。1949 年來臺，進入臺灣省立師範學院圖書館服務。

1955 年擔任臺灣省立師範大學圖書館主任，1956 年選任中國圖書館學會理事。1960 年自美學成返國受聘任教師範大學社會教育系，仍繼續掌理師範大學圖書館，1964 年兼授臺灣大學圖書館學系，1967 年改任國立師範大學圖書館館長，1972 年主持國立師範大學社會教育系系務。1977–1989 年借調中央圖書館（現稱「國家圖書館」）擔任館長，共計八年。1989 年獲美國俄亥俄大學頒授名譽法學博士，同年從公職退休，歸建師範大學任教。1990 年率團參訪大陸主要圖書館，1991 年榮膺中國圖書館學會理事長，1992 年策辦海峽兩岸圖書館筆談，2002 年榮任師範大學名譽教授。

先生於 1949 年投身臺灣圖書館，至今近 70 年。1960 年先生初任教職，2005 年辭卸各校教職，從事教育近 50 年。先生勤於著述，發表相關論著包括專著 40 種、學術論文及其他文字近 400 篇，超過百萬字。

1987年，先生以「主持重大計畫或執行重要政策」接受行政院頒授功績獎章，這是政府對具有特殊功績或優良服務成績等之公教人員所給予的重要勳獎，獎詞內稱：

……王館長獻身圖書館事業歷30年，主持國家圖書館逾10年。策劃督導中央圖書館新館遷建，自請撥土地，規劃設計，乃至興工，前後八年，經緯萬端，困難重重，均能一一克服。新館自75年9月啟用以來，咸認設計新穎、施工縝密、設備完善、服務優良、兼顧國家圖書文物保存，及提供圖書閱覽之需要。不但落實文化建設，提升社教功能，抑且揚譽國際，有助文化交流。此外；為配合國家資訊政策，自民國70年起推動圖書館自動化作業，經多年努力，已規劃建立國家圖書資訊體系及各項書目資料檔；對漢學研究之宏揚尤力，經由漢學資料之蒐集、出版品之編印及國內外學術界之連繫，促使學術界對漢學之研究，及增進國際間對漢學之瞭解重視。

……王館長於民國71年榮獲行政院頒發全國公教人員績優獎章，今年9月又以督導遷建新館、推動圖書館自動化，妥善保存歷代珍籍及策辦漢學研究中心榮獲行政院頒發功績獎章，實至名歸，實為公務人員典範。[1]（圖1-1）

盧荷生教授曾描寫先生對臺灣圖書館的貢獻，「從理論而實務、從傳統而現代、從都市而鄉鎮、從臺灣而國際、從專家而通才、從教育而文化，帶領著大家前進，極其廣闊，何等深

---

[1] 行政院人事行政局，《政風獎懲通報》，87期（1987.10.31）。

圖 1-1　行政院長孫運璿 1982 年 9 月 8 日頒發公務人員績優獎章

厚！」[2] 極其貼切。

　　本書綜述先生對臺灣圖書館各方面的影響,包括教學與教育理念、研究與學術思想、行政與管理哲學、各類型圖書館的經營理念與實務、書目管理及國家書目、專業組織與圖書館合作交流以及先生與當代師友的關係及情誼。

　　本章概述先生與臺灣圖書館的結緣與互動,先論先生早年的成長及人格的塑造,次論臺灣社會的變遷及圖書館的發展,再論先生對臺灣圖書館的影響。

---

[2] 盧荷生,〈王振鵠館長與臺灣圖書館事業──恭賀振鵠先生八十嵩壽〉,《國家圖書館館刊》,93 年 1 期(2004.6):1。

第一節　時代鍛鍊與服務人生

一、紀律養成堅持

先生在戰亂中成長，「教會學校」以及「日本監獄」鍛鍊出先生超乎常人的自律和堅毅。

1937 年，對日抗戰軍興，華北淪陷，時先生 13 歲，隨家人遷住租界區，轉讀教會學校並住校，生活起居都由神父管理，規律而嚴謹。每日早晨六時半起床，稍事梳洗後就到操場由高年級生帶隊跑步，跑完步再作體操，接著更衣、自習、到教堂早課，之後才進早餐並開始一天的課程，晚間另有自習時間。白天宿舍上了鎖，想回去也回不去，宿舍有六、七十張床位，為了好管理，神父也住在裡面。[3]

學校重視生活管理，除了花木剪修以外，所有的清潔打掃都由神父修士帶著學生輪流服務，校內各處整潔，秩序井然。在這個環境裡，先生養成了規律的習慣，終身受用。

比起「教會學校」的嚴格管理，先生更經歷了「日本監獄」的酷虐刑求。1941 年先生高中二年級，參加學生所組織的「抗日抗殺奸團」。1943 年，連同兄妹同被拘捕，關入天津海光寺憲兵隊嚴刑拷訊，羈押四個多月，解送北平日本 1407 軍法部隊審判，以違反大日本皇軍軍律判處監禁三年，移送新橋砲局胡同「外寄人犯收容所」執行。

在監獄的兩年半中，先生面對精神折磨和身體痛楚雙重的

---

[3] 王振鵠，《書緣：圖書館生涯五十年》增訂本（臺北市：書緣編印部，2014），8-10。

考驗,「審訊時,日本憲兵都以大聲咆哮、辱罵、拳打腳踢、木劍拍擊、灌喝冷水等酷刑作為取供手段;有時帶著一隻狼犬,答覆問題稍有遲疑或不滿意,憲兵就吆喝狼犬,向大腿處咬去」。[4] 這種難以忍受的經歷卻讓先生動心忍性,增益不能,先生說:「經過兩年多的折磨,養成內斂的個性。……由於長久的禁閉,養成了思考的習慣,較為多層面和深入的考慮問題。……坐監兩年半後,已經磨練到與人無爭和冷靜沉著的地步」。[5]

光明與黑暗原在一線之間,嚴苛的「試探」是先生最好的「試煉」,也成為他一生治學與任事堅持不懈的源頭。日後,先生「只做一件事(指圖書館工作)」,花了八年遷建中央圖書館,用去九年推動圖書館自動化,而在《圖書館法》這件事上,從草案的擬訂到法案公布實施,前後更花了 26 年。

二、教與學

近半個世紀的教學和研究生涯是先生「最甜美的回憶」,[6] 圖書館學具有實用性,需要從經營中不斷地創新,實踐是絕對必要的;而圖書館學又不僅僅是技術而已,各種不同學科的知識才是圖書館學真正的內涵,先生對此有深刻的體認,並且在教學與研究中展現無遺。[7]

---

[4] 王振鵠,《書緣:圖書館生涯五十年》增訂本,15。

[5] 王振鵠,《書緣:圖書館生涯五十年》增訂本,23。

[6] 王振鵠,《書緣:圖書館生涯五十年》增訂本,60。

[7] 先生引述美國圖書館學家 Jesse H. Shera 在《圖書館學概論:圖書館服務的基本要素》的話,「圖書館學是百分之九十的主題或實質的知識,加上百分之十的技術。……圖書館是一種人文事業,有它深廣和豐富的內涵。」見王振鵠,《書緣:圖書館生涯五十年》增訂本,64。

先生投入教學時，臺灣的圖書館教育正處於草創期，為了彌補教材的陳舊不足，先生潛心研究，發表許多成果，深入淺出，既豐富了教學的內容，也帶動了事業的進步，而教學與研究彼此間又循環不息，益增效果。若是將研究比擬為另一種形式的「學習」，則「教學相長」這句話的確是對先生教學生涯最好的寫照。

　　1959年，先生赴美深造，（圖1-2）一年的圖書館學習之旅，收穫豐碩，尤其在最後的三個月期間，參訪了美國東部以及中西部各地的76所圖書館，若加上留美期間其他的訪問，總共參觀訪問了近百所圖書館。初識彼邦先進的圖書館，先生留下深刻的印象，「美國不論是公共圖書館、大學圖書館，或是專門圖書館，都是以滿足社會及使用者的社會需求為其致力的目

圖1-2　1958年美國田納西州畢保德師範學院圖書館學研究所攻讀學位留影，時年34歲

標，在專業化的管理制度下建立起圖書館的服務理念與服務模式。」[8] 回國後，先生把握了美國圖書館的「專業管理」和「服務理念」的精髓，轉而推展臺灣圖書館事業與普及圖書館的服務。

先生的研究廣泛而又精微，既規撫了國外的成規，也切近本土的需要；先生的育才，為臺灣圖書館培養出一輩又一輩的繼起者；隨著時間的累積，先生傳布理念的講堂從學校擴展到各地圖書館，到社會，更進入到臺灣深層的文化。

三、以服務代替領導

「中央圖書館」以及「中國圖書館學會」是先生在圖書館界服務的兩個重要場合，前者是政府部門，後者是民間團體，角色、性質和功能各異，但是目標一致，都致力於「活化文化資源，提升國民素質」。先生在中央圖書館的 12 年間，以遷建館舍、推展自動化作業及提升漢學研究服務三項工作，受到國內外的肯定，也因此獲得行政院頒發功績獎章。而在中國圖書館學會，先生歷任理事、監事、常務理事、常務監事，理事長、榮譽理事長以及諸多委員會的召集人，數十年間推動會務，聯絡會眾，提出興革，拓展專業。

先生認為圖書館是通往知識的門戶，不分年齡、不分職業、也不分地區，人人都擁有平等的使用權利。作為持有知識大門鑰匙的圖書館員，面對知識，需要謙卑，迎接讀者，尤應謙虛。他曾經呼籲重視「圖書館專業倫理」，強調圖書館員「應有其

---

[8] 王振鵠，《書緣：圖書館生涯五十年》增訂本，47。

獨特的專業氣質和行事準則，顯現出無私奉獻的服務精神，在工作崗位上，要從服務中贏取社會的尊重，以及從為大眾服務中贏取社會對圖書館專業的肯定」。[9] 不論在公部門、在社團組織，先生以具體的作為將服務倫理和專業形象切切實實地做出來。

　　早年的鍛鍊為先生日後承擔的責任預先作了準備，赴美學成歸國後先生潛心研究，並為臺灣本地培育了無數的圖書館員。「以服務代替領導」是先生的座右銘，圖書館服務即是先生的人生。

第二節　臺灣社會與圖書館發展

一、臺灣社會與文化特質

　　19 世紀，臺灣從蕞爾小島登上了國際舞臺，迄今仍在亞太地區扮演著關鍵的角色，與其地理、歷史以及社會的發展等因素關係密切。

　　在地理上，臺灣由歐亞以及菲律賓兩個板塊推擠而成，自然景觀及物種生態豐富而多元，雖然幅員有限，但是各種地貌，包括崇山峻嶺、丘陵臺地及沖積平原兼有；而四季溫暖，降雨豐沛，作物茂盛。

　　近代臺灣的治理者更迭頻繁，島上本有原住民，17 世紀漢人移民來此墾拓，之後荷蘭及西班牙曾經分別在南臺灣和北臺

---

[9]　王振鵠主講，劉春銀記錄，〈第四十六屆第二次會員大會專題演講——我對學會的幾點期望〉，《中國圖書館學會會訊》，8 卷 4 期（2000.12）：3。

灣短暫統治，明鄭又繼之，清末重視建設，甲午戰後，日本統治50年，引進近代文明，二戰後回歸國民政府。400年間臺灣經歷了不同的統治，從無形的思想觀念到有形的建築語文都留下多元發展的軌跡，經過多年的建設，臺灣於1990年代躋身已開發國家，目前的人均所得具先進國家水準。

由於地處大陸與海洋交會，臺灣社會從過去到現在都受到中國、歐西、東北亞以及東南亞的影響，透過不同文化的洗禮，交織融合成本身的文化，無論在先後的移民來源、生活飲食、風俗宗教等各方面都呈現出多種風貌，「豐富而多元」是臺灣最顯著的特色。

二、臺灣圖書館的階段成長

臺灣圖書館的發展分為兩個時期，1895–1945年為日據時期，1945年迄今為近代時期。

1895年以前，臺灣只有私人藏書，沒有公共閱覽。日本在明治維新時曾經觀摩歐美圖書館的成規建立圖書館的制度，1901年日人在淡水創設「私立臺灣文庫」，採收費閱覽，是臺灣最早的公共圖書館，1909年在基隆又成立「石坂文庫」，兩者都是由私人創辦。1914年臺灣總督府設立「臺灣總督府圖書館」，是日據時期第一所也是最具規模的公立圖書館。1927年「總督府圖書館」召開全島圖書館協議會，成立「臺灣圖書館協議會」，之後又訂定「圖書館週」和「圖書館紀念日」。1943年，日本退離臺灣前2年，當時除了「總督府圖書館」以外，全臺共有公立圖書館89所、私立圖書館4所，共93所，公立圖書館分別隸屬於各州、市及街庄，臺中34所最多，臺

南 23 所其次,臺北 18 所第三。日本統治時,臺灣的高等學校多有藏書,1928 年設立的臺北帝國大學藏書最豐富,近 50 萬冊,其餘的專門學校,如總督府所設醫學校、商業學校、農林學校、高等工業學校都設有圖書館。二戰末期,全臺遭受盟軍轟炸,藏書損失嚴重。[10]

1945 年迄今臺灣圖書館的發展又可分為三個階段,分別是重建時期(1945–1952)、成長時期(1953–1976)以及茁壯時期(1977–)。[11]

在重建時期(1945–1952),光復初期後圖書館陷入停滯,國府遷臺頒布了「臺灣省各縣市立圖書館組織規程」,省縣市立圖書館陸續設置,公私立機構從大陸遷來的圖書、檔案也適時補充了當時貧乏的圖書館資源。

在成長時期(1953–1976),頒布《社會教育法》,明訂了圖書館等社會教育機構的設置方式及程序,之後中央圖書館在臺北復館、中國圖書館學會成立、師範大學、臺灣大學先後辦理圖書館專業教育,各大學陸續增建圖書館。

在茁壯時期(1977–),政府推動文化建設,中央圖書館遷建新館,各縣市設置文化中心圖書館,全省普設鄉鎮圖書館,圖書館合作推動自動化作業,大專院校圖書館科系相繼成立,專業教育提升到博士班課程,圖書館合作組織紛紛成立。

---

[10] 王振鵠、胡歐蘭、鄭恆雄、劉春銀,《臺灣圖書館事業百年發展》(臺北市:文華圖書館管理資訊公司,2014),3-6。

[11] 這三個階段的分期見王振鵠,〈二十世紀臺灣圖書館事業之回顧與展望〉,收入國家圖書館編,《中華民國八十九年圖書館年鑑》(臺北市:國家圖書館,2000),13。

截至 2015 年，臺灣地區，包括國家圖書館以及公共、大專院校、中小學及專門圖書館，共有圖書館計 5,344 所、藏書 1 億 8 千餘萬冊（件）。[12]

1945 年以後臺灣圖書館的發展有以下幾項特點，包括：圖書館法規的制定，中央圖書館的復館，圖書館學會成立，美援僑教計畫的補助，圖書館教育的推展，圖書館自動化與網路建設，文化建設政策的主導。[13] 所謂「美援僑教計畫」是一項與臺灣圖書館建設關係密切的國際援助計畫，該計畫係政府運用美援補助經費協助海外僑生回國升學之措施。1955 年起由美援撥款資助有關經費。為配合僑教需要，各大專院校在美援補助下，擴建圖書館館舍，增加圖書及教學設備，該項計畫自 1955 年起至 1960 年結束，為期六年，時間雖然不長，受援金額卻有臺幣 3 億 1 千餘萬元及美金 100 餘萬元，對當時處於成長階段的臺灣圖書館的確是一大挹注。

三、從融合到綻放的圖書館發展

事業中興以人才為本，圖書館亦然。二戰以後，日本撤離，臺灣圖書館的日籍主管都被遣返，書刊資料也在戰爭中損毀大半，人、書兩缺，至為困窘。國府來臺，具有圖書館專業背景者極其有限，其中如蔣復璁、何日章、屈萬里、藍乾章、王省吾等先生，都身負了振興圖書館的艱難任務。之後，沈寶環先

---

[12] 高鵬，〈圖書館統計〉，收入國家圖書館編，《中華民國一〇五年圖書館年鑑》（臺北市：國家圖書館，2017），349。https://nclfile.ncl.edu.tw/files/201709/44769db2-aa6d-4127-af74-539850118a7f.pdf，檢索日期：2018 年 6 月 1 日。

[13] 王振鵠、胡歐蘭、鄭恆雄、劉春銀，《臺灣圖書館事業百年發展》，8-25。

生由美來臺,萬惟英到國外取得專業學位。在「美援僑教計畫」的補助下,藍乾章、王振鵠、賴永祥、趙來龍等先生也相繼到美國考察或進修學位,充實了戰後臺灣早期圖書館的專業人才。

　　1955年,師範大學社會教育學系成立,下設圖書館學組,注重學校圖書館管理;1961年,臺灣大學圖書館學系成立;之後,輔仁大學、淡江大學、世新大學及玄奘大學相繼成立圖書館系科。1957年,師範大學與中央圖書館採建教合作方式,曾經在國文研究所短期開設「目錄學組」;1970年,文化大學史學研究所成立「圖書博物組」(後改稱圖書文物組);1972年,政治大學亦與中央圖書館合作在國文研究所設立目錄組,皆是專業碩士的前身。1980年,臺灣大學成立第一所正式的碩士班;之後師範大學、淡江大學、輔仁大學、政治大學、中興大學以及政治大學也陸續開授碩士班。1989年,臺灣大學博士班成立,師範大學及政治大學不久後也相繼成立。從1955年迄今,除了日間部外,還有若干學校開設夜間進修教育以及學分班,為符合趨勢,系所名稱也更改為「圖書資訊」或「資訊傳播」不等,但也有若干系科(組)停辦。目前,臺灣圖書館專業教育體制完備而充實,促進事業的成長與發展。

　　臺灣圖書館的專業師資有雙軌來源,包括海外攻讀學位與在國內深造,而以前者居多。

　　美國圖書館事業在自由民主制度的推動下,蓬勃發展,臺灣也深受影響,無論是營運標準、合作制度、機讀編目、專業教育……,都參仿了美國的成規,同時也保有若干本土的特色。

目前臺灣圖書館成長迅速，與國際保持同步發展，在館藏和服務上呈現多元，並且普遍向地方扎根，建立本土特色。其中，以大專及學術圖書館的發展最具代表性，電子及虛擬館藏的比例日益增加，同時也不斷開闢特色館藏，並且力求創新服務，提升品質。

第三節　專業實踐影響半世紀

半世紀多以來臺灣圖書館的發展，不論是經營管理、實務推動、教育培訓、研究著述、專業團體、國際連繫乃至於海峽交流，先生無役不與；從政策規劃到地方訪視，先生皆殫精竭慮、勇於任事。先生對臺灣圖書館的影響，不僅在有形的事功，更在無形的理念，分述如下：

一、提升專業形象

臺灣的圖書館員多年來從先生身上看到一個真實的專業形象，早年曾在師範大學受教於王館長，並且跟著他在中央圖書館工作多年的前主任張錦郎先生以「善教者使人繼其志」來形容這位影響許多圖書館從業人員的老師，他說：

> 善教者使人繼其志……王館長振鵠師當之無愧。他的學養與典範如風行草偃，給人的影響是那麼的自然。……這個影響力是什麼？很難具體地說出，或看他主持會議，或聽他講話（不論開場白或結論）。看他表情、眼神、舉手投

足等等,給人一種感覺:圖書館事業是一份很神聖的工作,要敬業、要執著、要全力以赴。[14]

在中央圖書館主持參考服務多年的王錫璋先生曾經寫過一篇題為〈早巡〉的文章,回憶先生在讀者還沒有入館之前四處巡視館舍的身影,文中說:

> ……經常見到他早巡的身影。圖書館有九層樓一萬四千多建坪,他不一定每天走到我們這個區域,但有時我拿著讀者從其他閱覽室帶到我們這間閱覽室而忘記歸回原位的書籍,要放回其他樓層的閱覽室,也經常看到他在別的地方巡視,有時候踽踽獨行,有時候向清潔工人指點那些地方要加點勁地清潔。

> 在他早巡時,對讀者昨天留在桌上、掉在地上的碎紙細物,務必要清潔工人打掃乾淨。印象最深刻是,有天他又走到我們這間閱覽室,正跟我談話時,突然看到一張閱覽桌面上有一條原子筆刻劃過的痕跡,他就馬上要我去轉告清潔工人用去污粉擦掉。「要給讀者一進館裡,就有一個舒適、乾淨的環境」他這樣說。……然則,首長的早巡,也不全然只是清潔的問題,他也會瀏覽書架上的圖書,偶爾還經常自己在那邊查閱資料。……首長在任的時候,總是念念以館務為重,有許多出國的機會,總是能推辭的就推辭,甚至於館裡辦的自強活動,首長也經常無暇參加。

---

[14] 張錦郎,〈善教者使人繼其志〉,收入寸心銘感集編集委員編,《寸心銘感集:王振鵠教授的小故事》(臺北市:寸心銘感集編集委員會,1994),44-45。

然而大多數人只看到他日常嚴謹從公的一面，比較少有人知道他連清晨也奉獻於館務的一面。[15]

二、樹立服務典範

對臺灣圖書館著有貢獻的沈寶環先生曾經發表了一篇〈圖書館事業的領導問題〉，在「後記」寫到：

> 他（即先生）從不搶人鏡頭（Limelight），學會出版的「圖書館學」是我國第一部集體著作的專書，明明是他主編的，但卻不肯具名，更把我寫的一篇文字放在篇首（圖書館學趨勢），……。[16]

1972年，先生擔任學會出版委員會召集人，籌編《圖書館學》一書，該書是臺灣早期重要的圖書館學教材。先生是當時學會出版委員會的召集人，也是實際負責該書的主編，然而在《圖書館學》書中沒有一處提及先生是主編，就連該書的「前言」也以「中國圖書館學會出版委員會」的名義署名，沈寶環先生在上文中揭開了先生是主編的謎底，也帶出了什麼才是真正的領導之深意，而先生凡事不居名，但求功成的處事風格也可由此見其一斑。

---

[15] 王錫璋，〈早巡〉，收入寸心銘感集編集委員編，《寸心銘感集：王振鵠教授的小故事》，2-5。

[16] 沈寶環，〈圖書館事業的領導問題〉，收入王振鵠教授七秩榮慶祝壽論文集編輯小組編，《當代圖書館事業論集：慶祝王振鵠教授七秩榮慶論文集》（臺北市：正中書局，1994），29。另見陳仲彥，〈王振鵠教授與師大〉，收入王振鵠教授八秩榮慶籌備小組編，《王振鵠教授圖書館學、教育與志業：見證臺灣圖書館事業發展研討會》（臺北市：國立臺灣師範大學圖書資訊學研究所，2004），3。

先生獻身圖書館工作逾 50 餘年,是半世紀以來影響臺灣圖書館事業最深遠的學者,他在論著、治事乃至於應世,永遠秉持著「誠」與「恆」的信念,為圖書館的專業形象與服務倫理樹立了完美的典範。

第二章　教學與教育理念

　　圖書館教育影響深遠，事實上，它既領導也輔助了圖書館事業的發展，若是沒有人才的培育和繼起，則無法有效的推動圖書館事業。圖書館是文化的匯聚和施教的場所，它的功能是否能適應外在的需要，這永遠圖書館教育的重要課題。[1]

　　圖書館教育的成效帶動了圖書館事業的發展，而圖書館的技術和管理上的需求，也影響到圖書館教育的內涵；此外；如何兼顧理論研究和實務經營人才的培育，如何養成具有服務觀念及現代技術的專業人員，都是圖書館教育發展中的問題。國外的經驗雖值得我們參考，但是要切合本身社會的情況和需要，仍舊是最基本考慮的因素。[2]

第一節　前言

　　光復（1945年）前後，臺灣約有圖書館百所，及至2015年，已有5,344所，[3] 70年間成長幾近60倍，顯示臺灣的圖書館在不斷地向前邁進。每一個欣榮的行業都靠著一批人在戮力

---

[1] 王振鵠，〈圖書館學教育〉，《中華民國圖書館學會會訊》，21卷2期（2013.12）：5。

[2] 王振鵠，〈二十世紀臺灣圖書館事業之回顧與展望〉，《中華民國八十九年圖書館年鑑》（臺北市：國家圖書館，2000），11-27。

[3] 高鵬，〈圖書館統計〉，收入國家圖書館編，《中華民國一〇五年圖書館年鑑》（臺北市：國家圖書館，2017），348-362。https://nclfile.ncl.edu.tw/files/201709/44769db2-aa6d-4127-af74-539850118a7f.pdf，檢索日期：2018年6月1日。

經營,圖書館自不例外,臺灣的圖書館教育為70年來這個行業的成長提供了源源不絕的專業人才,促使圖書館在質與量方面都有大幅地成長,而且方興未艾,前景可期。

近代中國的圖書館教育由美籍韋棣華女士(Mary Elizabeth Wood, 1861-1931)肇始,自1920年於文華大學內創辦「圖書科」,1929年獨立為「私立武昌文華圖書館學專科學校」(簡稱「文華圖專」),是第一所圖書館專門學校。政府遷臺前,另有金陵大學、社會教育學院、北京大學等多校開授圖書館課程,惟時間短暫,育才有限,不足以開創圖書館發展。

光復前後,臺灣僅有少數公、私立圖書館。政府遷臺,部分機構及大學攜來若干藏書,這些單位容有專業圖書館員,惟人數有限。1955年臺灣省立師範大學設置社會教育學系圖書館組,1961年臺灣大學設圖書館學系,1964年世界新聞專科學校設圖書資料科,1970年輔仁大學設圖書館系,1971年淡江大學設教育資料科學學系,1997年玄奘大學設圖書資訊學系;1980年臺灣大學成立圖書館學研究所,此後各研究所紛紛設立;1989年臺灣大學成立第一所圖書館學博士班,之後臺灣師範大學圖書資訊學研究所及政治大學圖書資訊與檔案學研究所相繼於2009及2011年設立博士班。臺灣圖書館教育由萌芽,到成長至茁壯,過程雖然漫長而艱辛,但在教育層級上包含了大學部、碩士班及博士班,分別培育適用的人材,可以說是粲然大備。1953年中國圖書館學會於臺北成立,1956年辦理圖書館工作人員講習班;此外,各學校也不定期辦理學分班,以應實際需要,圖書館專業教育的管道愈見多元。

目前臺灣計有圖書資訊相關系所 11 個，每年約有近 400 位畢業生。全臺灣現在的圖書館員應超過 10,000 人，這與早期人員稀少、人力不敷的窘狀，實有天淵之別。

先生於 1949 年投身圖書館工作，1955 年開始執教，2005 年辭卸教職，他嘗說終身只作圖書館這一件事。先生獻身圖書館至今近 70 年，從事圖書館教育也近 50 年。70 年來，先生對臺灣圖書館發揮深遠的影響，其中又以圖書館教育最為顯著。

討論先生在圖書館教育方面的論述，前此有兩篇作品，分別是：吳明德、賴麗香合撰的〈王振鵠教授與我國圖書館學教育〉，[4] 以及陳仲彥所撰〈王振鵠教授與師大〉。[5] 前文就先生有關圖書館教育歷年論著，依年代區分為國外他山之石、國內研究發展、國內回顧展望等三個時期，分析先生的研究所得及其瞻望，並述及臺灣圖書館學的發展成果；後文分述先生在師範大學期間的簡歷、專業教學、論文指導、兼任圖書館館長及社教系系主任等，並引述許多受教學生的回憶以及訪談紀錄。

本章全面檢視先生有關圖書館學研究所得，並參考先生所述教學過程以及學生追述他在教學上的貢獻，分別探究先生投入實際教學、探索教育內涵並掌握教育脈絡以及如何規劃教育等三方面，最後提出三點結論。

---

[4] 吳明德、賴麗香，〈王振鵠教授與我國圖書館學教育〉，《圖書館學與資訊科學》31 卷 2 期（2005.10）：46-51。

[5] 陳仲彥，〈王振鵠教授與師大〉，收入王振鵠教授八秩榮慶籌備小組編，《王振鵠教授圖書館學術、教育與志業：見證臺灣圖書館事業發展研討會》，1-24。

第二節　投入實際教學

一、本科教育、在職教育及圖書館利用教育

先生自 1959 年應聘在師範大學社會教育學系（簡稱「社教系」）任教，至 2005 年辭卸各校教職，前後近 50 年。其間，除在師範大學專任以外，並曾在東吳大學、臺灣大學、世界新聞專科學校、輔仁大學、文化大學以及政治大學等校兼課，又長期投入學會圖書館工作人員研習班，且不遺餘力推廣圖書館利用教育。先生任教時間既長、施教範圍又廣、對臺灣圖書館教育所發揮的影響，無出其右者。

師範大學社會教育系成立於 1955 年，分為圖書館學、新聞學及社會工作三組教學，圖書館學組是臺灣最早設立的圖書館專業人員培育機構，早期的師資包括蔣復璁、藍乾章、王省吾與萬惟英諸位先生，皆為一時之選，先生於 1959 年自美攻讀碩士學位返臺之後即任教社會教育系圖書館組，並且兼負責圖書館組的課務規劃及行政管理，其後更於 1973–1977 年擔任社會教育學系系主任（圖 2-1）。

在教學工作上，美國圖書館學家薛拉（Jesse H. Shera, 1903–1982）對先生的教育理念有諸多啟發，先生曾引述過薛拉所說的話「個人所得，有許多得自書本，更多得自教師，而最大部分得自於學生。」[6] 而先生在長期的教學過程中，更深深體會到「教學相長」的道理和樂趣，所以教學和研究出版永遠是他「最甜美的回憶」。

---

[6] 王振鵠，《書緣：圖書館生涯五十年》增訂本（臺北市：書緣編印部，2014），61。

圖 2-1　師範大學社會教育學系 1969 年 6 月謝師宴

先生重視教學的方法以及學生的反應,他說:

在教學上,除了訓練學生流暢的介紹如何利用圖書館以外,並要求四年級的同學要能規畫圖書館的經營,指定到各圖書館及資料室實際瞭解後,擬訂出發展計畫,包括經營政策、服務目標、圖書資料的選擇採訪、分類編目……,人力配置,工作分配等等具體的管理方式。曾有一位僑生,畢業後返回後僑居地的華僑學校教書,並且管理學校的圖書館,他寫信告訴我他所擬的圖書館規畫倍受校長的讚賞,這個訓練非常有用。當時圖書館的教學,大都只教授處理的程序,缺少在經營管理上進行統合性的規畫,以致就業時不曉得從何入手。

師範大學有許多僑生,分別來自港澳及東南亞各地,中文表達雖然稍差,但學習認真,「分類編目」等技術性課程

較為吃力，我額外另加重他們的學習時間，畢業後返回僑居地，在各圖書館，如香港中文大學圖書館、澳門中央圖書館等，都作得很稱職，甚至擔任當地圖書館的領導人及管理人員，師大社教系為香港、澳門及東南亞各地培養了不少圖書館專才，發揮了推廣圖書館的效益。[7]

師範生多離家就學，先生與學生互動密切，在課堂為良師、課後若慈父，師生情誼深厚。早年曾有某學生因失戀而企圖自殺，先生與教官帶著手電筒在河邊找到他並勸回。先生對僑生的生活起居尤所關注，有某僑生受傷需輸血，先生親自陪同到臺大醫院就醫並出錢買血，以供治療。先生住學校提供的宿舍，屋外有庭院，花木扶疏，學生常來家作客，以打乒乓球為娛，年節沒有返鄉的學生多在先生的呵護下享受家的溫暖。

早年先生親自帶領各屆畢業生作教學畢業旅行，除了到各地示範教學外，又實地觀摩各圖書館的經營。每次為期兩周，由臺北經臺中、臺南、高雄到屏東。當時物質匱乏，先生與學生一同在各地師專學校的空教室裡睡榻榻米，師生一起吃便當。每次先生都要在事前多方連繫，一路上還需照顧學生的飲食起居，雖然備感辛苦，但是同學能增長見聞，而當地的學校又能甄選合意的畢業生以充實師資，令先生倍感欣慰。這種畢業旅行集合了教學、參訪、推甄和攬勝為一，可說是先生為師範大學社教系圖書館組規劃的教學特色。

早期社教系圖書館組的畢業生，甫出校門，即有工作，有的甚至不只一個工作機會。先生苦心詣旨，作育英才，除了為

---

[7] 王振鵠，〈圖書館學教育〉，5。

臺灣圖書館培植了若干骨幹,更擴及到港澳及東南亞諸地。

從學生畢業後的回憶,可以看到先生對他們多方面的影響,舉幾個例子說明如下:

> 課堂上,老師總是端坐講臺,娓娓述說圖書館的種種,從老師口中道出的圖書館工作,就像他那不疾不徐的語調、堅定不移的態度一般,那麼的自然、那麼的「應該」,讓人不自覺地認為「對!圖書館工作就應該這麼按部就班、一步一腳印的做。」接觸日久,老師的溫文儒雅逐漸取代了威嚴的「巨人」,而老師的諄諄教誨讓每一位圖書館組的同學印象深刻,也奠定了大家日後在圖書館工作崗位上苦幹實幹,擇善固執的基礎。(林始昭)[8]

> ……王老師可以說一直是我學習與工作中的精神標竿。至今在工作或生活中遇到困難,我總會想想:如果是王老師,他會怎樣的處理?……他總是為大局著想,將自我隱忍下來!他一向清廉自持,尊重屬下與學生!而遇到困難,他也總是能堅持原則,盡力克服……不論在為學、行事、做人上,他都給了我們最好的典範指引!(吳碧娟)[9]

> ……升大二選組前,老師延請各方面的先進與學長,跟我們說明各組情況。但是,所有的座談與演講加起來,卻不及老師的一句話令人動容:「進入社教系,便與名利絕緣,當以文化傳承為己任。」老師這種不計名利,只求盡之在

---

[8] 林始昭,〈「卅年如一」:敬愛的王振鵠老師〉,《國立臺灣師範大學圖書館通訊》,64 期(2004.11):8。

[9] 吳碧娟,〈永遠的恩師〉,寸心銘感集編輯委員會編,《寸心銘感集:王振鵠教授的小故事》(臺北市:寸心銘感集編集委員會,1994),12。

我的精神,不惟當時成為我選組的重要依據,也深深影響我日後做人做事的態度。……老師不惟在知識上給我們很多啟發,更殷殷地以專業精神期勉我們,老師的言教與身教,深深激勵我們,使我們願意投身圖書館工作。(游恂皇)[10]

先生既是經師,更是人師,王錫璋先生以「永遠的老師」來描述先生在他心目中的地位,並說許多先生教過的學生都以跟隨他在圖書館服務為殊榮,為的是能繼續領受先生的教誨。[11]

在教學中,先生不但樹立了圖書館的價值觀,更以身教提升了圖書館的社會評價。曾經作過先生學生及部屬的張錦郎先生曾以「善教者使人繼其志」來形容,他說:

……今日獻身臺灣圖書館事業,為臺灣圖書館資訊業認真打拼的朋友,不但大部分受教於王館長振鵠師,而且,更重要的是,他們決定選擇圖書館這個行業,並兢兢業業,是受到王館長振鵠師的影響。這不是一件容易的事,不是每一個人都能做得到,……這個影響力是什麼?很難具體地說出,或看他主持會議,或聽他講話(不論開場白或結論)。看他表情、眼神、舉手投足等等,給人一種感覺:圖書館事業是一份很神聖的工作,要敬業、要執著、要全力以赴。[12]

---

[10] 游恂皇,〈我永遠的老師〉,寸心銘感集編輯委員會編,《寸心銘感集:王振鵠教授的小故事》,56。

[11] 王岫,〈永遠的老師〉,《中華日報》,2002 年 9 月 26 日,19 版。

[12] 張錦郎,〈善教者使人繼其志〉,收入寸心銘感集編集委員編,《寸心銘感集:王振鵠教授的小故事》,44-45。

先生於 1966 年升任教授，時年 42 歲，自 1966 年至 1994 年榮退，擔任教授幾近 30 年，此期間先生沒有申請過一次「離修年」（sabbatical leave），這並不代表先生不重視學術研究和學術活動，而是他始終離不開忙碌的工作；相反地，先生經年累月地不斷利用有限的公餘時間進行必要且重要的各項研究，而且無論在質與量方面都頗為驚人。[13]

先生於 1961 年起投入學會的圖書館工作人員研習會，從實際教學到課務安排，多年間無役不與。研習會（班）的舉辦堪稱為圖書館學會對臺灣圖書館最大的貢獻，參與的學員包括大專、學校、公共及專門圖書館各類型，遍布臺灣各地，甚至有遠從港、澳來參加。先生在 1983 年研習會的結業典禮上說了一段話，將圖書館的經營理念表達無遺，他說：

> 今天只是研習會的結束而不是工作的結束，各位在六週中所學的是有關圖資料處理的概念及專門的技術，但更重要的一點是服務的精神及服務的態度，圖書館是社會教育機構，圖書館員是民眾與書籍間的橋樑、媒體，怎樣維護良好的圖書館館際和人際間良好的關係，這是圖書館成敗的關鍵，圖書館的工作最重要是靠我們鍥而不捨、親切、和藹、服務奉獻的態度精神。[14]

---

[13] 根據鄭麗敏有關圖書館學與資訊科學研究的調查分析，臺灣從 1974 年到 1993 年這二十年來被引用次數量最多的國內著者是王振鵠，而被引用次數最多的中文個人著作分別是藍乾章撰《圖書館經營法》及王振鵠撰《圖書館學論叢》，見鄭麗敏，《近二十年來臺灣地區圖書館學與資訊科學期刊論文引用參考文獻特性分析》摘要，淡江大學教育資料科學研究所碩士論文，1993。

[14] 王振鵠講，薛理桂記，〈七十二年暑期圖書館工作人員研習會結業典禮致詞〉，《中國圖書館學會會務通訊》，35 期（1983.10）：23。

除了本科教育及在職教育外,先生也在各場合推動圖書館利用教育,他曾撰著〈談學校圖書館的利用教育〉、〈如何使用圖書館(與宋建成合著)〉,並為空中大學的教科書《圖書資料運用》撰寫〈導言〉,在〈導言〉中,先生強調圖書館利用在求知過程的必要性,他說:

> 圖書資料的運用是擴大學習效果,以及從事自我發現最有效的助力。……所謂的知識有兩部分,分別是知識內涵和知識的線索,前者是追求知識的目的,後是追求知識的手段,若是祇重視知識的內涵而忽略了知識的線索,就祇能被動的接受有限的內容,而不能主動的探索發現和創造發明,殊為可惜。[15]

先生又屢屢應邀到各機關及學校宣講圖書館的重要性,1977年,蔣經國先生時任中國國民黨主席,先生受邀赴中國國民黨中央常務委員會以「國立中央圖書館之發展」為題作報告。

二、教學帶動研究,研究支持教學

先生認同薛拉的看法,認為「圖書館是一種人文事業,有它深廣和豐富的內涵,……圖書館學是百分之九十的主題或實質的知識,加上百分之十的技術」。[16] 投身教學後,先生深感當時的中文圖書館書籍不僅陳舊,而且內容侷限,不能充分表達圖書館學的內涵。所以致力於研究撰述,將實務經驗和教學

---

[15] 王振鵠,〈導言〉,收入王振鵠、鄭恆雄、賴美玲、蔡佩玲,《圖書資料運用》(臺北縣:國立空中大學,1991),8。

[16] Jesse H. Shera 著,鄭肇陞譯,《圖書館學概論:圖書館服務的基本要素》(新竹市:楓城出版社,1986),186。

所需兩相結合。從 1965 年至 1975 年，先生每年申請並執行國科會研究計畫，發表了一系列重要的作品，[17] 既成為最好的教學材料，也奠定了個人的研究基礎。

1972 年先生擔任中國圖書館學會出版委員會召集人，策編《圖書館學》一書，選定了 14 個主題，分別由各主題專精者執筆，這本書理論與實務兼具，暢銷 20 多年，是臺灣早期重要的圖書館教材。在這本書中，先生撰有〈圖書館與圖書館學〉一文，[18] 該文除了探討圖書館學的意義，起源，概念和其發展以外，最重要的是歸納了中外的說法，將圖書館學的內涵分為五個研究方向，分別是：歷史與功能、圖書資料、技術方法、讀者服務以及圖書館行政與組織。[19] 該文闡釋了圖書館和圖書館學的精義，對認識圖書館的重要性以及圖書館學的內涵是一篇重要的作品。

先生的研究始終和教學及實務互相配合，所以研究成果不但能夠印證實務，也能解決實際問題。大陸圖書館學家倪波先生以「寓工作、研究與教育三者結合為一」來形容先生的學術成就。他說：

> 他（王振鵠）的學術成就深深根植於圖書館事業的肥沃土地之中，又經過系統的圖書館教育的培養與薰陶、因而根

---

[17] 包括：〈西洋圖書分類之沿革〉、〈西洋圖書分類之理論與實際〉、〈各國圖書館員教育之比較研究〉、〈美國圖書館合作制度之研究〉、〈圖書選擇與採訪之研究〉、〈標題目錄之研究〉、〈美國圖書館標準之研究〉、〈各國圖書館標準之比較研究〉、〈美國圖書館員養成制度之研究〉、〈美國公共圖書館制度之研究〉、〈美國書目管制工作之研究〉等 11 篇。

[18] 王振鵠，〈圖書館與圖書館學〉，收入中國圖書館學會出版委員會編，《圖書館學》（臺北市：臺灣學生書局，1974），41-86。

[19] 王振鵠，〈圖書館與圖書館學〉，69。

深幹壯，枝繁葉茂。他走的是一條寓工作、研究、教育於一體的「三結合」之路。尤其是學術研究來源於實踐，不脫離實踐，服務於實踐。[20]

先生的教學帶動了研究，而其研究又豐富並支持其教學，再加上將工作、研究與教學三者結合為一的具體實踐，形成先生精湛又獨特的研究成果、教學特色與管理風格。

第三節　探索內涵並掌握脈絡

美國圖書館是民主制度下的產物，深寓自由、平等的真義。在美國，圖書館本身就是一個重要的教育作為，而其圖書館教育，更是重中之重。先生在美見聞所及，深感圖書館對國家進步、社會教化以及國民知能的重要性。

先生在圖書館教育的研究用力至勤，創獲豐富，所寫有關圖書館教育的相關論述約共 28 篇，是早年臺灣發表此類作品最多的一位學者。他一方面對「國外的教育內涵」進行探索，另一方面也不斷掌握「國內的教育脈絡」，從而尋思「圖書館教育的本質」，分述如下：

一、探索國外教育內涵

先生歷來有多篇研究，以下三篇撰述或譯作具有代表性，摘述如次：

---

[20] 倪波，〈振鵠論〉，《圖書與情報》，1994 年 4 期（1994）：34。

（一）各國圖書館員教育之比較研究[21]

分述英、美、蘇、法、德、日本、巴基斯坦及我國圖書館教育，並有專章介紹課程標準，重點包括：

1. 歐陸國家、蘇聯與美國、日本、巴基斯坦間頗有差異，其中，英、德、法等國重視職業技術，以師徒教學為主。英國由專業協會採資格考試認證，並有函授、部分時間及全時授課，法、德兩國採學校教育及資格考試。美國採認可制（Accreditation）。由認可委員會辦理評鑑，重要舉措包括：成立圖書館學校及研究所、設置圖書館學校協會及圖書館教育委員會、提出威廉生報告（Williamson Report）。日本以「公共圖書館法」及「中小學圖書館法」訂出圖書館員資格，並由在職訓練、協會講習擴增到專業教育，包含各學制，同時依循美制，訂定教育最低標準。蘇聯普設圖書館學校及研究所課程，另有函授及夜間部。

2. 英、美兩國圖書館協會分別以資格考試及教學認可推動教育，「教學認可」重視評鑑，與「最低標準」關係密切。

3. 在圖書館課程標準上，強調專業館員應具備條件、教育目的以及研究所與本科生課程內容，其中教育目的包括：啟發研究圖書館學的興趣、奠定研究及工作的基礎、訓練具備專業技術人才以及培養專業師資。

結論中，先生提出三項具體意見：建立圖書館工作的理論基礎，謀求圖書館教育的整體發展，設立圖館學研究所。另在課程標準上，先生於1962、1964及1965年參與課程修訂工作，

---

[21] 王振鵠，〈各國圖書館員教育之比較研究〉，國科會55學年度研究論文。

強調要加強文學史以及學科史的教授,以加強背景知識。

(二)美國圖書館員養成制度之研究 [22]（圖 2-2）

繼以上研究,先生針對美國圖書館專業教育之發展及課程設計進一步探討,重點包括:

1. 杜威的圖書館經營學校——正軌教育之起始。
2. 威廉生的「圖書館服務之訓練」報告——教育改革計畫。
3. 全國性的圖書館教育計畫——認可制度之建立與實施。
4. 六年制專家訓練計畫——專業教育的新措施。
5. 課程之分析——核心課程之設計。

前三章係探討教育發展,第四章論六年制專家訓練,為哥倫比亞大學所創,在專業人員獲得碩士學位後再研究一年,即高中畢業後的第六年教育。第五章探討「圖書館學」的體系內容,並就 50 所圖書館學校課程分析比較。

本研究中,先生引述並強調「圖書館學著重實際的效用,而非一純粹理論的科學。準此,其目標並非為學問而學問,而是如何使圖書館發揮其最大的功能。」[23] 而在結論中,先生也引述並提出美制課程的重點所在,在於「美國圖書館教育的三項基本條件:通才教育基礎,學科專長及語文根基。……通才教育是成功的圖書館教育的必備條件。……最理想的方式是每一個館員都是一位通才,而又是專才,獲有一個文理學士學位、

---

[22] 王振鵠,〈美國圖書館員養成制度之研究〉,國科會 61 學年度研究論文。
[23] 王振鵠,〈美國的圖書館教育制度〉,收入《圖書館學論叢》（臺北市:臺灣學生書局,1984）,451。

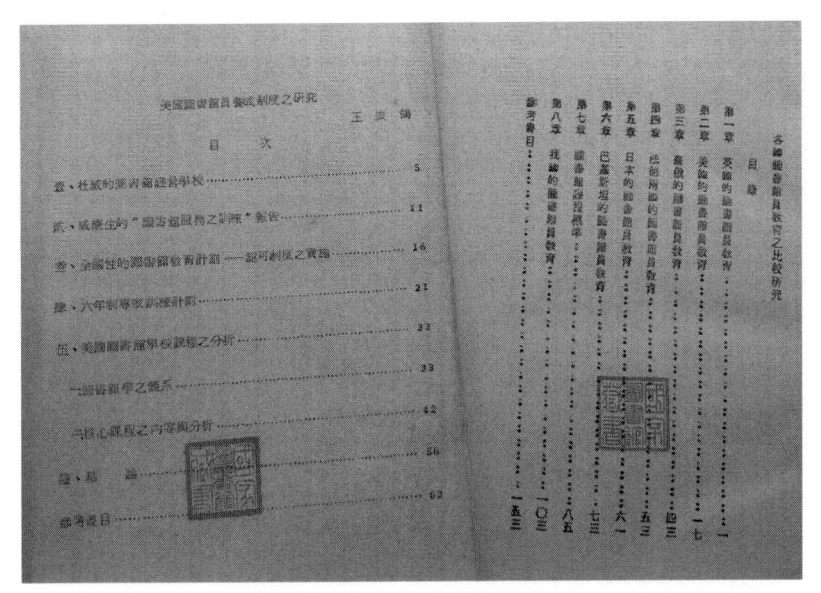

圖 2-2　先生 1972 年撰寫國科會研究《美國圖書館員養成制度之研究》內頁

一個圖書館學研究學位,以及至少有一個另一專門學科的碩士學位。」[24]

(三) 美國圖書館學校的評價與認可制度[25]

本篇為譯作,「認可制」由教育機構組成的協會予以教學評鑑,是美國教育特色。由於威廉生報告的建議,美國圖書館教育繼醫學、法律後實施。認可制設立若干標準,在各項標準中,經費、教職員、課程及設備最重要,教員標準中列舉了 9 項條件;課程標準中列出 16 項,略如:重視圖書和圖書館所

---

[24] 王振鵠,〈美國的圖書館教育制度〉,490。
[25] Carnousky, Loon 著,王振鵠譯,〈美國圖書館學校的評價與認可制度〉,《圖書館學報》,11 期(1971.6):179-190。

承擔的歷史任務及其功能、組織和訓練,熟知一般性及專門性的書目及資料來源,具有廣泛的文學知識與各學科資料的評定能力,瞭解圖書資料的選擇、蒐集和組織的原則方法且能有效從事……等等。

　　認可應週期實施,要有繼續評估計畫。認可機構不以制訂「政策」為足,應不流於公事與教條,盡量補助學校達成標準,以期教育能時謀改進。

　　先生除了留意美國圖書館教育的長處以外,也頗關注大陸的圖書館教育,他曾經分析海峽兩岸圖書館的教育制度和教研狀況,並指出大陸幅員廣大,「中專教育」提供了大量初級專業人力,切合需要;而成立教學研究室,充實教學內容,也有其作為。[26] 先生也稱許大陸圖書館學校在教材的編寫,廣泛而深入,包括北京大學、武漢大學的許多師資以及大陸教育委員會都出版了許多兼顧理論及實務的教科書,例如北京大學信息管理系吳慰慈的《圖書館學基礎》,武漢大學信息管理學院黃宗忠的《圖書館學導論》,大陸圖書館教育委員會的《理論圖書館學教程》、《文獻計量學》、《情報心理學》等。

二、掌握國內教育脈絡

　　先生持續關心本土圖書館教育,在 1960-1990 年代間,不時撰寫有關臺灣圖書館教育的最新狀況,除了向國際介紹臺灣

---

[26] 王振鵠,〈圖書館學教育的幾個問題〉,《上海高校圖書情報學刊》,1994 年 1 期(1994.3):8。「中專教育」即中等專業教育,學制 2 年,主要為圖書資訊部門培養初級專業人才。

圖書館教育的成長以外,也做為掌握國內發展狀況,調整教育方向的參考。

先生認為臺灣在圖書資訊學教育的發展過程中有幾項特色,包括:

(一) 層級設計:各校分別設置大學部、碩士班到博士班等不同學制。

(二) 系所易名:從早先「圖書館學」演變為圖書資訊、資訊傳播、資訊與圖書館學、圖書資訊與檔案學不等。

(三) 課程調整:包括課程停授、課程改名(分類編目改為資源組織)、增加資訊課程(如資訊政策、資訊行為等)。

(四) 在職教育:包括對未受專業教育者教導專業知能以及加強專業人員的資訊新知與技術,形式包括學會及各圖書館的研習會、中小學及鄉鎮圖書館工作人員講習以及教師和在職人員繼續教育。[27]

此外,先生也指出臺灣圖書資訊學教育的發展過程中,有兩項最顯著的改變,分別是:

(一) 教育層次的提升:此一進展不僅提高專業人員的素質,同時也促進了圖書館學與資訊科學的研究和發展。

(二) 傳統圖書館學與資訊技術的融合:圖書館學系為因應時代的需要,電腦與網路的發展,參照國外成例,融合圖書館學和資訊科學成為圖書資訊學系(所)。同時,在

---

[27] 王振鵠,〈臺灣圖書館學教育之發展〉,2012 數位時代圖書資訊教育與產業人才需求研討會,http://www2.glis.ntnu.edu.tw/2012lis_manpower/docs/2012lis_manpower_03.pdf,檢索日期 2017 年 7 月 12 日。

傳統的圖書館學課程中也增加了相當的資訊技術課程，如圖書館自動化、資訊檢索、網路資源、程式語言、索引與摘要、系統分析與管理等。[28]

在先生有關臺灣圖書館教育諸多論述中，有兩篇作品具有代表性，摘述如下：

（一）圖書館教育[29]

從圖書館教育與國家社會的需要方面來衡量，在質、量雙方面有待改善之處尚多。從質的方面來說，圖書館工作是一項公眾服務，在教育內涵上，如何奠定專業信念，貫注專業精神，培養其應有的服務觀念與態度，以適應未來圖書館工作的需要，這是圖書館教育成敗之一重要因素。其次，在教學內容上，學科專長，語文基礎，以及圖書館技能三者如何兼籌並顧，相輔相成，也是有待研究改善之一重點。在量的方面，目前各校圖書館系科畢業學生每年數逾 300 人，而實際就業率僅有百分之三十，今後如何在圖書館教育方面質量並重，精減招生名額，吸收確有從事圖書館服務興趣的學生，給予嚴格的專業訓練，在課程安排上知識與技術並重，理論與實際兼修；此外，在人員任用上，打通人事管道專才專用，均為今後應行注意改善的問題。

---

[28] 王振鵠，〈二十世紀臺灣圖書館事業之回顧與展望〉，18。
[29] 王振鵠，〈圖書館教育〉，收入國家圖書館編，《中華民國圖書館年鑑》（臺北市：國立中央圖書館，1981），261。

（二）我國圖書館學教育的回顧與前瞻[30]

圖書館教育的內涵要重視本國文化的傳統，並切合社會的要求。圖書館學的理論方法絕不能全部從一個國家移植到另一個國家，能移植過來的僅屬一種基本理論的知識表層。故今後如何建立我國圖書館學的哲學理論與圖書文獻的組織體系，實為當前亟待努力的方向。

（三）圖書館教育的本質

圖書館學教育究竟是「專業教育」？還是「專門學術」？圖書館學教育所培養究竟是「專業人才」？還是「專門學術人才」？針對這個關乎圖書館學教育的本質問題，先生認為：

> 圖書館學教育同時培育以上兩方面的人才，一是專業人才，從學校畢業後進入圖書館工作，擔任技術服務、讀者服務以及各種圖書資源的管理，在校所學課程講求實際和應用，這種專業人才的培育模式由早期的學制而來；另一是專門學術人才，先奠定通才教育的基礎，再繼續修習圖書館專業課程，這種模式以美國為主。一般認為在現代社會的需求下，資訊管理非常重要，圖書館教育需要以通才教育為基礎的專門學術人才，至於通才教育的內容並沒有一定的規範。[31]

先生結合了多年對圖書館的研究、教學與管理，對圖書

---

[30] 王振鵠，〈我國圖書館學教育的回顧與前瞻〉，收入國立臺灣大學文學院主辦，《大學人文教育的回顧與展望：大學人文教育教學研討會論文集》（臺北市：國立臺灣大學文學院，1992），103-126。

[31] 王振鵠，〈圖書館學教育〉，6。

教育的本質有深刻的體會,他從「教育目標、學科融合和訓練條件」這三方面來闡釋,引述如下:

1. **教育目標**

「研究圖書館學術」及「培育適合圖書館業務需要的專業人才」是圖書館教育的兩大目標,以培養具有專業信念和服務精神的從業人員。在教學內容上,圖書資料的處理技術要與專業倫理並重。專業倫理表現於專業服務精神,而專業精神基於對圖書館使命與功能之體認。

2. **學科融合**

晚近圖書館教育以「資訊」為導向,圖書館人員的知能除了資訊技術外,更應具有鑑別、選採及運用文化資源的基本知能。當結合圖書館學與資訊科學,在一中心理念下融為一體,產生一門符合我國文化背景並適應當前及未來需要的「圖書資訊學」。

3. **訓練條件**

理想的圖書館員應具備學科專長、語文基礎及圖書館學知識技能,當在課程上妥為調適安排。[32]

此外,先生同時也強調「圖書館學教育必須在本國文化基礎上謀求改善」。

先生深知圖書館對國家、社會乃至個人皆具價值與貢獻,而教育是推動圖書館功能的不二法門,在其研究及教學過的程

---

[32] 王振鵠,〈圖書館學教育的幾個問題〉,8-9。

中，不斷尋思借諸他山之石，配合國情，提出教育的改善方法。由早年探索國外教育的內涵，到持續關注國內教育的發展，再到最後歸納出教育的本質，從這一系列的過程，再再可以瞭解先生對圖書館的使命感以及對圖書館教育的深謀遠慮。

第四節　規劃教育方向

先生長期任教各圖書館科系，又擔任學會教育委員、專業課程修訂委員、系所評鑑委員、教育部圖書館事業委員會委員，也曾籌備成立「中華圖書資訊學教育學會」[33]並出任多項圖書館重要研究計畫主持人，在這些角色上，先生對教育多所興言，提出許多睿智的意見，擇要分述如下：

一、當前文化建設中圖書館的規劃與設置之研究[34]

本研究中，在「發展途徑」中牽涉到「教育」的有兩項，一是改進圖書館教育制度方法，以提高人員素質；一是培養圖書館利用者，以倡導讀書風氣，並發揮圖書館效能。[35]

在「改進圖書館教育制度方法」，先生提出三項建議，包括：

---

[33] 中華圖書資訊學教育學會簡稱 CALISE，經內政部立案登記，於 1992 年（民國 81）成立,成立宗旨在研究、發揚與促進圖書資訊學教育。見中華圖書資訊學教育學會，〈關於 CALISE〉，中華圖書資訊學教育學會，http://www.calise.org.tw/about.htm，檢索日期：2017 年 7 月 11 日。

[34] 國家建設研究委員會編，《當前文化建設中圖書館的規劃與設置之研究》（臺北市：國家建設研究委員會，1981），30、80-83、84。

[35] 國家建設研究委員會編，《當前文化建設中圖書館的規劃與設置之研究》，30。

（一）提高人員素質：提高素質，除了提升至研究所施教外，亦應在各級圖書館設有相當職位，並給予合理待遇，以容納吸收高素質人力，以免人才浪費，教、用脫節。

（二）培養學科專長：學科專長攸關圖書資料選採、編及參考服務的品質，分科管理更需具備學科專長，研究所教育有助培養學科館員；而本科生教育要重視技術方法與公眾服務，尤其在專業精神與服務態度的加強。課程內容應重視地方文獻、臺灣史料及有關社會教育的科目，以求切合實際。

（三）各校重點發展：在選修課程應依學校特性、分就各學科、各項工作、或各類圖書館性質，擇要開課，以利各類工作人員的培養，避免就業競爭。[36]

在「培養圖書館利用者」，先生提出觸發民眾利用圖書館的動機，要在自動培養閱讀興趣。[37]

二、建立圖書館管理制度之研究[38]

在本研究內「我國圖書館發展芻議」一章中，先生列舉「改進圖書館教育」以及「提升圖書館專業人員之地位」兩項建議。在「改進圖書館教育」方面，以強化圖書館學專業教育並普及圖書館公眾教育為目標，而在「圖書館公眾教育」這部分，則

---

[36] 國家建設研究委員會編，《當前文化建設中圖書館的規劃與設置之研究》，80-83。
[37] 國家建設研究委員會編，《當前文化建設中圖書館的規劃與設置之研究》，84。
[38] 王振鵠、胡歐蘭，《建立圖書館管理制度之研究》（臺北市：行政院研究發展考核委員會，1985），142-147。

提出了三項具體的作法,包括:利用大眾媒體宣導圖書館觀念、訂立「圖書館利用教育」實行綱領以及各級學校設圖書館介紹課程。

三、我國圖書館學教育的回顧與前瞻 [39]

在本文中論及「我國圖書館學教育的未來發展」,先生提出四項方向,包括:

(一)改進現行制度,提升圖書館專業人員之素質,

(二)調整課程,培養具有學科專長之圖書館專業人員,

(三)整合圖書館與資訊科學,因應資訊社會的要求,

(四)加強中小學及鄉鎮圖書館員之培養,以配合圖書館事業的開展。

四、臺灣圖書館學教育之發展 [40]

在「教育問題」部分,先生提出以下四項,分別是:

(一)專業導向:課程設計上必須考慮到社會的需要、專業的需求與學生的就業能力;課程安排上更應理論與實務兼顧,重視職業道德與倫理教育的培養。

(二)課程整合:由於資訊的發展及網路建設,圖書館學專業課程變化至鉅,有必要在圖書館學與資訊科學領域下參

---

[39] 王振鵠,〈我國圖書館學教育的回顧與前瞻〉,107-110。
[40] 王振鵠,〈臺灣圖書館學教育之發展〉,2012 數位時代圖書資訊教育與產業人才需求研討會,http://www2.glis.ntnu.edu.tw/2012lis_manpower/docs/2012lis_manpower_03.pdf,檢索日期 2017 年 7 月 12 日。

照「美國圖書館學訊科學教育協會」研究體系，擬訂一分類體系，以供國內參考。

（三）師資培育：目前的師生比與國際圖書館協會聯盟（International Federation of Library Associations, IFLA）的規定頗有差距，影響教學成效。

（四）認證制度：認證制度是專業組織對於專業鑑定與要求，其目的在提高素質、適才適用，美國早已建立了依照學歷、等級與考試三種方式的資格評定等級，臺灣可在目前的任用制度上，研究配合實施。

先生素以為圖書館不僅要配合社會發展，並應建立專業內涵為要，所以在規劃教育方向上特別強調「配合社會發展」以及「建立專業導向」這兩個重點。在教育的實施過程中，先生不僅體察時勢，博採周知，更不斷檢視現況，隨時修正，綜合以上，歸納如下：

（一）配合社會發展：先生所提培養學科專長、結合理論實務、強化專業倫理，整合圖書館學與資訊科學等皆有助於圖書館教育能與時俱進，配合社會發展。

（二）建立專業導向：先生所論課程整合、強化師資、認證制度等，對於專業地位的提升甚有幫助。

在以上這些改進芻議中，先生反覆強調兩個要點，分別是「強化專業倫理」和「建立專業理論」，先生嘗說：

> 過去屢有同學以「圖書館的專業為何？」或「圖書館的價值為何？」相詢，英國圖書館學家曾說圖書館的最終目的為「服務」二字，假如服務不能滿足社會的需要，圖書館

即喪失其價值。……圖書館是一項社會公益事業，以服務展現其功能，以功能彰顯其社會價值。因此，圖書館員必須體認到本身肩負的使命，秉持專業信念，推動及發展圖書館事業。[41]

先生以為倫理包含了群我關係與服務信念，既是立身處世之本，也是彰顯專業的根本要件，乃專業服務的具體表徵；而建立學科理論更是奠定長遠發展的基礎工作，從歷史的演進、文化的傳衍、時代的變遷以及科技的勃生，可以分析、歸納以及建立符合時空背景並適應本國環境的圖書館學體系。

第五節　結論

教育是樹人的工作，更是文化的大計，無論是育才樹人或是根植文化，都需要歲月、信念、耐心與毅力。先生在圖書館教育上的投入，包括實際教學、研究論述以及提出興革，接近半世紀，在我國圖書館近代化的發展歷程中，是少有的著例。其獻替既多，而影響必大，盧荷生先生論到先生對臺灣圖書館的貢獻，其中之一就是在「教育及文化」方面，盧先生說：

……王館長以圖書館專家的身分，一直在師範大學服務，對教育自有深刻的體認，多年參與文化建設工作，對文化的發展，亦多有獨到的見解。我們常可以在他的圖書館觀

---

[41] 王振鵠，〈臺灣圖書館事業的前景以及專業人員的基本認知〉，收入中華民國圖書館學會編，《2011 圖書資訊學研討會論文集》（臺北市：中華民國圖書館學會，2011），5、8。

念裡，覺察出來蘊藏有深厚的教育與文化的內涵，將圖書館的工作，帶入更高遠的境界，注入更高更深的意義。[42]

先生對臺灣圖書館教育影響深長，綜言之有以下三項特色，分別是：

一、熱愛教學，重視教育

先生之所以「熱愛教學」並「重視圖書館教育」，有其必然的原因。

熱愛教學是出於先生重視師生間的情誼，無論是受教門牆或是私淑其德的學生，對先生都有一個共同的印象，就是「望之儼然，即之也溫」，「望之儼然」是因為先生言行不苟、克己復禮，而「即之也溫」則充分顯示出先生樂於啟迪後進、培育人才，為圖書館專業培植更多的可用之材。其次，先生重視圖書館教育更有其深謀遠慮，他將教育放在建立全國圖書館事業的布局上來考量，所以先生對教育的內涵以及教育的精神多所強調，一再表達不但要建立自己的圖書館理論，也要重視圖書館倫理。

再者，「熱愛教學」與「重視圖書館教育」這兩者之間也有一個共同的脈絡，就是源自於先生對圖書館信念的執著，他始終認為圖書館有其不變的社會價值，圖書館學是統御國家文化資源、推展社會教育、管理各種資料以及個人治學研究的重要方法。

---

[42] 盧荷生，〈王振鵠館長與臺灣圖書館事業——恭賀振鵠先生八十嵩壽〉，6。

二、言教身教，樹立典範

　　作為師者，先生在學生的心目中，不僅勤於傳道、授業及解惑，更從己身要求，實踐不輟，為學生樹立了一個真實的典範。

　　在與圖書館的結緣裡，先生在教學與圖書館教育的提倡上，付出一生的精華歲月，不但帶給他最大的滿足，春風化雨、影響所及，也為臺灣的圖書館樹立典型、奠定基礎。

三、提倡倫理，建立理論

　　先生心繫臺灣圖書館事業的發展，在圖書館教育方面，他固然重視專業知識與技術的傳授，但是他更強調「強化專業倫理」和「建立專業理論」這兩項根本大計。

　　先生又將圖書館員的基本認知與理念歸納為若干要項，可謂圖書館專業倫理的基本綱要。在上文中，先生曾倡議制訂「圖書館員倫理守則」，也提到日本所定的守則不只是原則性的綱要，還包括具體要求，例如服裝、儀表以及態度行為等，另大陸也訂有倫理守則。同文又稱圖書館是一項社會公益事業，以服務展現其功能，以功能彰顯其社會價值。因此，圖書館員必須體認到本身肩負的使命，秉持專業信念。先生發表該文的次年，即 2002 年，國家圖書館即委託中國圖書館學會研訂〈我國圖書館員專業倫理守則〉十條。[43]

---

[43] 國家圖書館委託、中國圖書館學會研訂，〈我國圖書館員專業倫理守則〉，LAROC 中華民國圖書館學會，http://www.lac.org.tw/law/12，檢索日期：2017 年 7 月 12 日。

此外,在「建立專業理論」方面,先生曾提出:「建立我國圖書館學的哲學理論與圖書文獻的組織體系,實為當前亟待努力的方向」。[44] 又提倡「在資訊科學基礎上,成立圖書文獻理論,成為圖書館學、目錄學以及文獻學共同的理論基礎。」[45]

教育永遠是任何事業奠基的礎石,也是一個漫長的工作,需要一棒接著一棒傳遞下去。先生對於圖書館教育的許多真知灼見,並不因為時間的推移而失去時效,我們欣見先生過去所提的若干意見已經陸續被實施,如成立博士班學制、持續進行課程評鑑和研訂圖書館員倫理守則等;但是仍有若干看法,如強化專業倫理以及建立專業理論等,仍有待日後繼續合作推動,以竟全功。

---

[44] 王振鵠,〈我國圖書館學教育的回顧與前瞻〉,125。
[45] 王振鵠,〈臺灣圖書館學教育之發展〉,2012 數位時代圖書資訊教育與產業人才需求研討會,http://www2.glis.ntnu.edu.tw/2012lis_manpower/docs/2012lis_manpower_03.pdf,檢索日期 2017 年 7 月 12 日。

第三章　研究與學術思想[*]

　　王館長五十年來，浸淫圖書館學，成就斐然，眾所欽羨；又一直擔任重要的圖書館館長，實務經驗，無比豐富，所以他的圖書館學，不但見解獨到，而且都是實務上可行，更能緊抓住當今臺灣圖書館發展的急迫需求。因此，他能在臺灣圖書館事業發展的關鍵點上，帶領我們跨越過來，這種從理論而實務的難能可貴境界，真的是仰之彌高，鑽之彌堅！[1]

　　他走的是條寓工作、研究、教育於一體的「三結合」之路。尤其是學術研究來源於實踐，不脫離實踐，服務於實踐。這是被學術實踐反覆證明了的一條康莊大道。[2]

第一節　前言

　　先生在圖書館學的成就與影響，可說是從研究開始，也在研究上成功。先生在學術研究的成就斐然，著作等身。美國華人圖書館員協會於1987年頒發他「傑出服務獎」，在獎詞中將學術研究與教育、行政、組織領導並列為先生的四大成就，在「學術研究」部分說：

---

[*] 本章根據筆者以下兩篇文章改寫而成：顧力仁，〈永遠秉持誠與恆的信念：王教授振鵠先生論著述要及其學術思想〉，《圖書館學與資訊科學》，31卷2期（2005.10）：5-13；顧力仁，〈王振鵠教授的研究對圖書館教育及治理的影響〉，《國家圖書館館刊》，103年2期（2014.12）：193-203。

[1] 盧荷生，〈王振鵠館長與臺灣圖書館事業──恭賀振鵠先生八十嵩壽〉，《國家圖書館館刊》，93年1期（2004.6）：2

[2] 倪波，〈振鵠論〉，《圖書與情報》，1994年4期（1994）：34。

王教授極力提升圖書館學學術研究，他曾任《圖書館學與資訊科學》刊物主編，也是《圖書館學》一書主編。他的著作包括《圖書館學論叢》、《圖書館選擇法》等書，以及有關圖書館學及資訊科學為主題的各類論述作品百餘篇。[3]

從 1955 年迄今，先生的著作共有專著 40 種，單篇文章近 400 篇，另曾指導 37 篇學位論文。此期間先生任教多校，並於 1955-1989 年擔任中央圖書館館長，又持續出任圖書館學會多項委員會召集人，在教育、行政及組織領導上扮演多重角色，然而還能在公餘研究不輟，質精量豐，論著的內容遍及圖書館學的理論與技術、圖書館事業發展的歷程，以及各國圖書館事業經營的方法等，涵蓋面極為廣泛，這種旺盛的研究動機當源自於先生對圖書館事業的熱愛。

第二節　研究歷程及階段意義

先生自美學成回國後，即在師範大學社會教育學系任教，他曾回憶其研究過程說：

> 由於圖書館學是一門應用科學，偏重實用性和適應性，當時中文教材陳舊不足，許多教材採用國外的著作和資料，時有未能切合我國實際情況之處，所以必先經過一番吸收、消化及融合的過程，而在教學、研究和實務三方面必須兼籌並顧。由於我在教學之外，兼掌圖書館工作，有方

---

[3] 「美國華人圖書館員協會獎詞」見李華偉，〈我所認識的王振鵠教授〉，收入王振鵠教授七秩榮慶祝壽論文集編輯小組編，《當代圖書館事業論集：慶祝王振鵠教授七秩榮慶論文集》（臺北市：正中書局，1994），6。

便的研究和實習環境,比較容易獲得研究和教學資源,也容易印證實務上的適應性。[4]

爾後多年,先生始終集研究、教學及經營於一身。先生早期的研究是其學術基礎的奠定時期,除了單篇論文以及諸多譯著之外,自 1965 年至 1975 年的十多年間,先生連續申請到國科會研究,這些研究論文是先生體察本土需要並針對西方之長所做的深入剖析,也是在圖書館教學上的重要基礎材料。這些作品不僅質精,而且量豐,例如:〈西洋圖書分類之研究〉(國科會 1964 年研究)252 頁、〈美國圖書館合作制度之研究〉(國科會 1967 年研究)154 頁、〈各國圖書館標準之比較研究〉(國科會 1971 年研究)160 頁、〈美國公共圖書館員養成制度之研究〉(國科會 1972 年研究)122 頁。先生所發表的國科會研究論文對於當時萌芽中的臺灣圖書館學教育以及學術發揮了重要的影響。

大陸學者倪波曾撰文介紹先生的學術思想及發展軌跡,並從發表的學術論文及其學術活動將先生的學術研究工作歸納為三個階段,分別是學術奠基時期、學術發展時期,以及學術集粹時期。[5]

從 1955 年到 1978 年,前後 23 年的時間是先生的學術奠基時期。1959 年先生從美國范德比大學(Vanderbilt University)畢保德師範學院(George Peabody College)獲圖書館碩士,回國後歷任師範大學社會教育學系講師、副教授、教授、系主任,

---

[4] 王振鵠,《書緣:圖書館生涯五十年》增訂本(臺北市:書緣編印部,2014),頁 58。

[5] 倪波,35-36。

同時兼任該校圖書館館長,並參與圖書館學會會務。先生這段時間研究的代表作品包括〈圖書館與圖書館學〉(收於《圖書館學》一書)以及十餘篇國科會研究論文,前者探討圖書館與圖書館的概念與演進,包括意義、體系、功能與任務,後者包含一系列主題實務性的前後貫串的研究論文。此外,1972年發表〈論全面發展圖書館事業之途徑〉《教育資料科學月刊》一文,是先生首次對圖書館整體發展的建言。倪波評述這一階段的研究,「一方面從事對圖書館學的深入剖析,⋯⋯另一方面認真研究美國圖書館學與圖書館事業的現狀與發展趨勢,⋯⋯在這二十多年期間他所發表的論著,基本上都是以此逐步開展的,就其研究的連續性與系統性考察,為他以後的學術研究和從事圖書館領導工作打下了堅實的基礎」。[6]

從1978年到1989年是先生學術研究全面發展時期,這12年間他出任中央圖書館館長,並持續擔任中國圖書館學會常務理事,此外,亦受聘參與文化建設委員會及中華文化復興推行委員會的業務推動,這段時間先生全心投入在圖書館行政工作,1978年開始擘劃中央圖書館新館遷建工程,1981年創設「漢學研究中心」,但仍有大量的撰述,代表作如:《當前文化建設中圖書館的規劃與設置之研究》(國家建設研究委員會)、《建立圖書館管理制度之研究》(召集人,行政院研究發展考核委員會)(圖3-1)此外,這段期間先生應各方邀請為他人著作撰寫序文,多達70餘篇,先生以其豐厚的專業素養和精湛洗鍊的文筆,所撰序文不僅可供導讀原著,鳥瞰全書,而且引伸發揮,議論縱橫,莫不切中肯綮,對圖書館事業的各領域

---

[6] 倪波,〈振鵠論〉,35-36。

尤富參考價值。1984 年出版《圖書館學論叢》,該書精選 14 篇前此的研究成果,分類彙編成書,除了討論圖書館學的理論與實際外,並從現況介紹中瞭解我國圖書館事業發展的軌跡,以及其他國家圖書館事業的經營方法。

　　1989 年先生從公職退離後,是他在學術研究的集粹時期,由於在圖書館界聲望卓著,退休後並未少歇,除了回師範大學任教,旋由教育部圖書館事業委員會延聘出任委員,同時各校圖書館科系爭相聘教,又於 1995 年榮膺中國圖書館學會理事長,此期間,先生的著述比前期更為豐碩,陸續發表若干專著及學術論文,代表作包括:《文化中心十年》(文化建設委員會)、《縣市文化中心績效評估》(召集人,行政院研究發展考核委員會)、〈文獻處理標準化問題〉(中國圖書館學會會務通訊)、〈我國圖書館資訊服務政策之探討〉(文化建設與社會教育)、〈合作館藏發展制度的建立〉(中國圖書館學會會報)、〈我國圖書館學教育的回顧與前瞻〉(大學人文教育

圖 3-1　《當前文化建設中圖書館的規劃與設置之研究》及《建立圖書館管理制度之研究》書影

的回顧與展望：大學人文教育教學研討會論文集）、〈臺灣地區的圖書館學研究〉（圖書館與資訊研究論集：慶祝胡述兆教授七秩榮慶論文集）、〈二十世紀臺灣圖書館事業之回顧與展望〉（中華民國八十九年圖書館年鑑）、〈圖書館法與圖書館事業之發展〉（中華民國九十年圖書館年鑑）、〈交流合作，共謀發展〉（圖書館學與資訊科學）、〈為發展中華圖書館事業而努力〉（交流）、〈海峽兩岸圖書館界交流之回顧與展望〉（華文書目資料庫合作發展研討會論文集）……。倪波評先生這段時間的撰述有兩個特色，「一是著重於就臺灣地區圖書館事業的回顧與展望總結式的論述，一是發表對海峽兩岸學術交流的願望與主張」。[7]

以上這三個階段各有其特色，倪波歸納說：

> 學術奠基時期是致力於研究與介紹國外圖書館學與圖書館事業發展，以期進行比較研究，試圖尋找出圖書館事業的途徑來。學術發展時期是從實際情況出發，緊密結合圖書館工作實際，以圖書館的功能、現代化與科學管理為主旋律，以大視角多渠道來探索圖書館學各個領域。學術集粹時期是重在總結多年研究心得與所奉獻的圖書館事業。[8]

---

[7] 倪波，〈振鵠論〉，35-36。
[8] 王振鵠，〈圖書館與圖書館學〉，收入中國圖書館學會出版委員會編，《圖書館學》（臺北市：臺灣學生書局，1974），5。

第三節　研究成果

先生 50 年來的研究成果，遍及圖書館學各領域，詳如表 3-1：

表 3-1 王振鵠教授研究著述分類類目簡表

1. 圖書館事業 　1.1 圖書館綜論 　1.2 圖書館史（含臺灣圖書館、圖書館人物） 　1.3 圖書館學與資訊科學 　1.4 圖書館專業組織 　1.5 文化建設與文化中心 2. 各類型圖書館 　2.1 國家圖書館 　2.2 公共圖書館 　2.3 大專圖書館 　2.4 學校圖書館 　2.5 專門圖書館 3. 圖書館教育與研究	4. 圖書館經營與管理 　4.1 館藏與選擇 　4.2 資源組織（分類編目） 　4.3 讀者服務（含圖書館利用、參考服務） 　4.4 圖書館自動化及資訊服務 　4.5 圖書館法規與標準 　4.6 圖書館行政管理 5. 圖書館合作交流 　5.1 館際合作 　5.2 國際交流 　5.3 兩岸交流 6. 漢學研究及古籍整理 7. 出版與閱覽

其中有幾個重點，分別是圖書館及圖書館學的內涵、圖書館與國家政策的關係、圖書館資訊建設、圖書館行政管理、圖書館合作交流等，分述如下：

一、圖書館及圖書館學的內涵

先生對圖書館與圖書館學的意義、體系、功能與任務有深入的體察，早年他曾為「圖書館」作了一個簡潔扼要的定義：

> 圖書館就是將人類思想言行的各項紀錄,加以蒐集、組織、保存,以便於利用的機構。[9]

之後他又為現代圖書館作了一個新的詮釋:

> 現代的圖書館是一采集與擷取紀錄在各種媒體上的資訊知識,經過組織、整合與傳播,提供自由利用和不限時地的資訊檢索服務,以引導與便利人們學習研究、交流經驗,進而激發創造人們新知文化,調適民眾生活的機構。[10]

前後相較,雖然圖書館的概念及其內涵隨著時代的變遷不斷改變,但是先生認為圖書館的社會價值不會改變,這些不變的基本價值包括「保存文化紀錄、維護求知權利、傳播資訊知識、調適精神生活。」[11]

至於「圖書館學」的意義及功能,先生認為:

> 圖書館學是一種知識與技能,據以研究圖書館經營的理論與實際,以及有關圖書資料之選擇、蒐集、組織與運用的方法。圖書館學的效用,對國家社會而言,他是統御國家文化資源,推展社會教育的一種手段;對圖書管理機構而言,它是一項資料處理的應用技術;對個人而言,他是一項治學的門徑與研究的方法。[12]

---

[9] 王振鵠,〈圖書館與圖書館學〉,5。
[10] 王振鵠,〈現代圖書館的概念與認知〉,《中華圖書資訊學教育學會會訊》,19 期(2002.12):3。
[11] 王振鵠,〈圖書館與圖書館學〉,5。
[12] 中國圖書館學會出版委員會編,〈前言〉,收入《圖書館學》(臺北市:臺灣學生書局,1974),1。

他又推究圖書館學的起源、體系以及中外圖書館學簡史，歸納出圖書館學的研究範圍包括以下五個方向，分別是：

> 歷史與功能的研究，圖書資料的研究，技術方法的研究，讀者服務的研究，圖書館行政與組織的研究。[13]

這個範圍不但和圖書館的經營息息相關，也成為長久以來圖書館學研究和學校開授課程的標準形式。

二、圖書館與國家政策的關係

1979年政府推動文化建設工作，透過中央圖書館的遷建以及各縣市文化中心的興建，提升民眾的精神生活，並且讓圖書館具體落實在生活中，發揮它傳布國家文化資源、推展社會教育的功能。

1981年，先生研提《當前文化建設中圖書館的規劃與設置之研究》，就各文化中心之計畫，國內外圖書館之現況以及我國圖書館事業之規劃與發展作了詳盡的分析說明，他特別強調圖書館與國家建設的關係：

> 一國圖書館的存在乃基於國家建設的需要，民族文化的延續，社會求知的權利以及民眾生活的調適四大要求。就國家建設而言，無論是政治、國防、經濟、教育、文化，以及科技等決策之制訂，技術方法之研究，無不有賴於資訊的供應，作為瞭解事實、掌握現況、查證參考，以及分析研判的依據。[14]

---

[13] 王振鵠，〈圖書館與圖書館學〉，31。
[14] 國家建設研究委員會編，《當前文化建設中圖書館的規劃與設置之研究》（臺北市：國家建設研究委員會，1981），88。

1979 年以後的十餘年間,是中央及地方設置文化中心軟硬體建設的重要階段,在先生所撰《文化建設十年》一書中屢述甚詳,[15] 文化建設中圖書館的興建不僅在事前有詳盡的規撫擘劃,在實施的過程中也有相關標準的制訂以及績效的評鑑。1992 年先生擔任召集人,完成《縣市文化中心績效評估》。[16]

三、圖書館資訊建設

在先生的研究中,資訊建設與圖書館的關係不侷限於圖書館自動化作業及網路系統建設,還包括圖書館資訊服務政策的擬訂。1980 年,中國圖書館學會和中央圖書館籌設「圖書館自動化作業規劃委員會」,啟動了臺灣地區圖書館的自動化,此後,無論在技術規範的擬訂、全國性資訊系統的建立、國家圖書館資訊網路系統的啟用、自動化作業的整合與推展,乃至於國家重要文獻典藏數位化計畫的推動,先生都以不同的角色參與其間。

「資訊」(Information)早年有不同的譯法,稱「情報」、「消息」、「信息」……等都有之,譯為「資訊」二字,首見於先生,他在師範大學社教系主任任內,創編《圖書館學與資訊科學》(Journal of Library and Information Science),自此,眾人皆習稱「資訊」及「資訊科學」。1976 年,先生發表「三十年後的圖書館」一文,預測圖書館在資料處理方面的趨勢,「圖書館業務的自動化」(Automation)以及「圖書館網狀組織

---

[15] 王振鵠,《文化中心十年》(臺北市:行政院文化建設委員會,1991),142-147。
[16] 王振鵠、胡述兆,《縣市文化中心績效評估》(臺北市:行政院研究發展考核委員會,1993)。

（Library network）的普遍化」是其中兩項重大的改變與發展。[17]

晚近他回顧這一段圖書館自動化與網路建設的歷程，指出其深遠的影響：

> 在臺灣圖書館事業發展中，最令人矚目的另一成就就是圖書館自動化作業和網路系統建設，這也是近二十年來圖書館界隨中文電腦的發展和資訊網路的建設而合作研發的成果。其影響不僅是將圖書資料的處理技術，自傳統的手工作業導向機械化處理，更重要的一點是透過資訊技術的開發與應用，促進文獻資料的整合交流，使資源共享的目標早日達成。[18]

有了圖書館自動化與網路建設作為基礎，方可進而針對國家的需要，規劃全國資訊服務政策，以謀資訊共享。先生曾發表專文，探討我國資訊服務政策的研訂，在原則方面他強調要注意到以下各方面：

（一）配合全國資訊體系，……謀求整體發展，達到資訊共享的終極目的；

（二）配合國家建設計畫，適應國情需要，並在現有基礎上發展；

（三）確認圖書館、資料中心、文獻管理單位、檔案館及傳播機構等在資訊選擇、蒐集、儲存、分析、檢索與流通傳布工作上所扮演的角色與互動關係；

---

[17] 王振鵠，〈三十年後的圖書館〉，收入《圖書館學論叢》（臺北市：臺灣學生書局，1994），58-59。

[18] 王振鵠，〈二十世紀臺灣圖書館事業之回顧與展望〉，收入國家圖書館編，《中華民國八十九年圖書館年鑑》（臺北市：國家圖書館，2000），19。

（四）不僅要著眼於全國資訊之共享，同時也要兼顧跨國資訊之傳輸與交流；

（五）不僅要注意資訊系統的建立與技術合作，更應重視資訊資源（Information resources）的充實與適當的整理，以切合機關團體與社會大眾各方面的需要；

（六）資訊人才的專業教育，與民眾利用資訊技術的輔導教育對於資訊服務的提升與推廣有密切關係，應予加強。[19]

四、圖書館行政管理

在圖書館的行政管理方面，先生既要求制度的建立，也重視服務的品質，並且講求管理的方法，他認為：

> 圖書館事業的經營觀念要配合時代要求有所改變，且能適應未來的需要。將來的圖書館的及技術工作固然重要，而讀者服務變化更大。所以我們在經營觀念上應加檢討，如何更適合讀者的需要，而不是一味地只注意到管理上的要求。在整個圖書館管理制度上，也會有很大的改變。尤其在今天，科學管理與企業化經營的方法，以及成本效益、目標認定評估等觀念，都是圖書館未來發展上值得注意的問題。[20]

在「制度的建立」方面，先生早在多年前就洞燭先機，提

---

[19] 王振鵠，〈我國資訊服務政策初探〉，《國立中央圖書館館刊》，21卷2期（1988.12）：109-111。

[20] 國立中央圖書館編，《全國圖書館會議議事錄》（臺北市：國立中央圖書館，1989），209。

出全面發展臺灣地區圖書館事業的若干途徑,包括:

(一) 設置專門機構管理全國圖書館事業;
(二) 制訂圖書館事業法案;
(三) 組織全省公共圖書館網,謀圖書館事業之整體發展;
(四) 加強學術圖書館之合作,用以配合學術研究;
(五) 合作經營中、小學圖書館,配合國民教育之延長與發展。[21]

其後,在他主持的《建立圖書館管理制度之研究》中,他更進一步的闡述,以期在臺灣地區建立起一個「新圖書館制度」的規劃模式:

(一) 訂定圖書館法與標準,為今後發展圖書館事業之依據。
(二) 專設圖書館事業規劃機構,以統一事權,研究各類型圖書館之合作發展事宜;
(三) 規劃全國圖書館資訊網,以國家圖書館為全國自動化發展中心,全面規劃各地各類圖書館館際合作網。[22]

在「服務品質的強調」方面,先生早年發表過許多圖書館經營實務的專著,包括:《學校圖書館》、《小學圖書館》、《怎

---

[21] 王振鵠,〈論全面發展圖書館事業之途徑〉,《教育資料科學月刊》,4 卷 4 期(1972.10):2-3。
[22] 王振鵠、胡歐蘭,《建立圖書館管理制度之研究》(臺北市:行政院研究發展考核委員會,1985),1-2。

樣管理圖書》、《圖書選擇法》……，以及一系列實務性研究論文，包括：〈西洋圖書分類之沿革〉、〈西洋圖書分類之理論與實際〉、〈各國圖書館員教育之比較研究〉、〈美國圖書館合作制度之研究〉、〈圖書選擇與採訪之研究〉、〈標題目錄之研究〉、〈美國圖書館標準之研究〉、〈各國圖書館標準之比較研究〉、〈美國圖書館員養成制度之研究〉、〈美國公共圖書館制度之研究〉、〈美國書目管制工作之研究〉……，足見他在不斷地尋求最適合讀者需要的經營管理方式。

大陸學者倪波認為先生最擅長「圖書館管理」，這些都是他累積了多年來豐富的實踐經驗和精心的研究成果，也提供後進許多借鑑，包括：

（一）從圖書館計畫、組織、領導、決策、控制與協調入手，進行科學管理；

（二）提高圖書館領導藝術，特別是要提高做人的領導藝術；

（三）推行圖書館業務管理，包括人員管理、館藏資源管理、建築與設備管理、圖書館業務技術管理等；

（四）開展圖書館質量管理與評估；

（五）加強圖書館事業的宏觀管理，包括圖書館事業的管理體制、圖書館組織與管理機構、圖書資訊網路建設、圖書館教育等。[23]

---

[23] 倪波，〈振鵠論〉，36-37。

五、圖書館合作交流

各圖書館由於人力、物力，以致於無法拓展服務範圍及服務對象，面對此一困境，先生認為「合作」是唯一的解決方式。他曾就美國圖書館的合作制度發表過研究。1991 年，又針對國內的環境提出〈建立全國圖書館合作服務制度促進資源共享政策〉的專題研究，研究的目標包括：

（一）依據我國在文化建設、學術研究、教育發展及民眾資訊等方面的需求，探討我國圖書館收藏發展之得失、服務之成效，作為規劃合作服務之參考。

（二）研究國外圖書資訊界在資源共享方面所進行的計畫與工作，並檢討其成果，俾收他山之石可以攻錯之效。

（三）調查分析我國現行合作服務之度之成效，在合作採訪方、編目、典藏、流通及資訊交流等方面提出可行的建議。[24]

合作不僅是圖書館與圖書館之間的觸媒，更是地區與地區間資源共享的契機。從公職退休後，先生以餘力來推動過去素所關心，但受限職務不便表達的兩岸圖書館事業的合作發展。1992 年，先生撰寫一篇題為〈為發展中華圖書館事業而努力〉的文章，說道：

> 雙方應加強觀念上的溝通和館際間的交流，秉持繁榮中華圖書館事業，恢弘中華文化，以及謀求資源共享的理念，

---

[24] 王振鵠、沈寶環，《建立全國圖書館合作服務制度促進資源共享政策》（臺北市：教育部圖書館事業委員會，1991），2-3。

盡一份圖書館工作者的責任。由於雙方圖書館界都以傳承民族文化、傳布資訊為職志，有其共同的事業觀和共通的語言，所以對於在目前大環境下可能的發展，也都有相互的瞭解和期望。雙方一致希望以「求同存異」的觀點，積極的態度與韌性的精神，從學術研究、訪問觀摩、資訊交換互補、編譯專業詞彙及合作出版著手合作。[25]

先生以多年經營臺灣圖書館的績效說明兩岸圖書館事業「是合作而不是對抗」，因為這份共同的事業把雙方連在一起，所以他所秉持的信念不過是「繁榮中華圖書館事業、恢宏中華文化，以及謀求資源共享的理念，盡一份圖書館工作者的責任。」[26]

第四節　研究精華

先生所發表的作品或單獨成書、或分見各報刊，而所寫的序文更散見於各類專書，《圖書館學論叢》以及《臺灣圖書館事業文集》兩部論文集彙收了先生的研究精華（圖 3-2）。

《圖書館學論叢》是先生第一本結集成冊的論文集，[27] 成篇於 1984 年，選錄先生前此發表論文 14 篇，其中超過一半介紹國外圖書館的良法成規。先生早年的研究重視引進西方學理及實務，以開拓國內視野，一方面為先生的學術研究奠定了基礎，另一方面也為當時臺灣的圖書館引入許多新知專技。根據

---

[25] 王振鵠，〈為發展中華圖書館事業而努力〉，《交流》，9 期（1993.5）：59。
[26] 王振鵠，〈為發展中華圖書館事業而努力〉，58。
[27] 王振鵠，《圖書館學論叢》。

圖 3-2　《圖書館學論叢》及《臺灣圖書館事業文集》書影
（來源：臺灣學生書局、國家圖書館）

1994 年鄭麗敏對 1974–1993 年間圖書館學及資訊科學期刊論文的引用分析，先生的論著是這 20 年間被引用次數最多的著者，而先生所著《圖書館學論叢》一書則是被引用次數最多的中文個人著作。[28]

2014 年，先生作品再次彙集，編成《臺灣圖書館事業文集》，[29] 收錄單篇論文並摘錄若干研究報告共 50 篇，依其性質分為四部分，分別是：圖書館事業綜論、經營理念與實踐、專業教育與研究、國際與兩岸交流。所選文章分別發表於 1972 至 2013 年不等，前後約有 40 年，這 40 年饒富意義，一方面是先生由教學、研究逐步向關心事業發展、投身行政管理的轉折，

---

[28] 鄭麗敏，《近二十年來臺灣地區圖書館學與資訊科學期刊論文引用參考文獻特性分析》摘要，淡江大學教育資料科學研究所碩士論文，1993。
[29] 王振鵠，《臺灣圖書館事業文集》（臺北市：國家圖書館，2014）。

另一方面也是臺灣圖書館由傳統人工作業改到資訊處理的轉型，而從這本《臺灣圖書館事業文集》中的各篇文章不但可以瞭解到先生投身事業的使命和所完成的事功，也可以觀察到臺灣圖書館事業發展的重要脈絡。

《圖書館學論叢》與《臺灣圖書館事業文集》兩書內容不同，前者以圖書館學為主，後者則強調事業的推動與發展。學科的研究和事業的推動發展本來就是互為表裡，相互輝映，由此也可以瞭解到先生投身圖書館事業的過程，是先扎根在學理和事實的探析，再以此為基礎，進而釐清發展的脈絡，並且發掘解決問題，一步一步朝向正確的目標前進。

從先生所編《臺灣圖書館事業文集》來看，所收作品雖然主題有別、各有所重，但是歸納起來，卻包含了幾個共通性的特色，包括：

一、標準化

先生深諳西方圖書館的演進，重視標準在圖書館事業所扮演的重要角色，曾說標準是「據以測定事物品質為高低之樣本與規定」，而衡量標準的方式包括數量的規定和品質的要求，數量的規定僅僅是一個手段，而品質的要求才是標準的真正內涵。圖書館標準必須先揭櫫其服務理想，表明所承當的任務，然後始能參照一個國家的社會情況、經濟水準，與文化背景確定為達到理想目的，在人員、經費及其他物質上所應具備的條件。[30]

---

[30] 參閱王振鵠，〈各國圖書館標準之研究〉，收入《圖書館學論叢》，63。

《臺灣圖書館事業文集》中所收〈文獻處理標準化問題〉一文，就其重要和實施原則分別加以闡述，文獻處理標準化的重要性屬於它可以加強科學管理、方便資訊共享、增進合作服務、提升服務品質、奠定專業基礎。而在實施原則上應該要重視建立統一性、考慮適用性、加強合作性以及推動全國性。[31]

先生在中央圖書館推動的自動化作業時所訂定的各項規範，包括中國編目規則、中國機讀編目格式、文獻機讀目錄格式等，以及所建立的各種資料庫，包括期刊論文索引、政府公報索引等，乃至於在臺灣所推動的國際標準書號和全國圖書書目資訊服務，都與國際標準相接軌、也同時考量到國內的現況。《臺灣圖書館事業文集》內許多作品都與此有關，所以標準化的推動在先生的實踐和作品中相當重要。

二、圖書館合作

在先生推動圖書館事業的過程中以及《臺灣圖書館事業文集》內的各篇作品裡，有一個比「標準化」還要明顯的特色，就是「合作」，有人認為圖書館的演進發展就是一部合作的紀錄。先生不但重視館與館之間、地區與地區之間有形的資源合作與共享，更重視人與人之間無形的交流合作。

《臺灣圖書館事業文集》之中有部分作品明白地揭舉出合作的要旨，諸如〈建立全國圖書館合作服務制度促進資源共享政策〉、〈合作館藏發展制度的建立〉等，但是更多的作品雖

---

[31] 參閱王振鵠，〈文獻處理標準化問題〉，《中國圖書館學會會務通訊》，77期（1990.11）：17-23。

然沒有明白提到合作,事實上卻與資源合作以及人際合作密不可分,例如先生所推動的圖書館自動化作業係由當時的圖書館界群策群力、合作完成,漢學研究服務屬於圖書館和學術界的合作,而國際標準書號的推行則是與出版界的合作互惠,而其他作品如論及《圖書館法》、圖書館學會,莫不隱含有合作的深意在內。再者,《臺灣圖書館事業文集》中的〈交流合作,共謀發展〉、〈為發展中華圖書館事業而努力〉等文,則是先生在擔任圖書館學會理事長時,為促進海峽兩岸圖書館合作所寫的。

從以上這些作品中,我們可以感受到對先生而言,「合作」不僅不是一個口號,也不是達成目標的手段,而是先「誠之於中」,然後才「形之於外」的自然流露。

三、求真務實

先生表裡一致,不涉空談,《臺灣圖書館事業文集》中的作品或者是經過實踐後的成果、或者是具有高度的可行性,皆可瞭解先生的實事求是。茲舉〈國際標準書號實施及推廣工作研究報告〉為例,1981年先生在中央圖書館館長任內為臺灣爭取到這個國際標準,以當時社會認知不足,無法推行,遲至1988年才由行政院核備由中央圖書館負責標準書號編碼作業,之後終於在1979年正式實施,前後縣互幾近十年。而其他工作,像《圖書館法》,從擬訂初稿到公布實施更延續了數十年。從《臺灣圖書館事業文集》中各篇文章細加忖摩,都可以體會出先生治事的嚴謹以及超乎常人的耐力。

再者，若是將《臺灣圖書館事業文集》所收錄的文章和先生在這 40 年的經歷和作一個對照，則更可以感受到這些作品對臺灣圖書館事業的意義。早於 1972 年起先生已經關注到臺灣圖書館的發展，陸續發表〈論全面發展圖書館事業之途徑〉等多文。之後，先生於 1977-1989 年任職國立中央圖書館館長，《臺灣圖書館事業文集》中接近一半的作品都和先生當時所推動的館務有關，包括館舍的遷建、自動（資訊）化的建立、漢學研究中心的創設、國內與國際圖書館合作的推動，而這些工作不僅提升了中央圖書館的服務，也連帶影響到臺灣圖書館的進步以及國內外學術文化的交流。先生離卸中央圖書館館務之後，受聘為教育部「圖書館事業發展委員會」委員，《臺灣圖書館事業文集》中有多篇與圖書館合作相關的作品於此時發表。1991 年起，先生連任兩屆圖書館學會理事長，在此前後，陸續發表了多篇對事業回顧與前瞻的作品，包括〈二十世紀臺灣圖書館事業之回顧與展望〉、〈我國圖書館學教育的回顧與前瞻〉、〈臺灣地區的圖書館學術研究〉等文，同時也有若干篇和《圖書館法》以及學會組織相關的作品，此外，先生也關注海峽兩岸圖書館事業的交流合作，發表若干作品，都收錄在《臺灣圖書館事業文集》中。

從以上說明可知先生早年即關心臺灣圖書館事業的發展，並且已經勾勒出了一個發展的藍圖，即至擔任中央圖書館館長之後，就以興建館舍、發展自動化、推動漢學研究，以及拓展國內和國際圖書館的合作為施政主軸，服務各界，並振興臺灣圖書館事業，更以這些工作實際所達到的成效來闡述圖書館的價值並建立圖書館員的社會形象。而這本文集中所包括的每一篇作品，儘管主題各異，發表時間不一，但是都在先生推動臺

灣圖書館事業進步的過程中提出了有力的說明，也作了最好的註腳。

第五節　研究特色

邱念雄認為先生的學術思想特徵有四點，分別為洋為中用、中西結合、振興漢學；見解不落窠臼、觀點刻意創新；開放與綜合並舉；事業與人才培養並重。「王振鵠所論所議，既是本人學有所長的發揮，也是臺灣近年來圖書館界學術動態的縮影，更是臺灣圖書館視野一個完整的畫面。」[32]

倪波進一步的指出先生在學術上的研究來源於實踐，不脫離實踐，並且服務於實踐，「是條寓工作、研究、教育於一體的『三結合』之路」。[33]

金恩輝稱先生是「臺灣地區圖書館事業的開創者」，並指出他在圖書館學研究有獨到的特點，歸結而言包括：一、範圍廣泛，無所不及；二、取法西洋，也重自身研究；三、結合行政經驗與學理研究，不流於空泛；四、前後貫串，有其系統。[34]

崔鈺則認為先生的圖書館學思想有縱與橫兩條軌跡，在縱的方向，有深厚的國學和人文科學的基礎；在橫的方向，受到西方美式圖書館學的發展以及資訊科學對圖書館處理技術的影響。他並且強調先生的學術思想有下列三項特點，分別是：理

---

[32] 邱念雄，〈評王振鵠的圖書館學思想與方法〉，《圖書館學研究》，1989年3期(1989)：84-90。

[33] 倪波，〈振鵠論〉，34。

[34] 金恩輝、陳艷華，〈記我國臺灣圖書館事業的開創者——王振鵠先生〉，《圖書館學研究》，1997年2期(1997)：83。

念與實際融合、充分比較後闡發己見,以及注重在地地區的具體情況。[35]

先生對圖書館學的的研究兼顧到理論與實務,盧荷生教授認為:

> ……圖書館學的理論與實務,關係既然密切得如此脈絡相連,可是精通圖書館學理論又兼具實務經驗者,實在是少之又少,幾乎是可欲而不可求。可是又唯有這樣,圖書館學才能開花,實務才能結果。王館長五十年來,浸淫圖書館學,成就斐然,眾所欽羨;又一直擔任重要的圖書館館長,實務經驗,無比豐富,所以他的圖書館學,不但見解獨到,而且都是實務上可行,更能緊抓住當今臺灣圖書館發展的急迫需求。因此,他能在臺灣圖書館事業發展的關鍵點上,帶領我們跨越過來,這種從理論而實務的難能可貴境界,真的是仰之彌高,鑽之彌堅![36]

總而言之,先生的研究成果及其呈現出來的想法,既吸收西方之長,也體察本土所需,並且掌握了文化的脈絡。以下從幾個角度來瞭解先生對圖書館研究的獨到之處:

一、圖書館的時代功能及圖書館員角色的扮演

印度圖書館學家阮加納桑(Shiyali Ranganathan, 1892–1972)在他著名的「圖書館學五律」中提到「圖書館是一成長的有機

---

[35] 崔鈺、康軍,〈中國臺灣圖書館學家王振鵠的學術思想與實踐〉,《圖書情報工作》,1997 年 4 期(1997):7-8。
[36] 盧荷生,〈王振鵠館長與臺灣圖書館事業——恭賀振鵠先生八十嵩壽〉,2。

體」（A library is a growing organization），所以圖書館隨著不同的時代在不斷的成長發展。即以臺灣目前的圖書館事業而言，由於全球圖書館事業受到資訊和通訊技術的衝擊，在功能與服務都上有鉅大的改變，所以無論是從國家建設到民間社會發展，都對圖書館資訊流通產生迫切的需求。[37] 針對鉅變環境的衝擊，圖書館若要在資訊時代中永續發展，必須要掌握其存在的若干基本價值，這些基本價值，先生稱之為「圖書館事業未來發展上所應秉持的信念」，包括：

1. 圖書館的存在，不會因電子圖書館或資訊系統的建設發展而減弱消失，反而運用資訊科技更能發揮其對資訊的選擇、組織、儲存及傳播的功能。

2. 未來圖書館的經營和服務觀念必須加以調整，一般圖書館要改變以「蒐藏」為最終目的之傳統觀念與作法，而謀求資訊多方取得之可能。

3. 現代圖書館的功能之一為傳播資訊與知識。寄望圖書館不僅是「資訊」的傳播系統，進而是「知識」的傳播系統。圖書館在各種主題文獻的徵集及組織等過程中，將龐雜泛濫的資訊去蕪存菁，並作進一步的篩選、加值，並予以組織統合，提供讀者具有利用價值的知識內涵，真正達到傳播知識的目的。[38]

至於圖書館員當如何在外在的衝擊下自處，他除了引述美

---

[37] 中國圖書館學會「圖書館事業發展白皮書」編輯委員會暨專案研究小組編，《圖書館事業發展白皮書》（臺北市：中國圖書館學會，2000），1。

[38] 王振鵠，〈二十世紀臺灣圖書館事業之回顧與展望〉，26。

國圖書館學者史爾東（Brooke E. Shelton）的話：「由於在當前錯綜複雜的資訊時代中，圖書館專業人員有能力承擔重要的與艱難的任務，亦為傳統的圖書館員注入新的活力。」並表達了他個人的期許：

> 現代的圖書館員不再是一個保守、古版、坐在書推中的資料管理員，應是具有新技術、新觀念、精力充沛、鬥志昂揚的資訊服務尖兵。[39]

二、圖書館學的本質及其研究趨勢

先生早將圖書館與圖書館學並列，完成其力作〈圖書館與圖書館學〉，在《圖書館學》一書的前言中，先生將這兩者間體用互為表裡的關係說的更為明白而透徹（見前文），至於圖書館學研究的方向，他指出有以下兩端：

> 其一是從圖書館的經營管理作為出發點，研究其發展與運作的有關理論和技術方法，探討其組成要素，活動的規律，以及圖書館事業與社會的關係。另一方向是從圖書館所收藏和利用的圖書資料作為出發點，研究人類思想言行的記錄之產生、鑒別、蒐集、組織、交流及利用等問題，其中也涉及到管理機構的組織與管理。[40]

薛拉（Jesse H. Shera, 1903-1982）認為「知書與知人──關於資料及其來源的知識，和對顧客及其需要的深入瞭解──是

---

[39] 王振鵠，〈二十世紀臺灣圖書館事業之回顧與展望〉，22。
[40] 王振鵠，〈序〉，收入周寧森，《圖書資訊學導論》（臺北市：三民書局，1991），7。

支持圖書館服務的一對礎石。」[41] 先生所論圖書館研究的兩個方向與此不謀而合。

圖書館的研究雖然涉及多端，但是先生認為未來有三個值得研究的角度，分別是：

（一）理論的研究：建立圖書資訊事業的價值觀，探討圖書館學的理論基礎，研究在不同社會環境影響下圖書館事業發展的規律，資訊社會對未來圖書館之衝擊等等。

（二）技術層面的研究：建立以我國文化為本位的技術規範和文獻處理方法，自國家文化傳承及讀者資訊需求觀點分析圖書館之館藏與服務，圖書館資訊服務之技術與倫理等等。

（三）研究的資源：在合作發展前提下建立統合與互通的作法，由一研究機構主導下加以調查協調，並能提供進一步個別的研究服務，當有助於研究文獻資源之利用。[42]

三、建立符合國情的圖書館學研究

長久以來，先生對建立圖書館事業的價值觀以及符合國情的圖書館學非常重視，他認為：

---

[41] Jesse H. Shera 著，鄭肇陞譯，《圖書館學概論：圖書館服務的基本要素》（新竹市：楓城出版社，1986），52。

[42] 王振鵠，〈臺灣地區的圖書館學研究〉，收入胡述兆教授七秩榮慶論文集編輯小組編，《圖書館與資訊研究論集：慶祝胡述兆教授七秩榮慶論文集》（臺北市：漢美圖書，1996），頁 22。

> ……建立圖書館資訊事業的價值觀，探討圖書館學的理論基礎，研究在不同社會環境影響下圖書館事業發展的規律、資訊社會對未來圖書館之衝擊等等，至為重要。……建立以我國文化為本位的技術規範和文獻處理方法，自國家文化傳承及讀者資訊需求觀點分析圖書館之館藏與服務、圖書資訊服務之技術與理論等等，亦屬當前重要的研究主題。[43]

又提到：

> ……圖書館學的理論方法絕不能從一個國家移植到另一個國家，能移植過來的僅屬一種基本理論的知識表層。故今後如何建立我國圖書館學的哲學理論與圖書文獻的組織體系，實為當前亟待努力的方向。[44]

這些看法現在來看仍然是圖書館事業努力的方向和南針。

　　先生深富國學素養，文筆簡約，敘事不繁，極具說服力。先生為同道以及學生所發表之論著而寫的序文尤其翔實生動，這些序文在有限的篇幅中將涉及的背景、現況及發展勾勒出一個全貌，既具有宏觀視野，又極為切中肯綮。讀先生的論著好似當面受教，親切真實，這緣自於先生精湛的學養。

---

[43] 王振鵠，〈臺灣地區的圖書館學研究〉，22。
[44] 王振鵠，〈我國圖書館學教育的回顧與前瞻〉，收入國立臺灣大學文學院主辦，《大學人文教育的回顧與展望：大學人文教育教學研討會論文集》（臺北市：國立臺灣大學文學院，1992），110。

第六節　結論

先生的著作繁花似錦，如宗廟之美、百官之富，歸納如下，以盡其詳：

一、研究具有多方面特色

（一）在時間上，自 1956 年至今，延亙至長，且持續不輟。

（二）在數量上，累積豐富，包括 40 部專著、近 400 篇論文。

（三）在品質上，至為精闢，曾經是被引用最多的作者。

（四）在性質上，結合了理論與實務，言必有物，文必有據，內容充實詳確而且務實可行。

（五）在布局上，從小處著手而不瑣細，從大處著眼而不空洞，兼從宏觀及微觀的角度分析申論。

（六）在主題上，包括圖書館事業、各類型圖書館、教育與研究、經營與管理、合作交流、漢學研究與古籍整理、出版閱覽等等，遍及圖書館各個領域，在華人圖書館界，無出其右者。

（七）在文字上，先生國學根柢深厚，文筆洗鍊，行文簡潔明確，生動有力。

（八）在研究上屢有創舉，先生的著述，常發人所未發，而居研究之先，例如：〈論全面發展圖書館事業之途徑〉（1972）是最早呼籲全面規劃臺灣圖書館、《建立圖書館管理制度之研究》（1985）是最早探討臺灣圖書館整體制度、〈臺灣地區圖書館事業的發展〉（1993）是 20

世紀最早回顧臺灣圖書館的發展、〈圖書館與圖書館學〉（1974）是最完整論述圖書館與圖書館學的論文、〈當前文化建設中圖書館的規劃與設置之研究〉（1981）是最早規劃中央及地方圖書館的研究、〈國立中央圖書館遷建計劃〉（1980）是最早討論圖書館建築計畫書。此外，先生所主編的《圖書館學》（1974）以及所創編的《圖書館學與資訊科學》（1974）、《中華民國圖書館年鑑》（1981）、……等都開當時風氣之先。其他如在公共圖書館、大專圖書館、圖書館員養成制度、處理文獻標準化、圖書館法、標題目錄、合作制度、兩岸交流……等議題上的論述，都居於領先的角色。

先生的著述，「橫看成嶺側成峰，遠近高低各不同」，我們從其中可以看到圖書館（學）的箇中旨趣與服務人生。

二、指導臺灣圖書館事業的方向

先生在學術研究上的心得與其獨到的經營理念，不但見證了圖書館的發展，也影響到圖書館的經營，並且指導圖書館事業的方向。

先生論圖書館及圖書館學的內涵發展，與時精進；透過圖書館在中央及地方的興革，實現國家文化建設，以達成圖書館推動文化的使命；又致力於圖書館自動化，拓展圖書館服務民眾的途徑，並且促進文獻資源的整合交流；而在圖書館的管理上，既要求制度的建立，也重視服務的品質，並且講求管理的方法；對先生而言，圖書館不僅是資源共享的利器，也是地區與地區間、甚至文化與文化間互相瞭解與競合的媒介；圖書館

在先生的心目中，不單是一份工作，而是一個事業，是一個體現民族文化，拓展社會教育以及提升個人器識與學養的重要途徑。

先生深知身處資訊時代，圖書館不但要堅持其基本價值觀，同時也要在經營及觀念上隨著外在環境的需要隨時調整，才能永續經營；對於圖書資訊的本身以及使用者的需要要一體重視，不可偏廢；圖書館在服務上，當以讀者為經營之首要，要以熱誠、愛心以及耐心善盡圖書館服務人群的角色。

三、影響擴及大陸圖書館界

先生的研究對大陸的圖書館界也具有顯著的影響，大陸公認先生是臺灣卓越的圖書館事業領導者和最有影響力的圖書館學專家之一。

早於 1983 年，兩岸尚未開放時，大陸的內部刊物就收錄了先生的文章，改題為「圖書館專業教育制度（節錄）」。80 年代末，大陸圖書館學界開始公開轉載、出版臺灣圖書館學人的學術論文，王教授的學術成果成了轉載與出版的重點對象，也成為大陸圖書館學界瞭解臺灣圖書館事業發展狀況的重要途徑。[45]

1993 年，大陸中國大百科全書出版社編印《圖書館學百科全書》，將先生名列條目。[46]

---

[45] 程煥文、肖鵬，〈王振鵠教授圖書館學術思想在大陸的傳播及其影響〉，《國家圖書館館刊》，103 年 2 期（2014.12）：173-180。

[46] 周文駿主編，《圖書館學百科全書》（北京市：中國大百科全書，1993），514。根據中國大百科中的圖書館學一卷修訂。

2008 年,北京大學信息系王子舟在《圖書館學是什麼》一書中,論及「學了圖書館學有什麼用途?」,引述先生的話說:

> 圖書館學的效用,對國家社會而言,他是統御國家文化資源,推展社會教育的一種手段;對圖書管理機構而言,它是一項資料處理的應用技術;對個人而言,他是一項治學的門徑與研究的方法。[47]

王子舟先生同時認為這段話精闢地概括了圖書館學在「宏觀、中觀、微觀」三個層面的作用。

2014 年,程煥文及肖鵬所撰〈王振鵠教授圖書館學術思想在大陸的傳播及其影響〉,就文獻全面分析先生的圖書館學術思想在大陸的傳播,分為 80 年代、90 年代、評介文章以及辭書中王振鵠教授詞條等四部分,逐一列舉相關文獻出處。[48]

四、先生作品是他筆下的人生

先生多年來始終關懷並致力臺灣圖書館的發展,先生的一生只作一件事,就是「圖書館」這一件事,先生自認這一生所從事的是一份對人對己都有幫助的事業,並且樂在其中。[49] 同樣的,先生在著述為文時,也是把「圖書館」當作終生的志業為目標來寫作,所以寫出來的不是冰冷的技術或規範,而是對著彷彿站在眼前的圖書館員或讀者而下筆。因為先生看見了那

---

[47] 王子舟,《圖書館學是什麼》(北京市:北京大學出版社,2008)。
[48] 程煥文、肖鵬,〈王振鵠教授圖書館學術思想在大陸的傳播及其影響〉,173-180。
[49] 丁櫻樺,〈圖書館界的領航者——專訪王振鵠教授〉,《圖書與資訊學刊》,9 期(1994.5):45。

看不見的事業,所以筆下的文字常常充滿了希望,也流露出期許。他樂意向讀者傳達出這樣的心意、並且願意和讀者保持著這一份牽絆,這應當是支持先生一甲子以來仍然筆耕不輟的動力,讀先生所寫的任何文字,都可以感受到這種期許和鼓舞。

圖書館即先生的人生,先生的作品就是他筆下的人生,而讀先生的作品就好比走了一趟先生所經歷的人生,其中有理想、有使命,有耕耘,有收穫,也有艱辛、有挫折、有忍耐、有負重。對先生而言現實裡永遠存在著諸般問題,所以才要懷抱著理想,無視於困難,一步一印走向無悔的前方。

清代學者章學誠曾說:「史學所以經世,固非空言著述也。」先生的著述不但掌握了文化的脈絡,並且充分體察本土的需要,沒有一句空泛的言論,他的著作提升了對圖書館學研究的思維理念,而被認為是對臺灣地區圖書館最具影響力的學者。

第四章　圖書館行政與管理哲學

　　王振鵠教授是一位擅長管理型的圖書館學家。[1]

　　……尤其重要的，是他在圖書館學術上的輝煌成就，在領導作風上的穩健堅毅，在行事作為上的執善無私，加上他特有的誠懇、包容、和善等諸多美德，都是眾所欽敬、可望而不可及的。[2]

第一節　前言

　　先生行政經驗豐富，又具有宏觀的視野和實踐的能力。大陸圖書館學者倪波稱先生為「擅長管理型的圖書館學家」，[3]另學者金恩輝、陳艷華稱先生具備了「少有的敬業精神，非凡的領導才能以及獨特的人格魅力」。[4]

　　先生曾在師大歷經出版組主任、圖書館主任（後改制稱館長）、總務長、社會教育系系主任等職，不計其重疊時間，凡24年，之後由師大借調到國立中央圖書館任館長12年，前後擔任行政工作共36年。

　　先生又長期參與圖書館學會，歷任理事、監事，常務理事、

---

[1] 倪波，〈振鵠論〉，《圖書與情報》，1994年4期（1994）：33-37。
[2] 盧荷生，〈王振鵠館長與臺灣圖書館事業──恭賀振鵠先生八十嵩壽〉，《國家圖書館館刊》，93年1期（2004.6）：6。
[3] 倪波，〈振鵠論〉，33。
[4] 金恩輝、陳艷華，〈記我國臺灣圖書館事業的開創者──王振鵠先生〉，《圖書館學研究》，1997年2期（1997）：80。

常務監事,並兩度擔任學會理事長,至今仍是學會的榮譽理事長,也曾任美國資訊學會臺北分會會長。

此外,先生還曾任漢學研究資料暨服務中心指導委員會委員兼中心主任、文化建設委員會語文圖書委員會委員兼召集人、教育部顧問等職務。

以上行政職務或前後啣接、或重疊交錯,先生皆殫精竭慮,貢獻長才,為人稱述。

早於1972年,先生就撰寫〈論全面發展臺灣圖書館事業之途徑〉,提出了改革的呼聲。[5] 後來,在臺灣進行國家建設的重要階段中,又相繼規劃了兩項研究,分別是《當前文化建設中圖書館的規劃與設置之研究》以及《建立圖書館管理制度之研究》,[6] 充分顯示出他對圖書館管理的宏觀視野。

先生勇於任事,劍及履及,深富執行能力,律己甚嚴,卻待人寬和,這和他早年的成長經驗不無關係。先生從13歲離家讀教會學校,作息由外籍神父嚴格管理,以至於養成有規律的生活習慣,影響終生;此外,先生在抗戰時期因參加抗日活動而被囚禁在日本人監獄長達三年,在獄中身體和精神雖備受折磨,卻培養出思考的習慣和內斂的個性,並鍛鍊出與人無爭和沉著冷靜的心境。[7] 早年的律己、無爭和沉著冷靜影響日後先生

---

[5] 王振鵠,〈論全面發展圖書館事業之途徑〉,《教育資料科學月刊》,4卷4期(1972.10):2-3。

[6] 國家建設研究委員會編,《當前文化建設中圖書館的規劃與設置之研究》(臺北市:國家建設研究委員會,1981);王振鵠、胡歐蘭,《建立圖書館管理制度之研究》(臺北市:行政院研究發展考核委員會,1983),摘要見王振鵠,《臺灣圖書館事業文集》(臺北市:國家圖書館,2014)59-63。

[7] 王振鵠,《書緣:圖書館生涯五十年》增訂本(臺北市:書緣編印部,2014),13、20-21。

的待人處世，也拓展了先生的視野，更為他從事各種行政職務作了最好的準備。這與孟子所稱「天將降大任於斯人也，必先苦其心志，勞其筋骨……，動心忍性，增益其所不能。」深切符合。以下分述先生在師大圖書館及中央圖書館任內作為。

第二節　師大圖書館館長（1955-1977）

先生於 1955 年出任師範學院圖書館主任，1960 年受聘為社會教育學系講師兼圖書館主任，1967 年師院改制為大學，改任圖書館館長，直到 1977 年借調到中央圖書館，前後主持師大圖書館 22 年（圖 4-1）。任內充實館藏、加強資料整理，又提

圖 4-1　任師範大學圖書館館長時在 1972 年主持會議

升服務、建立組織,治績卓著,分述如下:[8]

一、充實館藏

師範學院在日據時是臺北高等學校,相當於高中學制,圖書館規模有限,館藏一半是日文書。先生接任後致力充實館藏,至 1966 年師院改制為大學,館藏由光復後的兩萬冊增加到 20 餘萬冊,並且每年以約 8,000 冊的速度大幅增長。由於購書經費有限,各系需求不一,先生採取若干作法,並予制度化,以求增加經費,並合理分配運用,方法包括:

(一)積極爭取經費

先生屢在教務會議中發言表達經費困難,提請學校將節餘款及預備金留作購置書刊;並舉出年度學生平均分配圖書費的統計數字,請學校向省教育廳爭取經費;此外,並表示購書經費拮据,凡校內、外人士所推銷與教學無關的圖書均不予接受。[9]

(二)設置圖書館委員會

為謀共同商酌經費的合理分配與使用,先生特籌設圖書館委員會,由各系分派教授擔任委員,推舉圖書館館長作召集人,以協調各系需求,並發展館藏特色。

---

[8] 參見王振鵠,《書緣:圖書館生涯五十年》增訂本,30-45;陳仲彥,〈王振鵠教授與師大〉,收入王振鵠教授八秩榮慶籌備小組編,《王振鵠教授圖書館學術、教育與志業:見證臺灣圖書館事業發展研討會》(臺北市:國立臺灣師範大學圖書資訊學研究所,2004),5-12。

[9] 陳仲彥,〈王振鵠教授與師大〉,8-9。

二、加強資料整理

舊高等學校依據課程自行訂定了一個簡單的分類體系，不適合中文書刊，也無法含括圖書的增長。之後韓寶鑑先生在師院圖書館訂了一個韓氏分類法，曾經短期使用；過去的編目卡片雖包含書名目錄、作者目錄及分類目錄，但並不符合國際標準格式。先生審度圖書館的發展和當時各分類法的長短（時劉國鈞《中國圖書分類法》尚未修訂發行），並諮詢多方，決定中文書採用何日章《中國圖書十進分類法》，西文書採用杜威分類法，編目規則採用中央圖書館的《中文圖書編目規則》，資料管理日上軌道。

三、提升服務品質

為求拓展服務，先生特別規劃了一連串在當時尚屬先進的作法，包括成立專科閱覽室、開架閱覽以及推展參考服務，吸引讀者利用圖書館，並提升資料的利用。

1954 年，師範學院圖書新館竣工，先生於 1955 年接任圖書館後，在新館設立了「教育資料室」及「參考室」各一間。教育資料室屬於專科閱覽室，陳列各系共同需要的教育書刊，集中放置，開架閱覽；參考室則擴大舊有規模，除了陳放五千多冊中外文參考書以外，還有兩位參考館員提供服務。專科閱覽室、開架閱覽以及參考服務，這些舉措不僅是師範學校圖書館的創舉，也提供給其他大專院校作為借鏡。

為傳布館藏，先生訂定圖書館館藏書刊借用影印辦法（1969），並針對館藏編印了若干索引及目錄，包括：《近五

年教育論文索引》(1963)、《教育論文索引》(1963)、《國立臺灣師範大學普通本線裝書目》(1971)、《中文參考書選介》(1976)、《西文參考書選介》(1977)、《國立臺灣師範大學出版品暨教職員著作目錄》(1977),其中以「教育論文索引」系列及兩種「參考書選介」最為重要。

《教育論文索引》自1963年至1977年每年一輯,第一輯為《近五年教育論文索引》,收錄1957-1961年間書刊。各輯之內容採用分類編印,對查檢教育論著幫助至大。《教育論文索引》歷十數年不輟,直到先生借調離館。《中文參考書選介》及《西文參考書選介》介紹館藏工具書,各書皆附有提要,簡明扼要,頗便使用。

由於先生在編印教育論文索引上的成效,影響學校推動「索引編纂計畫」,並組成編纂小組,由先生任召集人,各系分別訂定主題,一時之間編輯索引蔚然成風。

四、改造圖書館組織

師範學院改制大學後,圖書館層級提升,屬一級單位,館長下分設採訪、編目、典藏及閱覽四組,各有職掌,業務重加分配,工作更增效率。組織重建後,分工細緻,再加上二十多位同仁相處融洽,合作無間,促進發展,當時的師範大學圖書館在臺灣圖書館界頗享聲譽。

五、強化館舍功能

新圖書館第一期工程完成後,先生即帶領同仁進行搬遷,並啟用開放。新館在使用時產生若干不盡理想的地方,先生皆

設法一一補救,而之後的擴建也由先生督導完成。[10]

六、實施成效

在主持師大圖書館的 22 年間,先生悉心經營館務,運用他赴美進修的心得,配合學校在教學和研究的需要,多方訂定良法,開創新局。無論在圖書館組織的建立、館藏發展的規劃、資料整理的改善以及各樣服務的拓展和規章的訂定,都精益求精,日起有功。

先生任事勤懇,待人謙沖,以至於館內相處和諧、目標一致,而與校內各學院、各系也相處融洽,協調順利,得到外在的支持,也增加圖書館對教學的影響。

林阿葉女士是一位早期任職圖書館的基層同仁,她回憶說:

> 入館時,我正值成長期,王館長常指導我於無形,在潛移默化中塑造了我現在的做事態度。民國 55 年我在書庫任清潔工作,偌大的書庫,只有我一個人穿梭其間為每本書洗盡塵埃,工作上既枯燥又乏味,而王館長總是能適時的關懷幾句,寥寥數語竟成了我每天盼望的精神食糧。[11]

而師大當時的三位院長,分別是文學院梁實秋先生、理學院陳可忠先生及教育學院田培林先生,他們對圖書館俱都支持並予尊重,先生回憶說:

---

[10] 王振鵠,《書緣:圖書館生涯五十年》增訂本,103-104。
[11] 林阿葉,〈王館長──我成長中的導師〉,收入寸心銘感集編集委員會編,《寸心銘感集:王振鵠教授的小故事》(臺北市:寸心銘感集編集委員會,1994),33。

……梁實秋先生過去在清華大學曾一度擔任過圖書館館長，他時常把他的經驗告訴我，我特別感謝的是他首先將英語系圖書室的書，全部送還圖書館集中管理，他覺得圖書館應該公用，不能只為少數人服務。田培林院長曾在德國研究教育，我們有些德文的書籍，在分類編目遭遇困難時，往往就將書抱到他的辦公室，請他給我們指導，同時他也趁這機會看看有哪些德文的著作，所以他時常打電話說：「有什麼新書到了沒有？我可以幫你們編目。」這兩位院長對圖書館的工作都非常支持，這是非常難得的。[12]

先生在師大圖書館任內，政通人和，當時的許多師範學生日後在國內外各界服務，著有名聲，如政治大學中文系前教授喬衍琯先生、旅美圖書館學家李華偉博士等，他們都記得在學習過程中從圖書館所得到的幫助。不但校內師生受惠，外界也同得沾溉，教育部在 1960 年於師大圖書館舉行暑期圖書館工作人員講習班，為期八週，共有 60 位學員參加。而 50 年代美國國際合作總署臺灣分署邀聘來臺的美籍圖書館顧問費士卓教授（William A. Fitzgerald）對師大圖書館的參考室頗為讚賞，購藏的中文參考書固然質精量豐，而外文參考書由於得到美援經費補助購置，無論在資料的新穎或教學的適切都具有代表性。

---

[12] 王振鵠，《書緣：圖書館生涯五十年》增訂本，42-44。

第三節　國立中央圖書館館長（1977-1989）[13]

先生於 1977-1989 年主持中央圖書館館務，歷時 12 年又 4 個月。任內興建新館、推動文化中心圖書館建設、發展圖書館自動化與書目網路、創設漢學研究資料及服務中心、促進國內及國際圖書館交流等，懋績卓著。

1987 年，先生以「主持重大計畫或執行重要政策」接受行政院頒授功績獎章，這是政府對具有特殊功績或優良服務成績等之公教人員所給予的重要勳獎。「督導遷建新館，推動圖書館自動化，創辦漢學研究中心」是先生主持中央圖書館諸多政績中最重要的三項工作，以下分述其內容、執行過程以及先生在行政管理上的作為。

一、督導遷建新館

1977 年 9 月，政府繼「十項建設」後，繼續推動「十二項文化建設」，並將中央圖書館的遷建納入，成為文化建設中的重要項目，自此展開長達八年的遷建工作。

遷建作業內容廣泛，從研訂需求、徵用土地、住戶搬遷、取得用地、公開徵圖、進行評審、正式設計、工作招標、監造督工、品質檢驗、驗收付款，直到內部裝潢、空間調整等不一而足，後續工作還包括家具設計、圖書搬遷等，過程至為繁瑣。

此外，遷建過程艱辛而漫長，自 1978 年 1 月中央圖書館遷

---

[13] 參考顧力仁，《典範的時代和理想的人格：王振鵠館長與國立中央圖書館》（新北市：華藝學術，2014）。

建委員會成立至 1986 年 9 月新館正式啟用，前後共計 8 年 8 個月。事實上，在 1977 年 3 月底先生接任中央圖書館館長的第一天開始，先生就已經開始籌思要遷建一所新的圖書館，以提升圖書館本身的服務，並增加社會對圖書館的了解。[14]

先生在師大圖書館時，已對圖書館的興建具有若干經驗並能掌握其原則，既在中央圖書館遷建時，即採行若干突破以往的作為，擇其要者分述如下：

(一) 爭取土地

新館遷建所面臨最困難的問題就是土地，南海路舊址沒有所有權，先生四處尋訪可能作為建地的位置，都不符合圖書館的發展，之後前臺北市長林洋港先生，願無償撥用 3,000 坪土地，作為中央圖書館兼臺北市圖書館共同興建新館之用。未料李登輝先生繼任後取消原議，經先生極力爭取，市政府才改換現今位於中正紀念堂正對面圖書館現址的土地。但是這塊土地的所有權相當複雜，而且上面還住了近千位居民，單單為了補償和搬遷的協調及執行就費了三年多。

由於建地臨近交通要道，有礙建築景觀和閱讀環境，先生又向臺北市政府多爭取了六百多坪，以增加進深，才使得中央圖書館擁有目前所看到寬敞的閱覽空間，也才有國際會議廳及演講廳得以充分發揮圖書館的社教功能。

由爭取土地的過程中，看見先生鍥而不捨的毅力，以及與

---

[14] 先生自述民國 66 年 (1977) 3 月 31 日接任中央圖書館，當天傍晚到故宮博物院拜訪前館長蔣復璁先生，蔣前館長即以新建圖書館相期，而先生說「新建一處適用的圖書館也從這天起成為我得一肩承擔的任務。」見王振鵠，《書緣：圖書館生涯五十年》增訂本，105-106。

上級機關間良好的互動,而在建地住戶搬遷的過程時,先生面對許多居民的抗爭,有的甚至以死要挾或威脅恫嚇,都沒有絲毫動搖先生的信念。

(二)訂定遷建計畫書

圖書館建築的成功端賴圖書館專家和建築師彼此的合作,前者就專業的角度提出圖書館的需求,後者就建築的立場實現圖書館的功能。為了要滿足新館的機能並落實業務的推行,先生特別重視建築計畫的擬定,並由當時擔任中央圖書館總務主任的蘇精先生參考國內外文獻,撰寫出一份翔實可循的遷建計畫書。計畫書的內容包括新館的任務、組織、館藏、發展目標、設計原則以及內部配置與面積等要項。在這份計畫書內有幾個特色,一是未來要以最精簡的人力進行圖書管理與讀者服務,其次是採用同柱距、同荷載、同層高的模距設計,再者並採行大空間,以便未來調整發展。[15] 當時臺灣圖書館建築猶在萌芽中,這些觀念和特點皆開風氣之先。遷建計畫書除了經過館內外的充分討論並修訂外,並予公開,以徵求各方意見。此外,先生又為新館遷建舉行座談,並於 1983 年邀請國內外建築和圖書館專家舉辦「圖書館建築設計研討會」,獲致各方高見,也帶動社會對圖書館建築的重視。

遷建計畫書不但整合了圖書館內部的共識,凝聚了對未來館務發展的目標,更協助建築師瞭解圖書館的特性,以達成預期的目標。〈國立中央圖書館遷建計畫〉是臺灣當代圖書館建築的一份重要文獻,也成為日後各圖書館興建館舍的參考要

---

[15] 王振鵠,《書緣:圖書館生涯五十年》增訂本,115-121。

件。[16] 由新館建築的規劃中，充分看出先生如何結合眾人的意見並與理論融合，再轉化為實務，這是一個既開明且包容的管理作為。

（三）工程程序透明化（圖 4-2）

1982 年 10 月新館動土，為使工程公開透明，先生採取若干方式，一是工地周間會報，每周固定舉行，由建築師召集各包商參加，協調進度並檢討改進；二是施工檢討會報，由建築師視需要召開，以掌握工程品質；三是工程檢驗報告，每月由館長主持，由建築顧問、工程顧問及建築師等出席，作為施工

圖 4-2　先生在 1982 年 12 月巡視中山南路新館工地

---

[16] 國立中央圖書館，〈國立中央圖書館遷建計劃〉，《圖書館學與資訊科學》，4 卷 1 期（1978.4）：25-39。

確認及計價付款的依據，以上各會議館方都派員出席。[17]

平時圖書館也派駐人員在工地，進行必要的督察與抽驗，將工程予以透明公開，除了減少外界的質疑，並確保工程的品質。

工程進行時，館方分由圖書館以及工程建築兩方面的專業人員負責實際事務的管理，包括總務組主任宋建成、幹事易明克及工程小組的蔡萬益及黃錦豐兩位先生。

二、推動圖書館自動化

1980 年，中央圖書館會同中國圖書館學會，籌組「圖書館自動化規劃委員會」，共同推動圖書館自動化。由 1980 年到 1989 年，九年間自動化完成了一系列的成果，既充實中央圖書館的資訊服務，也開展了臺灣的書目資訊服務，不但啟動了中央圖書館的質變，也落實了國家圖書館對全國圖書館乃至於國家文化的服務使命。這項大型計畫在規劃和執行上有幾個特色，分述如下：

（一）組織完善，階段實施

自動化攸關臺灣圖書館長遠的發展，所以「圖書館自動化規劃委員會」將國內有關的學者專家悉數網羅，並且成立三個小組，分別是中文圖書資料機讀編目格式小組、中文圖書資料著錄規劃小組及中文標題總目小組。機讀編目格式小組由李德竹教授負責、著錄規劃小組委請藍乾章教授負責、標題總目小組由劉崇仁先生負責。各小組遴請研究委員，集思廣益，當時

---

[17] 王振鵠，《書緣：圖書館生涯五十年》增訂本，192-193。

圖書館界的碩彥之士，包括老中青三代都參與其事，如：盧荷生、張鼎鍾、胡歐蘭、黃鴻珠、鄭恆雄、陳和琴、吳明德、高錦雪、吳瑠璃、江綉瑛、陸毓興、林愛芳、梁津南及黃淵泉等先生。

計畫分三階段實施，第一階段成立小組，訂定標準及規範，第二階段建立中西文圖書資料庫，第三階段建立圖書館管理系統。

圖書館自動化計畫事有分工，時有定程，陸續訂定標準規範，進而建立資料庫，最終完成全國圖書館資訊網。

（二）合作建檔，資源共享

1981 年，中央圖書館即聯合當時若干主要的圖書館，編製《中華民國出版圖書目錄（民國 70 年）》，之後在 1989 年，中央圖書館收錄了全臺 170 所圖書館所藏之千餘種中文期刊清單，以電腦建檔方式編《中華民國期刊聯合目錄》。這兩部目錄是臺灣最早以電腦編製的目錄，既顯示了圖書館自動化已達到預期的效果，也開啟了中文書目自動化的先河，更是圖書館邁向資訊化的新紀元，同時也是圖書館服務跨入國際化的先聲。

猶有進者，這兩部聯合目錄是臺灣圖書館合作建檔的初聲，也是爾後資源共享的基礎。到 1987 年，中央圖書館與各學術圖書館試行合作編目建檔，之後逐漸發展出「國家書目中心」的營運模式。[18]

---

[18] 王振鵠，《書緣：圖書館生涯五十年》增訂本，192-193。

（三）合作公開，同享成果

先生曾提出自動化發展的幾項重要原則，表明這絕非一館一人所能為，也非一館一人能居其功，一切都取之於公、也公諸於世，他說：

> 一是與相關機構、大學院校圖書館充分合作，希望中央圖書館發展的系統能為大家共用，發展的經驗能為大家共享。二是絕不限制其他機構圖書館同時進行發展，彼此相輔相成。三是建檔資料測試無誤，可公開大家使用。四是在過程中須要大家配合參與。五是希望教育部及有關單位支持，館內各單位合作，不是某個單位或電腦室的業務而已。[19]

推動圖書館自動化作業歷時九年，1989 年先生卸任時，若干要務，如成立書目資訊中心，仍在推動中，其所投入的人力及心力，並不亞於新館遷建。除了面對新觀念的建立、新作業的施行外，由於館內外廣泛參與，如何折衷取捨，必多籌謀，先生在過程中耗費的精力可想而知。

三、創辦漢學研究資料及服務中心（圖 4-3）

多年前，國內一直有建立臺灣為漢學研究重鎮的呼聲。漢學為研究本國民族傳統文化的統稱，範圍既廣，堂奧也深，宜屬學術界來承擔。1980 年，中央圖書館層奉行政院指示研議成立「漢學研究資料及服務中心」（以下簡稱「漢學研究中心」），先生雖感責任鉅艱，卻毅然承接。中心成立後，獲得學界一致

---

[19] 王振鵠，《書緣：圖書館生涯五十年》增訂本，192-193。

的稱許。時值今日,漢學研究中心不但是國家圖書館聯絡並服務國內外學界的重要管道,並且在世界各地普遍建立合作關係,將臺灣的學術資源和成果廣泛地向外傳布分享,在推動此項業務時,先生既把握到原則,也重視其執行的方式,分述如下:

圖 4-3　先生主持漢學研究資料及服務中心於 1986 年 8 月 1 日舉辦「敦煌學國際研討會」,左為文化建設委員會陳奇祿主任委員

(一)把握原則,規劃方向

中央圖書館在成立並兼辦漢學研究中心時,新館遷建已在如火如荼地進行中,而圖書館自動化也在緊鑼密鼓地籌備中,人力物力兩缺,本可推辭辦理或延滯進行,但先生有不同的看法,他認為:「這對於中央圖書館學術研究功能的展現有很大幫助,不僅增加了漢學研究資源,同時提升中央圖書館的服務

品質。」[20] 由此可知先生是著眼在國家圖書館所肩負的文化使命，也就是協助學術研究及發揚國學的宏觀視野，來承擔這個工作。

在業務的規劃上，中心有三個具體的方向，分別是：1. 蒐集漢學資料；2. 提供多方面的服務，包括資料、研究資訊的報導、來華研究漢學人士的協助；3. 提供研究環境，並利用書刊出版、學術討論，以謀合作交流。[21]

（二）成立組織，分組辦事

在組織上，成立「指導委員會」，由教育部聘請委員，議決政策，中心設主任、副主任，下有資料組及聯絡組，分組辦事。資料組調查並蒐集漢學資料，研究組則負責出版漢學論著及工具書，召開國際學術會議以及辦理協助外籍學人來臺研究。

中心成立以來，所辦業務最具成效的包括：

1. 出版《漢學研究》及《漢學研究通訊》；
2. 編印漢學類書目、索引等工具書，如《中華民國臺灣地區公藏方志目錄》等；
3. 辦理有關學術研究會，如方志學國際研討會（1985 年）等。

四、實施成效

新館遷建、推動自動化作業以及設置漢學研究中心，是先生任內的三大主要施政，也是中央圖書館遷臺後的重要作為，

---

[20] 王振鵠，《書緣：圖書館生涯五十年》增訂本，167。
[21] 王振鵠，《書緣：圖書館生涯五十年》增訂本，167。

既奠定了國家圖書館長久的發展,也影響社會對圖書館的認識,更促使臺灣圖書館面向國際,與世界接軌。以下分述三者的實施成效:

(一)遷建新館

1986年9月,新館落成啟用,民眾皆表滿意,輿論佳評如潮,國內外到館參訪絡繹不絕。新館由臺北市政府評定為年度優良建築工程,並頒予優良設計施工首獎;建築師公會也幾經評審,頒予年度建築師雜誌的金牌獎。評審意見諸如「整體表現堪稱大方、莊重、氣質典雅」,「機能系統化、組織化,動線清晰、建材使用得當」,「表現出作業嚴謹的態度與思維的周密,⋯⋯顯示出設計的精細構思。取得尺度、材料與造型上的和諧。」[22]

當年《民生報》的「民生論壇」刊出一篇〈誰在創造我們的環境品質?〉稱「中央圖書館自落成使用以來,由各界的反應與專業的意見顯示,它的確是一件成功的作品,不論空間與動線的安排、設備的運用,對圖書館複雜機能的處理,以至於外觀造型,都有相當的水準表現,更難得的是它的工程品質,也能夠照顧的非常仔細。」[23]

新館遷建的成功是多種因素的組合,包括政策的揭櫫、上級的指導、臺北市政府的協助、建築師的設計監造、國內外意見的指教、館內同仁的合作等,但是最重要、最核心的是先生的信念與毅力。教育部前部長朱滙森先生在新館動工典禮中說:

---

[22] 王振鵠,《書緣:圖書館生涯五十年》增訂本,145。
[23] 王振鵠,《書緣:圖書館生涯五十年》增訂本,146-147。

「中央圖書館新館是國家文化建設的重要指標。能夠順利動工，不能不感謝王館長的堅持與努力，王館長有原則、有方法，同時非常認真負責，這個工程才能夠順利開工。」[24] 在施工過程中，先生不僅「有方法」，也持守「原則」，不屈從來自各方的壓力，包括民意代表的要求、政界要員的關切、競標廠商的反彈等；尤其先生清廉自潔，凡有廠商意欲酬謝，不但一律拒絕，並要求對方盡全力將工程作好。

新館遷建不僅作為圖書館日後長久發展的立足點，更帶來許多無形的契機，包括館內士氣的凝聚、社會觀念的丕變、政府對文化的重視以及國際圖書館對臺灣的肯定，比起有形的館舍，這些無形的改變影響更為深遠。

（二）推動圖書館自動化作業

對圖書館而言，自動化既是重要的目標，也是必要的手段。自動化促進館際合作，加強資源共享，提供更理想的服務，也增加了國家與社會的競爭力。而透過自動化，促進工作人員建立新的觀念，圖書館改變既有的體質，進而提升專業素質，加強服務品質。再者，館藏可以用買的、設備可以租用或新購，館舍可以遷移，但資料處理的技術必定要切實掌握，而隨著新技術的引進所帶來觀念上的變革與建立，更為寶貴，所以絕不能假手於其他。

先生重視自動化標準規範的建立和本國書目的建檔應用，因為這些不僅是服務的利器，更與自己的語言、文化等民族血脈相關連。

---

[24] 王振鵠，《書緣：圖書館生涯五十年》增訂本，140。

在自動化發展的過程中，先生遭遇到許多的困難，最大的困難是來自於人的觀念，他曾經感慨地表示：

> 民國六十八、九年的時候，大家並不深切瞭解自動化的作用，有人認為這只是趕時髦，有些同仁就不止一次的建議，最好維持過去傳統的作業方式，不要擅自更改。甚至我們積極推動自動化的研究工作，曾遇到一些同仁的批評，影響到參與工作同仁的工作情緒，……中央圖書館的上級機關，以及主管圖書館業務的單位，當時並沒有圖書館自動化的概念，也沒有積極推動或經費上的支持。可以說，圖書館自動化是圖書館界基於使命感，基於我們對發展圖書館事業的認知，加上爭取到外界的參與和合作，才逐步開展出來的。[25]

（三）設置漢學研究資料及服務中心

在漢學研究資料及服務中心的規劃成立以及辦理上，既充實中央圖書館的館藏，也拓展與國內外學術界的互動，而所編印的各類報導及學術出版品對國際學界影響甚大。

中央研究院王汎森院士認為《漢學研究通訊》是全世界最成功的漢學連絡刊物。[26] 中國文化大學劉兆祐教授認為中心所出版的漢學工具書不但方便檢索，也促進了中外學術交流。[27] 清華大學陳玨教授推崇中心所辦的大型國際研討會涵蓋面廣

---

[25] 王振鵠，《書緣：圖書館生涯五十年》增訂本，187-188。
[26] 王汎森，〈漢學研究中心的貢獻及面臨的危機〉，《國文天地》，26卷5期（2010.10）：29。
[27] 劉兆祐，〈漢學研究中心出版品之學術價值〉，《國文天地》，26卷5期（2010.10）：16-18。

泛,而延攬外籍學人來華研究獎助,所達到的效果足以讓中心能與國際其他同質機構分庭抗禮。[28]

第四節　管理特色

　　管理,並非拘守理論,更不是講求手段,好的管理要在洞澈世事、練達人情。先生沒有接觸過管理的技能,但「管理即服務眾人、注重程序、節約物力、掌握時效、因地制宜」的重要原則卻無時不存在先生的心中。而先生既融合了圖書館的理論與實務,且經驗豐富,學養精湛,以致能開創新局而不墨守成規,審慎規畫而不草率將事,堅守原則而又通達世情,這些堪稱為管理的極致。

　　大陸學者倪波認為先生最擅長「圖書館管理」,是累積了多年來豐富的實踐經驗和精心的研究成果,也提供後進許多借鑑,包括:

一、從圖書館計畫、組織、領導、決策、控制與協調入手,進行科學管理;

二、提高圖書館領導藝術,特別是要提高做人的領導藝術;

三、推行圖書館業務管理,包括人員管理、館藏資源管理、建築與設備管理、圖書館業務技術管理等;

四、開展圖書館質量管理與評估;

五、加強圖書館事業的宏觀管理,包括圖書館事業的管理

---

[28] 陳珖,〈臺灣和海外漢學發展的「競」與「合」——漢學研究中心與歐美、東亞其它漢學機構的比較〉,《國文天地》,26卷5期(2010.10):24、26-27。

體制、圖書館組織與管理機構、圖書資訊網路建設、圖書館教育等。[29]

以下分述先生的管理特色：

一、掌握方向

正確的方向是推動任何工作的首要條件，先生主持師大圖書館時，重視特殊館藏的建立以及利用，早於 1955 年，他即設立了「教育資料室」及「參考室」，分別設置中、西文教育書刊以及參考書，提供開架閱覽，並有專責館員指導書刊利用及答覆諮詢。之後，並編印《教育論文索引》、《中文參考書選介》及《西文參考書選介》。中、外文教育書刊以及參考書是師範生自我學習、擴增視野的重要工具，先生此舉，改變了學生一向以自修或借閱為主的圖書館使用習慣，轉而能主動蒐集資料，進而掌握學科趨勢。

先生擔任中央圖書館館長時，審時度地，以「遷建館舍、推動圖書館自動化以及拓展漢學研究服務」為目標。遷建館舍既奠定了文化建設的基礎，更建立了社會對圖書館的正面觀感；圖書館自動化凝聚圖書館的專業力量，落實了圖書館資訊化的目標；而推動漢學研究的相關服務，一方面提供國內漢學研究的服務平臺，另一方面促進了國內外彼此間的了解與互動。先生在這三方面的作為屢屢獲得政府的勳獎，並為國際所肯定。

正確的方向，同時也是施政的重點，管理學有所謂「二八

---

[29] 倪波，〈振鵠論〉，36-37。

法則」,即掌握最重要的 20%,可以達到滿意的效果,先生所為,深符管理要旨。

二、重視執行

　　先生任事,既掌握大方向,也注重落實執行。以先生在中央圖書館的「遷建館舍、推動圖書館自動化以及拓展漢學研究服務」為例,在館舍工程過程中,先生設計出不同功能的定期會議,分別權責,管控進度,讓工程公開透明,確保品質;在圖書館自動化進行中,先生擬訂出三個工作小組,並且分期定程,持續關注;在推動漢學研究服務方面,先生先建立了漢學研究資料暨服務中心的組織,再簡拔幹才,分司其事,中心設立次年,即出版《漢學研究通訊》季刊,再一年,又出版《漢學研究》半年刊,《漢學研究通訊》傳遞訊息,《漢學研究》刊載學術論文,兩者相輔,出版以來,屢次獲獎,甚受國內乃至國際重視。在圖書館自動化推動期間,會議頻繁,甚至安排在晚間舉行,吳明德教授回憶每週總有幾個晚上在南海路中央圖書館開會,當時與先生有密切的互動。[30] 1984 年,漢學研究中心向指導委員會提出《漢學研究》編印計畫時,許多委員都抱著懷疑的態度,不認為能編出一流的學術刊物,但經過先生和同仁審慎的考慮和周詳的計畫之後,不但順利出版,並且在內容和編印上都符合預期的要求。[31]

---

[30] 吳明德,〈吳序〉,收入顧力仁,《典範的時代和理想的人格:王振鵠館長與國立中央圖書館》,iii。

[31] 王振鵠,《書緣:圖書館生涯五十年》增訂本,170。

先生重視執行，或親力而為，或持續關注，務求工作周全而臻完美。

三、人性領導

曾經作過先生秘書的中央圖書館前同仁薛吉雄先生稱先生在館「對待同仁，年長者尊敬有加，如兄如姐；年少者和藹關懷，親如家人。」[32] 敬長尊賢、照顧同仁只是領導的一部分，領導是管理的極致，與其說是學問，不如說是藝術。

先生任事果斷，既為先知，又能先行，追隨先生作事，有一份踏實感。「望之儼然」是大家對先生一致的感受，但近距離接觸後，往往又有「即之也溫」的心得。先生重視士氣，他從不吝於讚許人，並且提攜後進，不遺餘力。

在先生的回憶錄中，他將許多工作的成就都歸功於圖書館界同道以及中央圖書館同人的付出，並且逐一提出姓名及事蹟，例如：蘇精先生撰寫的〈中央圖書館遷建計畫書〉；遷館時各部門花費三數月規畫搬運圖書，又開館前徹夜加班整理上架；新館開幕典禮時，宋建成主任以及各單位的主管和同仁積極規劃儀式的進行、參觀的程序、邀請的名單和當日來賓的接待等等，所作的詳細的籌劃和演練；藍乾章、張鼎鍾、胡歐蘭、李德竹、吳明德、盧荷生、劉崇仁、林愛芳、黃鴻珠、吳瑠璃等先生女士對圖書館自動化的付出；胡歐蘭、江琇瑛、劉雅姿、鄭玉玲、林淑芬、黃莉玲、羅禮曼、許錦珠等同人合作研提〈向

---

[32] 薛吉雄，〈望之儼然即之也溫〉，收入寸心銘感集編集委員編，《寸心銘感集：王振鵠教授的小故事》，88。

成立國家資源書目中心邁進〉；在制定〈圖書館法草案〉的過程中，圖書館學會的歷屆理事長如沈寶環、張鼎鍾、胡述兆、黃世雄、莊芳榮教授等，以及學會的理監事等的積極參與付出。[33]

一位肯為部屬著想的主官，在面對同仁的錯誤時，會如何處理？先生坦承他心中的矛盾，說：

> 行政要立竿見影，可是我從個人倫理，設身處地的為對方著想，又不禁想：今日他的過失或許是我未能盡心督導的責任，而覺於心難忍。[34]

這種抉擇的兩難固然是先生的性格與工作的矛盾的地方，但是，不也正說明先生在領導上注入「人性」。

第五節　個人特質

一、閎深的器識

先生器識宏闊、眼界深遠，見人所未見，發人所未發，在中央圖書館所推動的遷建、自動化及漢學研究中心三大要務，在當時都屬於「今天不作，明天必後悔」的關鍵工作。其實，除以上三者外，先生任內所推行的其他工作，如國際標準書號

---

[33] 詳見王振鵠，《書緣：圖書館生涯五十年》增訂本，116、153、178-201、213。此處僅舉出若干例子，在第九章〈與現代科技結合〉內，先生對於機讀編目格式小組、中文圖書資料著錄規則小組、中文標題總目小組等三個工作小組，都分別逐一提到參與者的姓名。

[34] 雷叔雲，〈謙抑應世協和容眾：館長王振鵠教授〉，《國立中央圖書館館訊》，9卷1期(1986.5)：14。

的實施、中華民國第一屆國際書展的舉辦、人文社會科學館際合作組織的成立、第二次全國圖書館會議的舉行等，都屬於創舉，也都是高瞻遠矚的作為。

二、堅強的信念

先生認定「一生只作一件事」，對圖書館事業的信念堅定不移，接任中央圖書館時，社會普遍不重視圖書館，先生卻毅然陸續推動遷建、自動化及漢學研究中心等工作；而每一項的過程都持續多年，並非立竿見影之短期速成可比，然而先生皆能持之以恆、經年耕耘，終至克盡其功。

三、實踐的能力

先生既重視大原則，也不忽略小細節。中央圖書館前參考組主任王錫璋先生曾有一文「早巡」描寫先生常在圖書館未開館前四處巡閱、注重環境的維護，文稱：

> 經常見到他早巡的身影。圖書館有九層樓一萬四千多建坪，他不一定每天走到我們這個區域，……也經常看到他在別的地方巡視，……印象最深刻是，有天他又走到我們這間閱覽室，正跟我談話時，突然看到一張閱覽桌面上有一條原子筆刻劃過的痕跡，他就馬上要我去轉告清潔工人用去污粉擦掉。「要給讀者一進館裡，就有一個舒適、乾淨的環境」他這樣說。[35]

---

[35] 王錫璋，〈早巡〉，收入寸心銘感集編集委員會編，《寸心銘感集：王振鵠教授的小故事》，2-3。

四、寬廣的胸懷

在中央圖書館秘書室服務過的易明克先生曾經從近距離觀察到先生的涵養，說：

> 王館長平日氣度優雅，神色莊重，很少看到他疾言厲色以對同仁。一次……見到他與一位主管為某件事爭執得面紅耳赤，掉頭關門進館長室。幾天後看到他與那位主管又恢復有說有笑，全無芥蒂。他能將每件事分開處理，就事論事，那種不遷怒、冷靜客觀的涵養，確實叫人敬服。[36]

五、過人的自律

先生守正不阿，絕不向惡勢力妥協。新館遷建時，受到民意代表的壓力及不肖廠商的利誘，先生均予回絕。從師大到中央圖書館，也曾數度面對上級交下人事安排的要求，先生從未接受，並逐一陳明圖書館專業用人的必要性。

曾任職中央圖書館會計室的前同仁朱寶珠小姐對先生的清廉自持印象深刻，她說：

> ……因為他的清廉，使我們的會計工作能順利，沒有任何困擾。……他對於經費的使用（非零用金支付的款項）一定親自批准，極為負責。猶記得有次在他辦公室，他無意間打開抽屜，我發現許多張發票（是他宴請國外圖書館學者專家的餐費），但他沒有交給庶務人員辦理報銷，我一時心直口快地說：「館長！這可以在特別費報銷。」他竟

---

[36] 易明克，〈我所知道的王館長振鵠先生〉，收入寸心銘感集編集委員會編，《寸心銘感集：王振鵠教授的小故事》，30。

說：「沒關係！我自己負擔就可以了。」聽了這話，我楞住了，讓我好感動，一位首長可以做到如此，是何等地不簡單。[37]

從以上先生部屬的口中，可以看到先生在行政作為與管理風格的幾個具體面向。不論在大學圖書館或是在國家圖書館，先生從不將行政職位當作向人驕言或抬高自己的爵祿，反而是一個貢獻一己、服務利他的機緣，這從先生幾度推卻擔任中央圖書館館長的事實可為明證。而先生在任內一心一意著眼在圖書館事業的推動、館務的發展以及同仁的福祉，王錫璋先生曾經回憶先生在中央圖書館時，說：

> ……他接掌中央圖書館，就抱著長期經營的決心，而不是「滾石不生苔」、「沾醬油」型的，只想將這個位置當作三年、五年即要升官而去的踏腳石；……他體貼同仁，絕不會為了「一將功成萬骨枯」的虛名，給同仁帶來太多的工作壓力——該做就做，不該做的，他絕不會創造一些計畫來增加同仁的負擔。[38]

先生篤行的是「以服務代替領導」的風範，而對人先尊重，既而對事能慎重，這是先生的一貫作風。從先生身上，眾人都看到「以大事小」的風範，也能學習到「定、靜、安、慮、得」的管理極致。[39]

---

[37] 朱寶珠，〈記王館長二三事〉，收入寸心銘感集編集委員會編，《寸心銘感集：王振鵠教授的小故事》，7。
[38] 王岫，〈永遠的老師〉，《中華日報》，2002 年 9 月 26 日，19 版。
[39] 《大學》：「知止而後有定，定而後能靜，靜而後能安，安而後能慮，慮而後能得。」

第六節　結論

　　從師大圖書館到中央圖書館，先生所牽念的已經不是一所大學的教學研究協助或是一座圖書館的營運發展，他的目標是要為臺灣建立一個「新圖書館制度」。早於 1972 年，先生就勾勒出一幅藍圖並提出全面發展臺灣圖書館的若干途徑，包括：

一、設置專門機構管理全國圖書館事業；

二、制訂圖書館事業法案；

三、組織全省公共圖書館網，謀圖書館事業之整體發展；

四、加強學術圖書館之合作，用以配合學術研究；

五、合作經營中、小學圖書館，配合國民教育之延長與發展。[40]

　　1981 年，先生受聘任國家建設研究委員會委員時，又提出《當前文化建設中圖書館的規劃與設置之研究》，除了剖析當時國內、外圖書館發展現況外，並就文化中心圖書館的規劃要項，包括其功能、規劃原則、基本措施逐一敘明，最後並提出圖書館發展的具體作法。[41]

　　1984 年，為提升臺灣圖書資源的有效利用，並就資訊快速傳遞預作因應，行政院研究發展考核委員會委請先生進行研究，由先生任主持人，胡歐蘭教授任共同主持人，歷時一年，完成《建立圖書館管理制度之研究》，除了調查國內當時各圖書館的服務外，並與其他國家圖書館的服務相互比較。先生強

---

[40] 王振鵠，〈論全面發展圖書館事業之途徑〉，2-3。
[41] 國家建設研究委員會編，《當前文化建設中圖書館的規劃與設置之研究》。

調此研究的目標及重點在於配合資訊的發展,增進圖書館的效能;著重圖書館的系統和制度,以謀全面性的統籌發揮。[42]

該研究提出若干具體的建議,包括:一、研訂圖書館法與標準;二、設置圖書館事業發展委員會;三、規劃全國圖書資訊網;四、改進圖書館教育;五、推動集中編目,統一作業規範。[43]

當時,政府在推動「文化建設」,而圖書館也處在由人工作業轉向自動作業的關鍵時期,無論在經營的觀念和作法上都需要大幅的調整。在上述研究中,針對當時圖書館在行政組織,人力、財力及圖書資源以及各項作業都作了詳細的分析,並就圖書館所面對的重要問題,包括法規,行政體系與人員,經費與館藏,服務、館舍與教育進行了深入的探討,希望建立一個新的圖書館制度。

在先生的心中構築著一個臺灣圖書館事業的理想,根據先生的描繪,呈現如下:

> 國家圖書館為一國文化水準之表徵,其主要任務在發揚舊學,涵養新知,一方面保存舊文化,一方面開拓新境界,具有繫文化命脈,觀時代興衰之功能。
>
> 今後在館藏發展上,應立足本土、放眼世界。不僅要質精量豐,更應謀服務之便利。工作同仁要以「熱誠」作為重要的守則,並以宗教家的愛心和耐性為大眾服務。尤以處於資訊時代,應設法將本身擁有的「能量」化為「電力」,

---

[42] 王振鵠、胡歐蘭,《建立圖書館管理制度之研究》,204。
[43] 王振鵠主持,〈序言〉,收入王振鵠、胡歐蘭,《建立圖書館管理制度之研究》,I。

向外輸出，以滿足資訊社會更高的需求。

國家圖書館不祇供應資料，更要產生導向，在國家社會發展中扮演一個更為積極的、主動的角色。此外，國家圖書館應以橋樑自居，在圖書館之間策導溝通，謀求圖書館事業之合作發展。[44]

從字面上，它雖然是先生對國家圖書館的期待，但也未嘗不是先生心目中臺灣圖書館的遠景。事實上，這個理想先生已經實現了若干，並且繼續在傳承實現中。

---

[44] 王振鵠，〈摘《國立中央圖書館遷館紀念特刊》中文教界先進策勵期勉要旨與同仁共勉〉，收入國立中央圖書館編，《王振鵠先生：國立中央圖書館館長：中華民國六十六年四月至七十八年七月》（臺北市：國立中央圖書館，1989）。

第五章　圖書館與事業提升

　　在學校所養成的習慣中，沒有一種比較閱讀的習慣，以及為求知、休閒而使用圖書的能力，具有如此長遠的利益的。[1]

　　國家圖書館應以民族文化資源為基礎而擴大發展，闡揚其價值，並創造新的文化。……工作人員必須把胸襟放寬，眼界放遠，不單是要汲汲於內部技術作業的改善，還要進一步體認到國家圖書館所擔負的文化使命，並認清它在國家社會中所扮演的角色。秉持這些信念，不斷努力，始能對國家民族有所貢獻。[2]

第一節　前言

　　1958-1959 年間，先生在美修業，一年內參訪了近百所圖書館。當時美國社會安定，經濟富裕，尤其在自由民主的風氣之下，圖書館事業發展蓬勃，各類型圖書館都有特色，例如首屈一指的美國國會圖書館、學術資源豐富的哈佛大學圖書館和代表都會圖書館的紐約公共圖書館，給先生留下的深刻的印象。日後先生感慨地說：

　　美國不論是公共圖書館、大學圖書館，或是專門圖書館，

---

[1] Mary Peacock Douglas 撰，王振鵠譯，《小學圖書館》（臺北市：正中書局，1964），前言。
[2] 王振鵠，〈序〉，收入王芳雪，《日本國立國會圖書館研究》（臺北市：文史哲出版社，1988），I。

都是以滿足社會及使用者的社會需求為其致力的目標，在專業化的管理制度下建立起圖書館的服務理念與服務模式。美國圖書館的發展已經影響到全球圖書館事業的發展，儘管各國文化社會環境不同，圖書館的功能與價值已獲得普遍的肯定。[3]

不同類型的圖書館在美國各有其服務的對象，美國圖書館的觸角深入到社會的各個場域，其影響力無遠弗屆。圖書館事業要擁有完整的圖書館體系，包括國家圖書館、學術圖書館、公共圖書館、學校圖書館以及專門圖書館，不僅都要力求發展，而彼此之間更需要相輔相成。充實並建立自己國家圖書館體系的念頭已經在此時深植到先生的腦中。

儘管在經營上，不同類型的圖書館有其獨特的服務目的、對象與方式，各具特色，但是在實際的營運上，都受到一個有形尺度的衡量與檢驗，就是「標準」。

「標準」在圖書館的經營上扮演著重要的角色，它不僅是在服務上質與量的要求，更顯示了圖書館的理想與目標。先生重視「圖書館標準」所發揮的效益，不但探討國外圖書館標準的實施，並且將國外標準的理想及要求引入到當時仍為開發中地區的臺灣。先生早年發表了〈美國的圖書館服務標準〉以及〈各國圖書館標準之研究〉這兩篇力作。前一篇就制訂「圖書館標準」最早的美國來探討，分別介紹公共、學校、大專院校以及專門等四種類型的圖書館服務標準，並歸納出三點效益：

---

[3] 王振鵠，《書緣：圖書館生涯五十年》增訂本（臺北市：書緣編印部，2014），59。

一、表現民主自由精神,倡導服務至上觀念;

二、擺脫獨自經營方式,步入合作發展途徑;

三、擴大收藏範圍,提供服務層次。[4]

後一篇就美國以外國家所制訂的圖書館標準,分為公共圖書館、學校圖書館及大學圖書館三類加以研究並比較,最後參照這些標準的精神,為開發國家擬出各類圖書館標準。[5]

除此之外,先生更參與了國內各類型圖書館服務標準的擬具和審訂,不但建立了業務應該遵循的軌道,導入組織化和合作化的觀念,也藉著這些標準作為圖書館服務的評估尺度,健全圖書館的發展。

建立並發展「圖書館體系」,並符合相關的「標準」,逐漸成為先生勾畫臺灣圖書館事業的兩個重要的方向。日後,先生在不同的崗位上,隨時留意各類型圖書館的需要,不僅進行深入探討,並且就實際問題研提具體的解決方案。

以時間而論,先生最早接觸的是大專圖書館,其次是學校圖書館、公共圖書館乃至於國家圖書館及專門圖書館。茲選擇先生的重要論述以及實務作為,分述如次:

---

[4] 王振鵠,〈美國圖書館的服務標準〉,收入《圖書館學論叢》(臺北市:臺灣學生書局,1994),219-224。

[5] 王振鵠,〈各國圖書館標準之研究〉,收入《圖書館學論叢》,63-161。

第二節　大專院校圖書館

1961年，先生發表〈大學圖書館學〉，這是臺灣第一篇探討此一專題的完整論述，深入而完備。[6] 該文就功能、行政組織以及館藏資料來探討大學圖書館學，該文稱大學具備了保存知識概念、教學、研究、出版、推廣以及解說（或稱為傳播）等功能，圖書館為了要配合大學的功能並達成使命，需要具備以下這些要素：

一、準備教學、研究及推廣所需要的圖書資料，

二、聘用適當的人員，

三、妥為組織資料，以便應用，

四、備有合用的館舍設備，

五、圖書館工作應配合教育及行政方針，

六、結合並運用館外資源，

七、籌措充足的經費，

八、擬定完善的經營方針與計劃。[7]

在「行政組織」一章中，提及大學圖書館的組織以業務屬性為依歸，而大學圖書館的業務活動可分為行政管理、圖書採訪、資料整理、流通閱覽、參考服務及教學指導等六項，所以在組織型式上有分部制、分組制及雙軌制；大學圖書館的「讀者服務」則分為傳統性集中制、科目組織制以及開放式或分散式組織制三種；大學圖書館在採編工作的改進包括於編目部門

---

[6] 王振鵠，〈大學圖書館學〉，國科會50學年度研究論文。

[7] 王振鵠，〈大學圖書館的功能〉，《教育資料科學月刊》，2卷3期（1971.4）：4。

另設立一個書目部,專門編製為教學研究所需用的書目,打破採訪及編目工作的界限以及採訪、編目工作依據資料類型及工作屬性進行再分工。[8] 此外,大學圖書館的「館藏」可分為普通資料及特殊資料兩部分。普通資料包括圖書、叢刊、官書,特殊資料則有論文、手稿、檔案、輿圖、樂譜、小冊子及剪輯、攝影複印資料及其他視聽資料等。[9]

1970年,先生與張春興教授合作進行〈中國大學生課外閱讀興趣之調查研究〉,[10]探究大學生在使用圖書館的動機為何?有沒有得到滿足?這是國內第一篇,也是唯一的一篇,專門針對大學生之「閱讀興趣」所作的研究。

1975年,教育部與中國圖書館學會合作組織「大專圖書館標準擬訂工作小組」,由先生任召集人,分就組織人員、經費、館藏、管理、館舍、服務等方面進行現況調查,並提出〈臺灣區大專院校圖書館現況調查報告〉,[11] 調查報告的建議包括:

一、確定專業人員之地位,提高各館工作人員之素質大學圖書館學;

二、重新規劃組織型態與人員編制;

三、改善圖書登列財產及報損制度;

四、充裕館藏、淘汰冗雜,提高館藏素質及可用性;

五、定期評量全國大專圖書館之藏書與服務,促使各校

---

[8] 王振鵠,〈大學圖書館的行政組織〉,《圖書館學報》,3期(1961.7):15-23。
[9] 王振鵠,〈大學圖書館之館藏資料〉,《圖書館學報》,7期(1965.7):87-101。
[10] 王振鵠、張春興,〈中國大學生課外閱讀興趣之調查研究〉,《教育學報》,1期(1970.6):858-882。
[11] 王振鵠,《臺灣區大專院校圖書館現況調查報告》(臺北市:教育部大專圖書館標準擬訂工作小組,1975)。

對圖書館業務之重視。[12]

這份調查報告於當年促成了〈大學及獨立學院圖書館標準草案〉以及〈專科學校圖書館標準草案〉的訂定，是臺灣大專院校最早的圖書館標準。[13] 之後在 1979 年經圖書館學會通過，提供公私立大專院校參考。

1988 年，先生發表〈現階段專科學校圖書館的功能與服務〉，[14] 專科學校圖書館的功能除了教學、研究與推廣之外，尚須增長學生自學能力，從利用圖書館而培養自動自發、運用書籍，增長知識的能力。而其服務除了針對書籍的整理以及對人的協助之外，尚須注意到建立館藏、促進館際合作與發展自動化作業。

先生在大專院校圖書館實務方面的重要作為，包括：

一、1963 年，「師範學校設備標準」修訂，內含「圖書設備標準」，先生擔任修訂委員。

二、1967 年，擔任學會第 15 屆常務理事、大學圖書館委員會召集人。

三、1975 年，擔任「大專圖書館標準擬訂工作小組」

---

[12] 王振鵠，〈臺灣大專圖書館現況之調查研究〉，《圖書館學與資訊科學》，2 卷 1 期（1976.4）：98-101。

[13] 〈教育部新訂「大專圖書館標準」1. 大學及獨立學院圖書館標準（草案）2. 專科學校圖書館標準（草案）〉皆以任務、組織與人員、經費、圖書資料、建築與設備、服務等六大項分條論述。前者共 50 條，後者共 48 條，每一部分最後並有附則，其中提及其標準是以何種對象來論述，同時亦提出此標準在必要時得隨時修訂之。刊於《中國圖書館學會會報》，27 期（1985.12）：45-52。

[14] 王振鵠，〈現階段專科學校圖書館的功能與服務〉，收入國立臺北工業專科學校編，《專科學校圖書館實務研討會專輯》（臺北市：國立臺北工業專科學校，1988），8-13。

召集人，提出〈臺灣區大專院校圖書館現況調查報告〉。同年，主持訂定〈大學及獨立學院圖書館標準草案〉以及〈專科學校圖書館標準草案〉。

四、1977–1989 年間，先生任中央圖書館館長，推動多項與大學圖書館相關業務。1985 年，召開「大專圖書館業務研討會」，以「如何改進大專圖書館業務，以發揮大專院校之教學功能」為研討會主題。

五、1986 年，召開「學術圖書館自動化規劃會議」，以研討未來大學院校圖書館自動化作業問題。

六、1987 年，舉辦「學術圖書館合作編目成效檢討會」，寄發各合作館作業調查問卷。

七、1987 年，召開「圖書館合作編目建檔會議」，商討合作編目作業程序，並舉行「學術圖書館合作編目建檔作業細則討論會」及「作業人員講習會」，又通過「學術圖書館合作編目建檔暫行辦法」，舉行學術圖書館「合作線上查詢講習會」以及邀請臺大、中興、政大、成大各圖書館舉行「線上合作編目作業」會議。

八、1995 年，參與〈大專圖書館營運要點〉（草案）以及〈專科學校圖書館營運要點〉（草案）的審訂工作。[15]

---

[15] 王振鵠、胡歐蘭、鄭恆雄、劉春銀，《臺灣圖書館事業百年發展》（臺北市：文華圖書館管理，2014），78。

第三節　學校圖書館

兒童、學生與成人的心智發展頗為懸隔，所以在圖書館的經營上，學校圖書館（包含兒童、國中小與高中）與成人圖書館有所區別。先生在學校圖書館的探討及實務貢獻豐碩，這與師範體制需要關注學校教育有密切的關係。先生在學校圖書館的重要論述，包括：

一、美國的學校圖書館

1960 年發表，是臺灣介紹其他國家學校圖書館的第一篇作品。文中引述哈佛大學一位新生主任的話：「大學的學生必須具有使用圖書館的能力和習慣，這種為課程的需要而利用圖書館的能力如在中學即已獲得的話，那麼他在大學從事研究工作時，必事半功倍、節省不少時間。」[16]

二、學校圖書館（圖 5-1）

1960 年發表，收入東海大學《圖書館學小叢書》。杜定友曾於 1928 年撰《學校圖書館》，本書繼之，是在臺灣所出版第一本介紹學校圖書館的專著。本書參考美國的成規，並就實際需要加以調整，分為學校圖書館之原理、組織、經營、圖書館資料以及館藏利用等五章。[17]

---

[16] 王振鵠，〈美國的學校圖書館〉，《中等教育》，11 卷 3/4 期，(1960.6)：2-4。
[17] 王振鵠，《學校圖書館》（臺中市：東海大學圖書館，1961）。

三、臺灣省中學圖書設備調查

1960 年發表，最早呼籲研訂「學校圖書館標準」以及編輯「圖書管理手冊」。[18]

四、小學圖書館（圖 5-1）

1964年發表，1983年發行臺7版。由聯合國教育科學文化組織（United Nations Educational, Scientific and Cultural Organization, USESCO）所出版 Mary Peacock Douglas "The Primary School Library and Its Services" 編譯而成。介紹國外圖書館在教學活動上之功能及其工作，特別強調學校圖書館的工作程序以及自學能力的培養。該書前言提及：「在學校所養成的習慣中，沒有一種比較閱讀的習慣，以及為求知、休閒而使用圖書的能力，具有如此長遠的利益的。」[19]

五、兒童圖書館（圖 5-1）

1969 年發表，收入臺灣書店《師範教師叢書》，1985 年發行第 4 版。本書共 13 章，包括三大部分：（一）組織、人員與建築設備，（二）資料與整理方法，（三）服務方式,附錄有〈致建築師的一封信〉。全書取材自 Jewel Gardiner "Administering Library Service in the Elementary School" 以及阪本一郎《学校図書館図説》等書。[20]

---

[18] 王振鵠（筆名予群），〈臺灣省中學圖書設備調查〉,《中等教育》,11 卷 3/4 期（1960.6）：5-8。

[19] Mary Peacock Douglas 撰，王振鵠譯，《小學圖書館》,前言。

[20] 王振鵠,《兒童圖書館》（臺北市：臺灣書店,1969）。

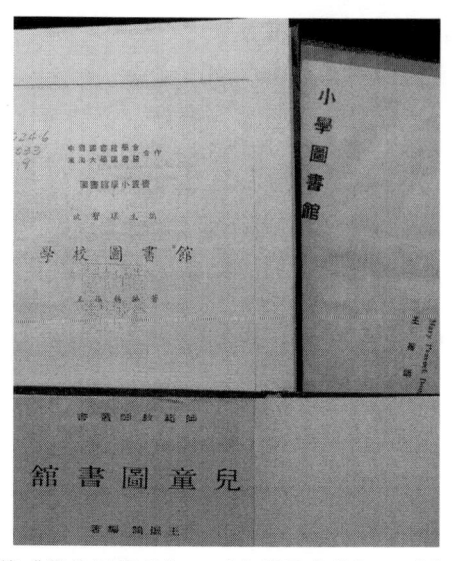

圖 5-1　先生所著《學校圖書館》、《小學圖書館》及《兒童圖書館》等書都刷印多次

（來源：東海大學圖書館）

六、怎樣管理圖書

　　1969 年發表，收入《中等教育輔導叢書》。全書共 11 章，論及學校圖書館設置之目的、管理的基本原則、圖書選擇與採訪、分類編目、典藏、閱覽及參考諮詢工作等。[21]

七、世界主要國家學校圖書館概況

　　1977 年發表，就美國、英國、澳洲、日本四個國家學校圖書館的發展及其標準分別介紹。文中說到「圖書館之經營理念有賴於健全之組織、適當之人員、充足之經費及有效之方法等

---

[21] 王振鵠，《怎樣管理圖書》（臺北市：國立臺灣師範大學中等教育輔導委員會，1969）。

條件配合實施,始克有濟。而學校主持行政工作人員之重視與否,更為學校書館工作成敗之重要關鍵。深望教育主管在修訂法規時能確定圖書館之地位,今後宜加強督導,重新修訂圖書館之標準,使各校有所遵循,以學校圖書館切實發揮其效能,成為配合教學之一有利單位。」[22]

八、談學校圖書館利用教育

1985 年發表,「圖書館利用教育」是圖書館配合教學,而加速達到教學的項目,其目的在於增長學生利用圖書館資源,加速圖書館教學成果外;增長學習能力,奠定終身教育的基礎;協助國民掌握資訊,適應現代化生活。圖書館利用教育的內容實施分為認識圖書的環境、瞭解圖書館的功能、如何利用圖書館作教學單元活動的設計以及書目指導。[23]

九、高中圖書館的經營理念[24]

1994 年發表,為全國高中圖書館主任業務研討會專題演講講詞。學校圖書館經營的理念包括四點:(一)學校圖書館應被視為學校支援教育之單位;(二)圖書館工作要密切配合學校教學計劃和教學大綱;(三)學校圖書館的經營是學校行政單位的責任,應與充分支援;(四)學校圖書館是圖書館網路的一部分,應利用資源服務社區。

---

[22] 王振鵠,〈世界主要國家學校圖書館概況〉,收入教育部編,《高級中學法參考資料》(臺北市:教育部,1977),65-73。又收入國立中央圖書館編,《高中圖書館經營文獻選輯》(臺北市:國立中央圖書館,1989),16。

[23] 王振鵠,〈談學校圖書館利用教育〉,收入國立中央圖書館編,《高中圖書館經營文獻選輯》(臺北市:國立中央圖書館,1989。),175-185。

[24] 王振鵠,〈高中圖書館的經營理念〉,《高中圖書館館訊》,11 期(1995.4):4-11。

十、兒童圖書館指導計畫一覽表[25]

　　1969 年發表，原為《兒童圖書館》一文的附錄。兒童圖書館利用教育包括：對圖書的瞭解、對圖書的態度、利用圖書的技能、對圖書館的瞭解、對圖書館的態度以及利用圖書館的技能，以此為基礎再規劃出不同年級的 16 個單元。此指導計畫屢經修訂，長期使用在國小圖書館利用教育。

　　在先生的眼中，一位稱職的學校圖書館館員並不是每個人都可以做得到的。先生在蘇國榮《國民中小學圖書館之經營》一書的序文中，說道：「學校圖書館的經營與管理因其功能與其他類型的圖書館有別而具有特殊的要求。在組織與行政上應符合法令與教育部所頒布的標準；在技術服務上應研訂精簡合宜的技術作業程序；在讀者服務上則針對學生的年齡與程度提供多元化的服務；尤其在輔導教育上，更要設計單元教材，培養學生自學的能力。從以上工作得知，一位理想的學校圖書館員實已具備了行政人員、資料管理人員與輔導教師的多重身分，並不是任何人都能擔任的。」[26]

　　先生在學校圖書館實務方面的重要作為，包括：

（一）1961 年，圖書館學會討論通過「中學圖書館標準」五章 20 條，初稿由先生擬訂，後經多次討論，送教育部備作修訂「中學設備標準」參考。

---

[25] 王振鵠，《兒童圖書館》，158-161。
[26] 王振鵠，〈序〉，收入蘇國榮，《國民中小學圖書館之經營》（臺北市：臺灣學生書局，1989），i-ii。

（二）1962 年，任學會第 10 屆常務理事、學校圖書館研究委員會召集人。

（三）1963 年，任學會第 11 屆常務理事、學校圖書館委員會召集人。

（四）1964 年，任學會第 12 屆常務理事、學校圖書館委員會召集人。

（五）1965 年，教育部公布「國民學校設備標準」，內含「圖書設備標準」，先生擔任該標準修訂委員。

（六）1976 年，圖書館學會成立「中學圖書館手冊計畫擬訂小組」，先生為三位委員之一。

（七）1985 年，召開「高中設備標準圖書組委員會議」，進行修訂高中圖書館標準事宜。

（八）1988 年，舉辦「學校圖書館利用指導研討會」。

（九）1989 年，出任教育部「高級中學圖書館諮詢指導委員會」委員，1 月出席「北區高中圖書館訪視及座談會」，5 月舉行「全國高級中學圖書館業務研討會」。

先生的論述對學校圖書館的發展影響深遠，臺灣光復後，政府致力基礎教育的提升，先生諸多有關學校圖書館的論著出版後一再發行，如《小學圖書館》（正中書局印行，1983 年七版）、《兒童圖書館》（臺灣書店印行，1985 年四版），廣泛被閱讀。

而先生所倡議的「學校圖書館標準」以及「學校圖書館手冊」，或在先生的推動下，或受到先生鼓吹的影響，日後都逐一實現。各級學校圖書館的標準（後改稱為營運基準）隨著時

空的轉變一再推陳出新,而各級學校的「學校圖書館手冊」也紛紛出版,這些成果對於學校圖書館,乃至於各級學校的教育以及經由閱讀所帶來國民素質的提升,大有助益。

第四節　公共圖書館

先生在美國攻讀學位時熟知公共圖書館的發展,回國後深入探討美國公共圖書館的制度及發展。1979 年政府推動「文化建設計畫」,先生投入中央及地方文化中心的規劃與建設。1985 年臺灣省教育廳為了加強基層的文化建設工作,擬訂「輔導並補助各鄉鎮縣轄市建立圖書館計畫」,並以「一鄉鎮一圖書館」作為目標,先生也參與規劃、評鑑以及檢討等工作。先生在公共圖書館的重要論述,包括:

一、美國公共圖書館制度之研究[27]

1974 年發表,圖書館是美國的社會制度,也是民眾生活中不可或缺的一部分,公共圖書館更成為美國教育的主要輔助機構,本文探討美國公共圖書館事業發展的歷史、目標、信念、圖書館標準的影響、組織型態以及所提供的服務,分別加以說明,而「分科管理」及「兒童及青少年服務」是其主要特色。本研究既深入又流暢,發表後被廣泛的引述。

---

[27] 王振鵠,〈美國公共圖書館制度之研究〉,收入《圖書館學論叢》,225-308。原為國科會 63 學年度研究論文,再以〈美國公共圖書館制度(上、中、下)〉刊於《教育資料科學月刊》,14 卷 2-4 期(1978.10–12),共 27 頁。

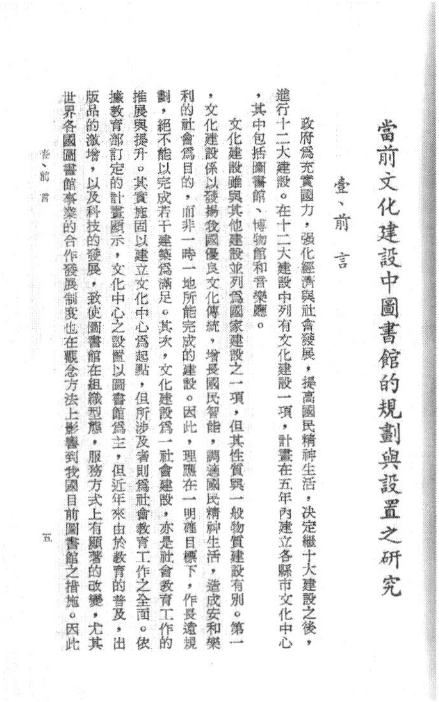

當前文化建設中圖書館的規劃與設置之研究

壹、前　言

政府為充實國力，強化經濟與社會發展，提高國民精神生活，決定繼十大建設之後，進行十二大建設。在十二大建設中列有文化建設一項，計畫在五年內建立各縣市文化中心，其中包括圖書館、博物館和音樂廳。

文化建設雖與其他建設並列為國家建設之一項，但其性質與一般物質建設有別。第一，文化建設係以發揚我國優良文化傳統，增長國民智能，調適國民精神生活，造成安和樂利的社會為目的，而非一時一地所能完成的建設。因此，理應在一明確目標下，作長遠規劃，絕不能以完成若干建築為滿足。其次，文化建設為一社會建設，亦是社會教育工作的推展與提升。其實施固以建立文化中心為起點，但所涉及者則為社會教育工作之全面。依據教育部訂定的計畫顯示，文化中心之設置以圖書館為主，但近年來由於教育的普及，出版品的激增，以及科技的發展，致使圖書館在組織型態，服務方式上有顯著的改變，尤其世界各國圖書館事業的合作發展制度也在觀念方法上影響到我國目前圖書館之措施。因此

壹、前　言　　五

圖 5-2　先生 1981 年著《當前文化建設中圖書館的規劃與設置之研究》內頁

二、當前文化建設中圖書館的規劃與設置之研究[28]（圖 5-2）

1981 年發表。先生認為「文化中心圖書館」相當於地區性的公共圖書館，公共圖書館負有保存地方文獻資料、推動社區文化以及民眾自我教育的責任，並且透過館內的分科服務、推廣工作以及館際間的合作經營來扮演社區的資料中心、交換中心與服務中心。文化中心圖書館除了應具備公共圖書館的功能

[28] 國家建設研究委員會編，《當前文化建設中圖書館的規劃與設置之研究》（臺北市：國家建設研究委員會，1981）。

以外,更需肩負著「宏揚民族文化,教育社會民眾,傳布知識消息,倡導休閒活動」等四項使命。[29]

三、縣市文化中心績效之評估[30]

1992年發表。針對文化中心成立15年的成效加以檢討,包括:推廣活動的績效,制度、計畫與措施的檢討,研訂日後輔導的評估指標,提出經營管理的建議。先生認為文化中心的問題,在其本身的組織結構與體質的改善,要靠主管政府與業務單位建立共識,並克服人事及經費的困難。此外;先生另撰有《文化中心十年》。[31]

四、地方圖書館[32]

1981年發表〈地方圖書館〉,地方圖書館指分設在各地方之公共圖書館,包括:省立、市立、縣立,及鄉鎮立圖書館等。

五、鄉鎮圖書館之發展[33]

1990年發表,民主社會中,人人具有知的權利及受教的機會,不能因環境差異或居地偏遠而受到影響。普遍設置鄉鎮圖

---

[29] 國家建設研究委員會編,《當前文化建設中圖書館的規劃與設置之研究》,51-55。
[30] 王振鵠、胡述兆,《縣市文化中心績效評估》(臺北市:行政院研究發展考核委員會,1993)。
[31] 王振鵠,《文化中心十年》(臺北市:行政院文化建設委員會,1991)。部分摘錄見王振鵠,《臺灣圖書館事業文集》,65-73。
[32] 王振鵠,〈地方圖書館〉,收入張其昀監修,《中華百科全書》第三冊(臺北市:中國文化大學出版部,1981),144。
[33] 王振鵠,〈鄉鎮圖書館之發展〉,《社教雙月刊》,38期(1990.8):36。先生另在〈發揮鄉鎮圖書館功能,加強基層文化建設(座談會)〉發言,詳見《社教雙月刊》,15期(1986.9),8-9。

書館,能促使文化資源平均分布,文化生活得以提升。為了加強基層文化建設工作,臺灣省教育廳於 1985 年擬訂「輔導並補助各鄉鎮縣轄市建立圖書館計畫」,以達到「一鄉鎮一圖書館」的目標。為此,先生提出:(一)體認鄉鎮圖書館之存在價值,(二)具有完備的圖書館經營條件,(三)建立有效的圖書館行政與輔導制度。另強調注重隸屬組織及編制合理,並建議訂定「臺灣省鄉鎮市立圖書館標準」。

六、與民眾打成一片——訪師大王振鵠教授談鄉鎮圖書館的發展[34]

1992 年發表,以「百貨公司」來譬喻鄉鎮圖書館,要做到「門庭若市」,則需要「貨色齊全、適合顧客需要以及便利選購」。鄉鎮圖書館設立的三個基本條件為:館藏(書)、館舍(安適的閱讀環境)、人員(受過專業訓練)。鄉鎮圖書館應放下傳統上「圖書館為文化殿堂」的身段,降低姿勢,成為「民眾生活資訊重要的來源」,矯正「讀書館」的刻板印象。

七、從聯教宣言談公共圖書館服務[35]

1999 年發表,UNSECO 與國際圖書館協會聯盟(IFLA)於 1994 年共同發表〈公共圖書館宣言〉(Public Library Manifesto),作為各國的發展準則。公共圖書館是「通向知識的門戶」,也是「開放的學習中心」。本文綜合歸納宣言中有關公共圖書館

---

[34] 尚華,〈與民眾打成一片——訪師大王振鵠教授談鄉鎮圖書館的發展〉,《師友月刊》,304 期(1992.10):16。
[35] 王振鵠,〈從聯教宣言談公共圖書館服務〉,《書苑》,41 期(1999.7):19-22。

的性質、任務、營運管理、服務原則等各項準則,並期許國內公共圖書館轉型開放、主動服務。

先生曾經為臺北市立圖書館前館長鄭吉男所撰《公共圖書館的經營管理》一書寫序,鄭吉男館長以豐富的行政經驗與管理科學的新觀念,在 1983–1988 年任職期間創新服務,令人耳目一新。先生強調科學管理在圖書館經營的重要性,稱許本書所述實務具有價值。[36]

先生在公共圖書館實務方面的重要作為包括:

（一）1960 年,圖書館學會組成「臺灣省圖書館事業改進委員會」,負責釐訂各型圖書館標準,先生以常務理事任委員,負責釐訂各型圖書館標準。

（二）1962 年,圖書館學會通過「公共圖書館標準」,分為原則、組織、服務、圖書資料、管理、人員、經費等 7 個單元 60 條條文。1976 年,由學會理事及公共圖書館館長組成的「公共圖書館組織規程及標準擬訂工作小組」,訂定「各省（市）縣市鄉鎮（市）立公共圖書館標準（草案）」,並編印《中華民國臺閩地區省（市）縣市鄉鎮區圖書館現況調查報告》。1990 年,學會研擬「公共圖書館標準草案」,後由教育部公布〈公共圖書館管理營運要點〉,先生始終參與。

（三）1983 年,先生以文建會委員兼語文圖書委員會召集人的身分,參與該會「縣市文化中心工作要領」的訂定,此

---

[36] 王振鵠,〈序〉,收入鄭吉男,《公共圖書館的經營管理》(臺北市:文史哲出版社,1988),1-3。

要領是文化中心各項業務的實施準則,要領中訂出圖書館的任務、基本藏書量、書刊年增長量、服務時間及服務內容等項,相當於圖書館的服務標準。[37]

(四) 1984 年,文建會組成「文化中心輔導小組」,定期訪視各文化中心並指導推展各項活動,以確實瞭解其營運概況,自 1984 年至 1988 年止,先生參與多次訪視,並曾擔任過訪視輔導小組的召集人。

(五) 先生在中央圖書館任內,多方提供相關資源,協助文化中心圖書館的經營,包括:召開文化中心座談會,縣市代表四十餘人參加(1980);代辦縣市文化中心圖書館採購(1984);召集組成「文化中心圖書館技術輔導小組」(1984–1986),並持續多年輔導業務、定期舉行檢討會議;出版《臺灣省鄉鎮圖書館選目》、《文化中心圖書館工作手冊》(計分相關法規彙編、選擇與採訪、分類與編目、典藏與閱覽、參考服務等冊);陳報「建立縣市文化中心計畫執行成效估報告」(1987)等。

1981 年,先生提出《當前文化建設中圖書館的規劃與設置之研究》,影響至大。大陸圖書館學者崔鈺認為此一研究:「……不僅保證了文化中心以圖書館為主的重要政策,也為這種新的公共圖書館模式——以圖書館為核心的綜合文化設施奠定了思想基礎。」[38] 在爾後縣市文化中心推動的漫長過程中,先生更持續協助當時的縣市文化中心建立管理制度,參與訪

---

[37] 王振鵠,《文化中心十年》,27-29。
[38] 崔鈺、康軍,〈中國臺灣圖書館學家王振鵠的學術思想與實踐〉,《圖書情報工作》,1997 年 4 期(1997):8。

視、評鑑並提出建議。接著縣市文化中心之後，政府於 1985 年起繼續推動「一鄉鎮一圖書館」的建設，先生為此仍然貢獻心力。

第五節　國家圖書館及專門圖書館

1977–1989 年，先生擔任中央圖書館館長 12 年，政績卓著。若說蔣復璁前館長是中央圖書館的締造者，則先生是奠基並培育茁壯的辛勤耕耘者，任職期間帶領中央圖書館迎向資訊，脫胎換骨，並且建立制度，永續發展。

先生在國家圖書館的重要論述，包括：

一、國立中央圖書館之資源與服務[39]

1985 年發表，中央圖書館除了既定服務外，更推動四項重要工作，包括：規劃辦理遷建工作、推展圖書館自動化作業、兼辦漢學研究資料及服務中心工作以及開展縮影服務。未來服務包括：（一）配合新館遷建，積極充實館藏，加強服務，以發揮國家圖書館的功能；（二）建立全國統一圖書編目作業制度，並加強書目控制服務，謀圖書館事業之合作發展；（三）推動圖書館自動化作業，謀全國圖書資訊之共享；（四）蒐集漢學研究資料，提供研究環境，促進漢學之研究；（五）研究圖書館學術，辦理各項技術研習，以提升圖書館理技術和方法；（六）拓展出版品國際交換工作，促進國際文化交流。

---

[39] 王振鵠，〈國立中央圖書館之資源與服務〉，《研考月刊》，9 卷 3 期（1985.3）：23-29。

二、我們的責任及未來發展的方向 [40]

1986 年發表,新館遷建之後提示未來館務的方向。中央圖書館的基本責任包括:文化典藏的責任、國家書目的編製、書目資訊服務與協助研究、出版品國際交換業務,以及圖書館事業的研究和輔導。遷建新館後應該:(一)加強館藏的發展與管理,(二)改進國家書目與聯合目錄的編印,(三)提升圖書借閱及參考服務的品質,(四)注意海外漢學研究資料的蒐集以及(五)行政支援與配合。同仁努力的重點則在於:(一)尊重讀者權益,(二)加強計畫性、協調性與合作性,(三)增進同仁福利,(四)建立溝通的管道。

三、傳承文化使命・開創館務新局 [41]

1988 年發表,中央圖書館的使命有二,分別是圖書館的業務發展以及文化傳承的責任,未來發展的方向包括:館發展充實豐富,技術服務精益求精,讀者服務日新又新。

四、國家圖書館八十年 [42]

2013 年發表,國家圖書館前身為國立中央圖書館,1933 年籌創於南京。抗戰期間輾轉播遷,1949 年遷臺,1954 年在臺北復館,1996 年易名為國家圖書館,持續進行典藏國家文獻、弘揚學術、研究發展與輔導全國圖書館事業。本文簡述中央圖書

---

[40] 王振鵠,〈我們的責任及未來發展的方向〉,《國立中央圖書館館訊》,9 卷 4 期(1987.11):2-5。

[41] 易明克,〈傳承文化使命・開創館務新局——王館長 77 年 2 月對全體同仁講話紀要〉,《國立中央圖書館館訊》,10 卷 2 期(1988.5):22-23。

[42] 王振鵠,〈國家圖書館八十年〉,《國家圖書館館刊》,102 年 1 期(2013.6):1-10。

館的籌建經過,並從組織結構、館藏發展、館舍興建、書目服務、自動化作業、漢學研究中心建置等六方面,分別歸納 80 年來的重要發展。此外,另就國家圖書館應該具備的收集國家出版品、推展全國性服務、規劃協調與督導全國圖書館事業、領導全國圖書館事業、推動國內館際合作及國際資訊合作發展等幾項重要功能加以探討分析,期許國家圖書同仁繼往開來,成為全國圖書館事業發展的標竿和動力。

先生曾經為王芳雪女士所撰《日本國立國會圖書館研究》寫序,說道:

> 國家圖書館的首要職責便是保存國家的民族文化與宏揚各科學術。換句話說,國家圖書館同時兼具文化與教育的雙重使命。就文化保存與傳承的責任來說,國家圖書館應以民族文化資源為基礎而擴大發展,闡揚其價值,並創造新的文化。因此,在圖書館的經營上,工作人員必須把胸襟放寬,眼界放遠,不單是要汲汲於內部技術作業的改善,還要進一步體認到國家圖書館所擔負的文化使命,並認清它在國家社會中所扮演的角色。秉持這些信念,不斷努力,始能對國家民族有所貢獻。[43]

從這段話可知先生對國家圖書館的經營理念是在「既有民族文化資源為基礎而進一步創造新的文化」,在這樣的前提下,做為國家圖書館的館員必須「放寬胸襟,放遠眼界,不單要改善內部作業,還要進一步體認所擔負的文化使命,並認清它在國家社會中所扮演的角色。」

---

[43] 王振鵠,〈序〉,收入王芳雪,《日本國立國會圖書館研究》,I。

先生在國家圖書館實務方面的重要作為包括：

（一）遷建館舍、推動文化中心圖書館建設、發展自動化與書目網路、推動漢學研究及古籍整理、促進國內圖書館界合作與國際交流，詳見《典範的時代和理想的人格：王振鵠館長與國立中央圖書館》。[44]

（二）1985 年 3 月遷館之前一年半，提報教育部「國立中央圖書館經營管理計畫」，作為新館作業指針。

（三）1988 年出席行政院院會，提報「國立中央圖書館組織條例修正草案」，院會討論通過，函送立法院審議。

先生對國家圖書館具有精湛的認識和深入的體會，不僅著眼在圖書館的發展，更看出其文化傳承的責任，以致於任內除了既有的任務外，還推動了四項重要工作，包括：規劃辦理遷建工作、推展圖書館自動化作業、兼辦漢學研究資料服務中心工作以及開展縮影服務。先生認為「遷建新館有助於圖書文獻之典藏維護與研究閱覽環境之改善；漢學研究資料之攝製得以加強蒐集流失海外之文獻古籍，有益於館藏之充實與服務；自動化作業之推展可加速資料之處理與交流，並提升目前服務層次；而縮影工作則有助於善本古籍之保存與流傳。」[45]

1986 年，中央圖書館新館落成。在遷建過程仍在進行中，先生即有遠慮，預作安排，在 1985 年 3 月，提報教育部「國立中央圖書館經營管理計畫」，作為新館作業的依循；為了基礎的奠定和長遠的發展，又妥擬「組織條例修正草案」，經行政

---

[44] 顧力仁，《典範的時代和理想的人格：王振鵠館長與國立中央圖書館》（新北市：華藝學術，2014）。

[45] 王振鵠，〈國立中央圖書館之資源與服務〉，27-28。

院院會在 1988 年通過，送立法院審議，為爾後中央圖書館發展所需的人力和物力作了最適切的安排。

國內的專門圖書館數量不少，但是被重視的程度不一。先生曾經為兩本專著寫過序，闡述他對專門圖書館的觀察和建議，深入而生動。

（一）專門圖書館管理／張樹三撰

1988 年發表，先生提及專門圖書館的創始者 John A. Lapp（1905–1988）曾說明專門圖書館的設置主要是將知識運用在技術中，美國專門圖書館協會（Special Libraries Association）特別將他的話 "Putting knowledge to work." 作為專門圖書館的座右銘，已經成為專門圖書館的工作指標。[46]

（二）專門圖書館／王珮琪、劉春銀主編

2015 年發表，先生認為「專門圖書館（Special Library）的特殊性（Specialty）表現在設置的機構、服務的對象乃至於館藏、整理、服務、推廣等各方面。專門圖書館的服務更需體現出『主動、快速、精緻及客製』等特性。不但看重『資訊』與『機構』彼此間的關係，同時更強調對『資訊』本身的活化利用。」

在序文中，先生觀察到專門圖書館的若干現象，包括：

（一）專門圖書館受到社會成長的催化，發展迅速，甚至主動對外發揮影響，甚具活力，但仍有部分受到母機構的牽制，自我封閉。

---

[46] 王振鵠，〈序〉，收入張樹三，《專門圖書館管理》（臺北市：曉園出版社，1988），無頁碼。

（二）私人、法人及團體所設專門圖書館的經營管理顯然比政府機關（構）來的積極有效，顯示後者的成效有待加強。

（三）專門圖書館複雜度高，專業要求多，經營不易，館員負擔重，人員易流失。

（四）評鑑與合作是專門圖書館成長的重要因素，宜加強橫向連繫，醫學圖書館推動的定期評鑑以及電子資源聯盟值得參考。

另先生提出四點建議，包括：

（一）整體規劃，擬訂具體發展方針，明確未來方向並充實服務，在已有的標準上，繼續強化，俾與其他類型圖書館齊頭並進，共謀發展。

（二）加強政府機關（構）圖書館的服務，促請設置機關（構）加以重視並強化。

（三）呼籲圖書資訊系所重視專門圖書館教育，鼓勵相關研究，更新教材，調整教法（搭配業師）。

（四）增加專門圖書館彼此的合作關係，共同成長，提升服務。[47]

---

[47] 王振鵠，〈王序〉，收入王珮琪、劉春銀主編，《專門圖書館》（臺北市：五南出版社，2015），11-13。

第六節　教育部圖書館事業委員會的成立及推動

　　國內的圖書館分由中央及地方不同單位主管，事權不一，協調困難，圖書館界曾多次希望能成立一個全國圖書館事業的統籌及協調的單位，始終未能如願。早於 1972 年，先生在〈論全面發展圖書館事業之途徑〉一文中，開宗明義即提出「設置專門機構管理全國圖書館事業」的倡議。[48] 1981 年，先生在《當前文化建設中圖書館的規劃與設置之研究》中，又提出「設置圖書館事業規劃機構」的建議。[49] 1985 年，行政院研究發展考核委員會委託先生進行《建立圖書館管理制度之研究》專案研究，先生再次提出「專設圖書館事業規劃機構」的構想，建議在教育部內獨立設置「圖書資訊發展委員會」，研究各類型圖書館合作發展事宜，同時也勾勒出委員會應包括的職掌。[50]

　　1986 年 2 月，舉行第二次「全國圖書館會議」，決議建請

---

[48] 王振鵠，〈論全面發展圖書館事業之途徑〉，《教育資料科學月刊》，4 卷 4 期（1972.10）：2-3。文稱「……我國圖書館的組織頗似歐洲圖書館所實施的集權制。以國立與公共圖書館而言，國立圖書館隸屬教育部，省立圖書館隸屬教育廳，縣市立圖書館隸屬縣市教育科局；而大學與中學圖書館則依據部頒之大、中學法及規程所設置。但是主持全國與全省教育的教育部廳，迄無專門人員負責研究、設計與督導全面的圖書館業務，更乏長遠的發展計畫，以致各館之經營各行其是，多年來停滯不前。今後為謀圖書事業之發展，教育主管當局首應設置一專門機構，在人員、經費、工作等方面統一籌劃，確定方針與經營之準則，先使各館業務步入正軌，然後謀求進一步之發展。」

[49] 國家建設研究委員會編，《當前文化建設中圖書館的規劃與設置之研究》，72-74。

[50] 王振鵠、胡歐蘭，《建立圖書館管理制度之研究》（臺北市：行政研究發展考核委員會，1983）。

教育部籌設專責機構，統一規劃全國圖書館事業事宜。[51] 同年12月，「教育部圖書館事業委員會」（以下簡稱「圖書館事業委員會」）正式成立，由教育部長具名，邀聘圖書館界專家學者，教育行政主管及圖書館界代表 30 人為委員，並由政務次長擔任召集人，主持研討圖書館事業興革事宜。這不僅是我國政府所設置的第一個圖書館事業的專責單位，也是社會教育體系中首創的專責單位，尤其是由教育部政務次長擔任委員會的召集人，頗具象徵性。

「圖書館事業委員會」主要的任務包括：
一、圖書館法規及標準之研訂。
二、圖書館之組織及服務之改進。
三、圖書館資訊發展政策之制定。
四、圖書館輔導機制之運作。
五、圖書館事業之評鑑。
六、其他圖書館事業興革事項。[52]

上述這些任務與先生在《建立圖書館管理制度之研究》所建議的職掌大抵相符。「圖書館事業委員會」每三個月召開會議一次，必要時召集臨時會議。又組織專題研究小組，從 1989 年至 1992 年間第一階段研究的主題包括：
一、整體規劃全國圖書館資訊網路系統。

---

[51] 國立中央圖書館編，《全國圖書館會議議事錄》（臺北市：國立中央圖書館，1989），557。
[52] 民國 78 年(1989)11 月 1 日訂定發布〈教育部圖書館事業委員會設置要點〉第 2 條。

二、建立全國圖書館合作服務制度,促進資源共享。

三、釐訂全國圖書館組織體系。

四、推行出版品預行編目制度。

五、改進圖書館與資訊教育問題。

六、研訂大專圖書館標準。

七、研究中國圖書分類標準化問題。[53]

先生出任委員多年,所主持以及參與的研究計畫包括:

一、推動全國圖書館館藏發展計畫[54]

1995年發表,曾濟群研究主持;王振鵠、沈寶環、吳明德、辜瑞蘭研究。

二、規劃圖書館事業輔導體系[55]

1995年發表,曾濟群研究主持;王振鵠,盧荷生,吳明德,宋建成研究。

三、建立全國圖書館合作服務制度促進資源共享政策[56]

1997年發表,王振鵠,沈寶環計畫主持。參見「第七章 專業組織與圖書館合作」。

---

[53] 宋美珍,〈三年有成:教育部圖書館事業委員會〉,《中國圖書館學會會訊》,1卷5期(1993.10):1-3。

[54] 曾濟群、王振鵠、沈寶環、吳明德、辜瑞蘭、曾堃賢,《推動全國圖書館館藏發展計畫》(臺北市:教育部社會教育司,1995)。

[55] 曾濟群、王振鵠、盧荷生、吳明德、宋建成,《規劃圖書館事業輔導體系》(臺北市:教育部社會教育司,1995)。

[56] 王振鵠、沈寶環,《建立全國圖書館合作服務制度促進資源共享政策》(臺北市:教育部社會教育司,1991)。

四、全國圖書館館際互借規則擬訂之研究[57]

1998 年發表，王振鵠研究主持；胡歐蘭，薛理桂研究；彭慰協同研究。參見「第七章、專業組織與圖書館合作」。

「圖書館事業委員會」的成立，對於圖書館事業的發展以及各級圖書館經營管理，發揮了積極的作用。尤其聘請的委員，包括了教育部的各司處主管，省、市、縣、鄉鎮，教育主管和圖書館代表等，加強了彼此對圖書館事業發展的共識和意見的溝通。

經過一段時間的運作，「圖書館事業委員會」推動了諸多研究，也達成溝通的成效，然而先生在參與的過程中觀察出它在性質上屬於任務編組，而且參加的成員以教育部所屬機構為主，其他部會代表不多，所以有其侷限性。基於如此，中國圖書館學會曾於 1998 年曾向行政院建議設立更高層次的「圖書資訊發展委員會」。[58]

「教育部圖書館事業委員會」持續運作 26 年後，於 2015 年改稱為「教育部圖書館事業諮詢會」。[59]

---

[57] 王振鵠主持，〈全國圖書館館際互借規則擬定之研究〉，《教育部圖書館事業委員會會訊》，26 期 (1998.1)：3-5。

[58] 另中國圖書館學會也曾建議政府應成立全國性圖書館業務規劃專責單位，在行政院下設置「圖書資訊建設發展委員會」，整體規劃與協調我國圖書館事業發展並研訂國家資訊服務政策。見王振鵠，〈二十世紀臺灣圖書館事業之回顧與展望〉，收入國家圖書館編，《中華民國八十九年圖書館年鑑》(臺北市：國家圖書館，2000)，23-24；中國圖書館學會「圖書館事業發展白皮書」編輯委員會 專案 究小組編，《圖書館事業發展白皮書》(臺北市：中國圖書館學會，2000)，45。

[59] 〈教育部圖書館事業諮詢會設置要點〉，http://www.rootlaw.com.tw/LawContent.aspx?LawID=A040080021010100-1040511，檢索日期：2018 年 8 月 14 日。

第七節　結論

先生致力提升臺灣圖書館發展超過半世紀，不僅在研究、教育、行政卓然有成，更對不同類型、大大小小的圖書館影響深遠。先生透過論述與實際的作為引領臺灣圖書館邁向現代化，其貢獻及影響分述如下：

一、對圖書館事業兼具宏觀與微觀

先生熟稔各類型圖書館的經營，見解獨到，堪稱為全方位的圖書館學家。以國家圖書館而言，先生強調「在圖書館的經營上，工作人員必須把胸襟放寬，眼界放遠，不單是要汲汲於內部技術作業的改善，還要進一步體認到國家圖書館所擔負的文化使命，並認清它在國家社會中所扮演的角色。秉持這些信念，不斷努力，始能對國家民族有所貢獻。」[60] 再以公共圖書館為例，先生極力支持並親力參與「文化中心」以及「一鄉鎮一圖書館」的推動，他認為「民主社會中，人人具有知的權利及受教的機會，不能因環境差異或居地偏遠而受到影響。普遍設置鄉鎮圖書館，能促使文化資源平均分布，文化生活得以提升。」[61] 此外，對影響最深遠、數量最龐大，卻最容易被忽視的學校圖書館，先生尤其利用各種方式、各種機會來呼籲大家的重視。在《小學圖書館》一書的〈前言〉，他提到「在學校所養成的習慣中，沒有一種比較閱讀的習慣，以及為求知、休閒而使用圖書的能力，具有如此長遠的利益的。」[62]

---

[60] 王振鵠，〈序〉，收入王芳雪，《日本國立國會圖書館研究》，I。
[61] 王振鵠，〈鄉鎮圖書館之發展〉，36。
[62] Mary Peacock Douglas 撰，王振鵠譯，《小學圖書館》，前言。

先生早年即倡議要建立圖書館的體系，並且長年呼籲當局成立專責單位統一圖書館規劃，促成了「圖書館事業委員會」的成立。藉著這個平臺，國內的圖書館有了縱向以及橫向的聯繫，先生功不唐捐。先生參與其中，不但知無不言，而且言無不盡。曾經是先生的學生，並且擔任過「圖書館事業委員會」幹事的宋美珍小姐描述先生在委員會中的言行，說：

> ……極力推動一些與圖書館事業發展息息相關的重大議題，印象中，如：圖書館法、各級圖書館標準、出版品預行編目制度、圖書館館際合作、圖書館學教育、圖書館人員任用等問題，都是老師極關心的課題，而也因為老師豐富的行政經歷與對圖書館界業務問題、困難等的深切瞭解，所以發言時絕對是不打誑語，言之有物，而且是針對實際問題提出具體可行的作法。故教育部的長官們對老師都相當的敬重，大都會接受老師的建議與意見，無形中加速議案的推動與實施。[63]

這個第一手觀察也是大家對先生行事為人公認的看法。

二、圖書館利用教育是最佳的切入點

先生認為在經營上，不論哪一種類型的圖書館，「圖書館利用教育」都是協助讀者的最佳切入點。他曾經引述哈佛大學一位新生主任的話「大學的學生必須具有使用圖書館的能力和習慣，這種為課程的需要而利用圖書館的能力如在中學即已獲

---

[63] 宋美珍，〈明燈〉，收入寸心銘感集編集委員編，《寸心銘感集：王振鵠教授的小故事》，（臺北市：寸心銘感集編集委員會，1994），14-16。

得的話,那麼他在大學從事研究工作時,必事半功倍、節省不少時間。」[64] 大學生在大學圖書館從事研究如此,中、小學生在學校圖書館培養閱讀如此,而一般民眾在公共圖書館獲取生活資訊也莫非如此。

此外,在經營的態度上,不論哪一種類型的圖書館,主持館務的館長以及接待讀者的館員,也都需要像先生所說的「放下傳統上圖書館為『文化殿堂』的身段,降低姿勢,……矯正一般人『讀書館』的刻板印象。」[65]

三、呼籲重視「標準」在專業的角色

先生重視「標準」在圖書館經營所扮演的角色,並認為早期各類圖書館標準的研訂是圖書館學會首要的貢獻,他說:

> 在臺灣圖書館整體發展中,學會首要的貢獻是在民國50年至54年間(1961-1965)研訂的各類圖書館標準,包括中學圖書館、大學暨獨立學院圖書館、公共圖書館及圖書館建築與設備等事項。……教育部在民國74年到76年間(1985-1987)研訂的〈國民中學圖書資料設備標準〉、〈國民小學圖書設備標準〉,以及〈高級中學圖書館設備標準〉,亦多以學會前訂標準作為重要的參考依據。[66]

---

[64] 王振鵠,〈美國的學校圖書館〉,4。
[65] 尚華,〈與民眾打成一片——訪師大王振鵠教授談鄉鎮圖書館的發展〉,《師友月刊》,304期(1992.10):16。
[66] 莊健國、曾堃賢,〈圖書館團體〉,收入國家圖書館編,《第三次中華民國圖書館年鑑》(臺北市:國家圖書館,1999),592-608。

……民國 84 年（1995），教育部委託學會研訂大學、專科學校、高級中學及公共圖書館營運要點，重新規定圖書館業務要項，民國 91 年（2002）完成〈公共圖書館營運要點〉並已公布實施。[67]

事實上，圖書館學會以及日後教育部所研訂的這些標準，先生無役不與。在先生的眼中，標準的重要性並不僅僅在於表面上所看的見之敘述與數字，事實上它所反映的是圖書館與社會的關係、讀者的權益以及對專業的尊重。

四、建立圖書館員的服務價值

一般而論，學校圖書館館員的社經地位未必高，可是先生認為一位稱職的學校圖書館館員絕對不是每個人都可以做的到，有其必然的難度。就先生的觀察，「學校圖書館的經營與管理……具有特殊的要求。在組織與行政上應符合法令與教育部所頒布的標準；在技術服務上應研訂精簡合宜的技術作業程序；在讀者服務上則針對學生的年齡與程度提供多元化的服務；尤其在輔導教育上，更要設計單元教材，培養學生自學的能力。」[68] 先生上述「符合法令與標準，研訂精簡合宜的作業程序，提供多元化服務，培養學生自學能力」不單單是針對學校圖書館員的職責來描述，它也是一個期許，更是為所有的圖書館員找到了服務的準則與其價值。

---

[67] 王振鵠，〈二十世紀臺灣圖書館事業之回顧與展望〉，16。
[68] 王振鵠，〈序〉，收入蘇國榮，《國民中小學圖書館之經營》，i–ii。

先生看圖書館事業，宏觀與微觀兼具，而且總能為圖書館與讀者之間的關係找到最佳的切入點；他既重視標準在圖書館專業的角色，也為圖書館員的工作找到了真正的服務價值。先生的見解誠然獨到，而在專業上的所作所為盡都切實且具成效，堪稱為「全方位的圖書館學家」。

第六章　書目管理與國家書目

　　就書目學的觀點而言，王教授主持國圖的十幾年正是書目發展由傳統走向現代的契機。……王教授引用西方「書目控制」的理論與方法，以發展國家書目及華文書目資料庫為目標，進行編目與書目控制。以科技為手段發展書目網，進行合作編目以實現書目資源共享，這些都是近幾十年來臺灣書目學實踐的重要發展。[1]

第一節　前言

　　書籍記錄了人類的思想與文明，進而構成知識的版圖。自有載籍以來，知識日益擴張，而書籍也隨之激增，從浩瀚的書籍來掌握知識絕無可能。書目是群書的清單，包含書名、著者、出版時地等等圖書的基本資料。為了編製的需要以及查尋的便利，書目以類區分，使同類圖書得以聚合，以便「即類求書，因書究學」。由此可知，書目不僅提供圖書的線索，更可藉以瞭解學術的發展以及知識的脈絡。

　　若以樹木比喻為圖書，以森林比喻為浩瀚的知識，要達到「見樹又見林」的境地，唯有掌握「書目」是最好的方法。清王鳴盛《十七史商榷》說：「目錄之學，學中第一緊要事，必從此問途，方能得其門而入。」這幾句話一針見血地指出書目與學問間的關係。

---

[1] 鄭恒雄，〈王振鵠教授的書目學理念與實踐〉，《圖書館學與資訊科學》，31卷2期（2005.10）：38。

第二節　書目控制

一、文獻與書目控制

　　先生提及 1949 年 M. Egan 與 J. Shera 在《書目控制論》一書中提出「書目控制」一詞，其意指「控制被書目提供的書寫與出版紀錄，以達到書目既定的目的。」也就是利用書目掌握所有的出版品，將出版品的內容、出版消息、資訊提供給讀者。使讀者查尋資料很方便，很完整、很迅速，有效發揮書目的功能，達到資訊共享的目的。[2]

　　《圖書館學與資訊科學大辭典》則稱：「所謂書目控制意指對於每本圖書、每件文獻、甚至每種書寫的思想、有聲資料的內容、存佚、所在，均加以妥善登錄與組織。其目的係將人類各種溝通紀錄有系統地排列，以便於管理、傳遞與利用。」[3]

　　「書目控制」與文獻及圖書館彼此之間究竟有什麼關係呢？我們可以從「文獻」和「圖書館」這兩方面來探討。

　　就文獻來說，知識爆發，出版品激增，查找文獻耗時費力，人們轉而尋求另一種簡便的檢索方式，就是利用目錄來查尋文獻。目錄包含了文獻的外表特徵，並反映其內容性質，相當於文獻的代表，目錄依序排列而成為書目，書目遂成為文獻的替代品，不但可以被貯存，也可以被檢索。所以「書目控制」就是利用書目的特性來檢索文獻，掌握了書目即控制了出版品。

---

[2] 王振鵠主講，郭乃華、張淑慧記錄，〈書目控制與書目中心〉，《國立成功大學圖書館通訊》，7 期（1992.7）：2。

[3] 陳敏珍，〈書目控制〉，收入胡述兆總編輯，《圖書館學與資訊科學大辭典》（臺北市：漢美圖書，1995），1212-1213。

從圖書館而言,圖書館旨在蒐集、整理、保存並提供圖書資料,以便利用。編製目錄是圖書館的基本任務,目錄可以反映館藏、提供檢索、導引治學、便利研究。再者,知識激增,出版品充斥,查尋文獻既耗時又費力,從書目來著手查尋資料不失為一個簡單易行的方法,因而啟迪圖書館重視書目的貯存和檢索,以達到掌握出版品的目的,這也就是所謂的「書目控制」。

此外,先生又認為書目控制與資源共享也有密切的關係,「書目控制為手段,資源共享才是目的。」[4]

二、國家圖書館與書目控制

「書目活動」是國家圖書館的基本任務,歷來在韓福瑞(K. W. Humphreys)及阿納哈瑞(A. M. Al-Nahari)的研究調查中都有探討過,[5] 先生也曾經提過「國家書目的編製」是國家圖書館的責任及發展方向。[6]

國家圖書館的書目工作一方面是其基本任務,另一方面也影響到「國家書目控制」及「國際書目控制」的成效。先就「國家書目控制」來說,1974 年李文斯頓(Lawrence G. Livingston)在美國國家書目控制大會上提出:「國家書目控制可看作是兩條連續的平行線,一條是由作者所產生的文獻本身(Item of

---

[4] 王振鵠主講,郭乃華、張淑慧記錄,〈書目控制與書目中心〉,3。

[5] Kenneth William Humphreys, "National library functions," *Unesco Bulletin for Libraries*, 20, no. 4 (July-August, 1966): 158-159; Abdulaziz Mohamed Al-Nahari, *The Role of National Libraries in Developing Countries: With Special Reference to Saudi Arabia* (London: Mansell, 1984), 23-24.

[6] 王振鵠主講,郭乃華、張淑慧記錄,〈書目控制與書目中心〉,3-4。

Literature）；另一條是文獻的代替品（Surrogate for the Item），也就是所謂的書目紀錄（Bibliographic Record）。」[7]再就「國際書目控制」來說，安德遜（Dorothy Anderson）認為國家圖書館既是「國家書目控制」研究改進及發展的樞紐，所以是構成「國際書目控制」此一國際通訊系統的國家組成分子。國家圖書館的基本任務之一係促使本國「廣徵世界各國文獻」，為了善盡此職，國家圖書館需要檢索國外出版品的書目紀錄，國家圖書館因此又與國際的文獻本身及其代替品「書目紀錄」產生連繫。[8]

安德遜進一步強調「國際書目控制」的基礎係在於遵照其他圖書館易於接受的國際標準記錄資訊，以避免國際間作業的重複。[9]故此，IFLA成立了「國際書目控制局」來推動各國國家書目的改進，制定國際標準圖書著錄格式，並且為國家內部與國際間的編目與書目組織從事協調聯絡。這些工作都影響到國家圖書館的書目活動。

圖書館，尤其是國家圖書館，應當如何推動「書目控制」？《圖書館學與資訊科學大辭典》對此有進一步的說明：「……要達到書目控制的目的，應具備下列基本要件：（一）各類資料目錄。包括圖書、期刊、輿圖、政府出版品、音樂作品、小冊子、論文、視聽資料及電子出版品等類型；（二）期刊論文

---

[7] Lawrence G. Livingston, "National Bibliographic Control; A Challenge," *Library of Congress Information Bulletin*, 33, no. A109 (June 21, 1974), 轉引自 Dorothy Anderson, "The Role of the National Bibliographic Centre," *Library Trends*, 25, no. 3 (January, 1977): 648, https://www.ideals.illinois.edu/bitstream/handle/2142/8764/librarytrendsv25i3g_opt.pdf (accessed August 16,2017)。

[8] Dorothy Anderson, "The Role of the National Bibliographic Centre," 650.

[9] Dorothy Anderson, "The Role of the National Bibliographic Centre," 648.

索引;(三)出版社、書商、學會、圖書館及其他相關組織名錄;(四)標準化。包括書目著錄、編目規則、主題分析及機讀編目格式等。」[10]

第三節　吸收經驗並融貫實施

先生自美留學返國後,亟思將若干國外圖書館的良法與本土的需要結合。其中,「書目控制」是先生重視而強調的方法之一。先生不僅竭力闡揚書目控制的功能,也在圖書館經營之中將他視作重點而推動,以下介紹生對這方面的論述及早期的實踐。

一、研究要旨

先生來發表了多篇有關「書目控制」的文章,摘介如下:

(一)美國圖書館之目錄合作制度[11]

1970年發表,本文介紹美國的全國聯合目錄、目錄中心以及合作與集中編目制度。美國圖書館在19世紀初就以目錄作為控制出版品的手段,謀求各館館藏的普遍使用,就其發展而言,包括了全國聯合目錄、目錄中心以及合作與集中編目制度。全國聯合目錄收錄了全美國各大圖書館的藏書;目錄中心以交換及傳達目錄消息而設立;合作與集中編目制度為全國圖書館

---

[10] 陳敏珍,〈書目控制〉,1212-1213。
[11] 王振鵠,〈美國圖書館之目錄合作制度(上)〉,《教育資料科學月刊》,4期(1970.6):10-13;王振鵠,〈美國圖書館之目錄合作制度(下)〉,《教育資料科學月刊》,5期(1970.9):17-21。

提供編目服務，其目的在目錄資料容易查獲、合作蒐集與合作流通方便快速。

1901 年國會圖書館宣布提供出版品圖書目錄卡片的編印工作，開啟了全國性的合作與集中編目制度。全國聯合目錄（Union Catalog）包括了國會圖書館聯合目錄卡片、國會圖書館書本式「國家聯合目錄」、期刊聯合書目以及特殊資料聯合書目。美國的地區性聯合目錄中心（Bibliographical Center）為數甚多，遍及全國，規模大者如費城目錄中心與圖書館聯合目錄（Philadelphia Bibliographical Center and Union Library Catalogue），於 1935 年在費城的賓州大學內成立，費城地區 200 餘所圖書館參加，該目錄中心節省查詢時間，補充聯合目錄的不足。

（二）美國書目管制工作之研究[12]

1975 年發表，本文是臺灣第一篇探討國內外書目管理的專文，分述西洋目錄概說、美國圖書書目管制工作、美國期刊書目管制工作以及臺灣書目管制工作，題目中稱作「書目管制」。

美國書目管制在圖書館與出版界合作下，成就斐然，任何出版型式及時期都編有不同的書目或索引，一方面統整全國文化資源，掌握出版訊息；另方面有助資訊的傳播與檢索。美國書目管制並無專責的機構，但是書目與索引的編印，各有重點範圍及相關標準。書目在編輯上有兩個特點，一是書目內的各項款目皆依「英美編目規則」著錄，二是採取「彙編式」（cumulative）；此外，刊期從每週、每月、每（數）年不等，報導快速，彼此銜接，雖有重複，絕無遺漏。

---

[12] 王振鵠，〈美國書目管制工作之研究〉，國科會 63 學年度研究論文。

本文建議臺灣在出版品送繳、政府出版品目錄、各科圖書選目、期刊論文索引及中文標題總目上應加強。

（三）書目控制與書目中心 [13]

1992年發表，本文探討書目控制、書目中心以及國內的書目編製。

「書目控制」係指「控制被書目提供的書寫與出版記錄，以達到書目既定的目的。」國際書目控制（Universal Bibliographic Control, UBC）和國家書目控制（National Bibliographic Control, NBC）有密切的關係，IFLA針對書目控制規劃了三項工作，分別是改進國家書目、推動國際標準書目著錄計畫及建立國際書目控制交換系統。此外；書目控制也與資源共享息息相關，書目控制是手段，資源共享是目的，亦即不論何人、不論何地，如有需要都能獲得所需要的出版物。

「書目中心」係指「負責編製、儲集、檢索、交流與傳播書目記錄之機構」，書目中心或稱書目資訊中心、書目服務中心、書目共用中心，國家書目中心具有編印國家書目等多項功能，書目中心在設置上有多項條件，包括訂定書目製作的標準規範。

國內在書目編製方面應推動集中編目和合作編目、以機讀格式建立書目資料檔和資料庫並與國際書目合作交流，以擴增資源。

---

[13] 王振鵠主講，郭乃華、張淑慧記錄，〈書目控制與書目中心〉，1-6。

（四）從書目控制談《全國新書資訊月刊》[14]

1999 年發表，本文就書目控制的角度，認為《全國新書資訊月刊》可以和國家書目（National Bibliography）相輔相成，以掌握全國圖書文獻的書目訊息。

《中華民國出版圖書目錄》收錄國內的呈繳圖書，以國家書目的型態來編印，目的在建立國家書目資訊體系（National bibliographic information system）。所謂「國家書目資訊體系」是針對國內出版和收藏的一切圖書文獻所採行的有效控制手段，藉由書目、索引、摘要等書目文獻之編製，達到揭示圖書文獻內容與形體特徵，便於檢索利用之目的。從書目控制觀點而言，國家書目資訊體系當非單一的國家目錄所能概括，必須配合其他收藏目錄、專題目錄、期刊索引等，才完整齊備。國家書目是書目資訊體系中的主體，國家書目體系的建立促成了「國家資訊系統」（National information system）的發展，各國國家圖書館紛紛成立國家書目中心，加強了書目控制。

國家圖書館在書目控制工作上發展顯著，諸如國際標準書號中心、書目資訊中心的成立，預行編目制度之推行，國家書目資料庫及全國圖書資訊網路之建立，中文期刊論文全文檔及索引檔之進展，善本書目之建檔等等，成效顯著。

二、早期實踐

1961 先生甫任教育學院社會教育學系講師，帶領社教系圖

---

[14] 王振鵠，〈從書目控制談《全國新書資訊月刊》〉，《全國新書資訊月刊》，3 期（1999.3）：1-3。

書館組同學輯錄《圖書館學主要論著索引》（油印本），由清宣統元年至民國 50 年 8 月（1909-1961），是臺灣所編的第一部圖書館學索引，比王征所編《圖書館學論著資料總目：清光緒一五年—民國五十七年（1889-1968）》早了 8 年。[15]

　　先生在師範大學圖書館館長任內，針對館藏也編印了若干索引及目錄，包括：《近五年教育論文索引》（1963）、《教育論文索引》（1963）、《國立臺灣師範大學普通本線裝書目》（1971）、《中文參考書選介》（1976）、《西文參考書選介》（1977）及《國立臺灣師範大學出版品暨教職員著作目錄》（1976），這是先生編印書目及索引的初步嘗試。（圖 6-1）

圖 6-1　《近五年教育論文索引》、《教育論文索引》、《中文參考書選介》、《西文參考書選介》及《國立臺灣師範大學出版品暨教職員著作目錄》
（來源：國立臺灣師範大學圖書館）

---

[15] 王征、杜瑞青編，《圖書館學論著資料總目：清光緒一五年—民國五十七年（1889-1968）》（臺中市：文宗出版社，1969）。

1982 年，先生曾指導林呈潢先生完成碩士論文《我國書目控制工作及其發展史》，上下兩冊，上冊縷述「書目控制」的功能，下冊為臺灣所編書目、索引的詳實紀錄。論文中，在相關建議指出「建立完善送繳制度，是當前建立我國書目控制系統的一大要務，而送繳制度的建立有賴有關出版法令的修改。同時應配合國際標準建立我國的各種國家標準，如標準圖書編號、標準叢刊編號、標準政府出版品編號以及各種標準書目著錄方法，並確立合作制度，建立國家目錄中心以建立全國資訊網加強書目控制工作。」[16] 這可說是先生日後進行國家書目中心的早期藍圖。

　　19843 年，先生指導彭慰女士完成碩士論文《我國聯合目錄編製之研究》，該論文提及館際合作是圖書館發展的趨勢。聯合目錄是若干圖書館合作編製而成的館藏目錄，主要在介紹各館藏書的實況，並可知各書度藏處所，使讀者知其有無並知其所在。圖書館藉聯合目錄可從事館際互借或申請複印，又因有聯合目錄才得以分工蒐集、合作採訪，避免不要的重複。聯合目錄可謂館際合作的基礎，亦為書目控制之利器，使各分散的館藏成為一可用的整體。[17] 這是先生對改善國內聯合目錄的張本。

---

[16] 林呈潢，〈我國的書目控制工作〉，《教育資料與圖書館學》，22 卷 1 期 (1984.9)：65-90。

[17] 彭慰，《我國聯合目錄編製之研究》摘要 (國立臺灣大學圖書館學研究所碩士論文，1985)，iv。

第四節　成立書目中心

書目中心的建立並不是靠著一份計畫、一筆預算和若干成員就可以完成，如同先生在中央圖書館其他館務的規劃，花了10年的時間才完成，過程包含了三個階段，分別是標準的訂定、共識的建立以及組織的研擬，分別說明如下：

一、標準的訂定

1980–1981 年中央圖書館會同中國圖書館學會推動自動化作業，陸續訂出新的編目規則、機讀編目格式以及標題目錄，不但奠定了圖書館自動化的基礎，也都符合國際標準，而達到「國際書目控制」的目標。所訂定的規範標準包括以下若干種：[18]

（一）中國機讀編目格式

1981 年 2 月出版，定名為《中文圖書機讀編目格式》，同時有英文版 Chinese MARC Format for Books。同年 7 月即出版第二版也有英文本及使用手冊。1982 年 9 月更名為《中國機讀編目格式》，在 1984 年 7 月出版第二版且增加附錄，1989 年出版第三版及其附錄，後來持續修訂。（圖 6-2）

（二）國立中央圖書館文獻分析機讀格式

1982 年 12 月出版，可用於單行本、連續性出版品及檔案

---

[18] 鄭恒雄，〈王振鵠教授的書目學理念與實踐〉，收入王振鵠，《書緣：圖書館生涯五十年》增訂本（臺北市：書緣編印部，2014），307-311。

文件之分析及建檔。國圖即以此作為建立《中華民國期刊論文索引》及《中華民國政府公報索引》線上儲存及查詢之張本。

(三) 中國機讀權威記錄格式

權威（Authority）或稱「規範」，1986 年 2 月出版《中國機讀編目權威記錄格式初稿》，1994 年 12 月由國圖再參照 IFLA 新版編訂，改稱《中國機讀權威記錄格式》。

(四) 中國編目規則

以《國立中央圖書館中文圖書編目規則》及 AACR II 為藍本，並考量中文圖書之特性及實際需要，訂定適合電腦作業之編目規則，1983 年 9 月出版。1985 年 4 月另編印《中國編目規則簡編》，1985 年及 2000 年續有修訂版及使用手冊。

圖 6-2　中國圖書館學會於 1982 年 2 月舉辦中文機讀編目講習會，前右起盧荷生、黃克東、先生、張鼎鍾、胡歐蘭、辜瑞蘭諸講師
（來源：中華民國圖書館學會）

（五）中文圖書標題總目初稿

1984 年 3 月編印出版《中文圖書標題總目初稿》，1985 年起，國圖採行本項標題總目製作標題目錄。1993 年 4 月大幅增補，輯印出版《中文圖書標題表》。

（六）中國圖書分類法（試用本）

1979 年 12 月出版，2007 年修訂出版《中文圖書分類法》（2007 年版）。

二、共識的建立

1979 年，中央圖書館使用編目化自動系統，建立了該館的書目檔。1981 年起，又聯合若干圖書館試行臺灣出版中文圖書的編目建檔；另將國內百餘所圖書館的館藏期刊集中建立檔案，於 1980 年出版《中華民國中文期刊聯合目錄》第 1 版、1982 年出版第 2 版，收錄臺灣地區 155 所圖書館所藏的中文期刊，共 8,398 種。

該館於1987年訂定〈學術圖書館合作編目建檔暫時辦法〉，以「合作建檔，資源共享」作原則，聯合國內 15 所大專院校圖書館試行合作編目。

這些合作在觀念上建立了圖書館間的共識，也開啟了日後國家書目中心的作業。

三、組織的研擬

1988 年，中央圖書館開始研擬「向成立國家資源書目中心邁進」，由採訪組主任胡歐蘭領導工作小組，分別就國家書目

中心的宗旨、目標、組織、功能、服務範圍、權利義務、品質控制、人力需要進行研究。[19] 在這份計畫書中，特別強調了「品質控制」，書目中心要靠合作館的共襄盛舉，這是一個成之眾手的作業，「品質的掌握」扮演了重要的角色，而如何把關，還不僅僅是靠著事後的檢驗，在事前對於規範的溝通和熟習、系統的瞭解乃至於定期的會商都是重要的步驟。

1990年，先生離開中央圖書館的第二年，「書目資訊中心」正式成立，負責推動全國圖書館書目資訊網路的工作，並扮演全國性的國家書目中心之角色。先生多年來的苦心，為臺灣建立了第一個，也是唯一的一個，全國性的合作編目組織，不但實現了「共建共享」的理想，日後也發展成臺灣向國際提供書目的基地。

第五節　規劃書號中心

「國際標準書號」係針對圖書提供一套編號制度，配付每本書一組惟一的識別代號，流通於國際間，它於1972年被訂為國際標準，並成立國際標準書號總部，以謀推廣。

「出版品預行編目」係由圖書館將出版品於正式出版前預先編目建檔，起源可以追溯到美國國會圖書館的新書編目卡片制度。前者協助出版業建立一個國際性的統一標準作業制度，以利圖書的自動化管理；後者則是圖書館編目標準化的產物，既可作為書目控制的工具，又可達到合作編目的目的。兩者

---

[19] 王振鵠，《書緣：圖書館生涯五十年》增訂本，205。

分別源自於出版業以及圖書館各別的需要,但不約而同的都受到「文獻處理標準化」的影響,也就是國際圖書館協會聯盟（IFLA）所倡導的「資源共享」（Resource Sharing）及「出版品國際利用」（Universal Availability of Publication, UAP）這兩項觀念。[20]

先生認為「國際標準書號」具有多方面的作用,包括:有助於出版品登記、可以簡化圖書發行和管理的手續、便於統計以及便於國際間書訊的交流。[21]

國家圖書館的「國際標準書號中心」整合了兩項工作,分別是「國際標準書號」和「出版品預行編目」。「國際標準書號中心」和上述「書目資訊中心」有連帶的關係,同樣肩負「國家書目中心」應承擔的任務,兩者共同掌握出版品的內容、資訊和出版消息,進而達到「書目控制」的目的。

早於40年前,也就是「國際標準書號」被訂為國際標準之後,先生即留意到其重要性,他曾於1978年撰寫〈「出版品編目」計畫及「國際標準書號」:圖書館界與出版界合作進行的兩件事〉一文,提及:

> 「出版品編目」（Cataloging in Publication）,簡稱 CIP 計畫,這是指出版的新書應在書內一定的位置上,印出該書目錄片樣的一項措施。……這一計畫從1971年實施以來,由於出版界的合作,以及國會圖書館編目作業的改善,獲

---

[20] 王振鵠,〈文獻處理標準化問題〉,《中國圖書館學會會務通訊》,77期（1990.11）:20。
[21] 王振鵠,《書緣:圖書館生涯五十年》增訂本,206。

致良好效果。圖書館界因此不僅加速了圖書編目制度,能夠快速供應讀者新出版品,同時更將節省的編目成本用之於添置更多圖書,無形中也增加了出版界的生意。

……第二項合作計畫是「國際標準書號」制度(International Standard Book Numbers),簡稱 ISBN。所謂國際標準書號,其意指出版圖書依照國際通行的標準配發一號碼,這一號碼有如學生的學號,等於一書的代表符號。每書有了書號之後,不僅可以簡化圖書發行宣傳推銷及管理等手續,同時也便利出版品統計,更有助圖書館採訪、登錄、出納及互借工作。尤其近年來電腦的應用日漸普遍,圖書編號亦成為簡化電腦作業,資料儲檢的重要方式之一。

……我國如推行 CIP 及 ISBN 制度,似由國家圖書館策劃執行較為適當。……承辦單位也可以根據獲得的資料按月編成全國出版目錄,分送各界參考,以報導出版消息。[22]

由於出版品快速增加,研究工作對資料需求急切,所以各國圖書館界多與出版界共同合作來解決相關的問題,先生認為這不僅是「圖書館界與出版界合作進行的兩件事」並且還是「兩件『重要』的事」,所以萌生在國內將兩者結合為一,以利圖書館的「書目控制」,這也是中央圖書館日後成立「國際標準書號中心」最早的構想。

1981 年,中央圖書館向國際標準書號總部申請到臺灣的出版地區代號,並與出版界及政府有關單位連繫,希望儘早在國

---

[22] 王振鵠,〈「出版品編目」計畫及「國際標準書號」制度──圖書館界與出版界合作進行的兩件事〉,《出版之友》,6 期(1978.3):16-17。

內實施,但當時社會認知不足,出版界反應冷淡,中央圖書館針對出版社所發問卷回收只有40%。兩年後,即1983年,大陸也取得地區代號。當時國際環境嚴峻,國內又缺乏統籌主管機關,情勢令人焦灼。之後先經中央圖書館主動邀請教育部社教司、內政部著作權委員會、行政院研究發展考核委員會、文化建設委員會、新聞局出版事業管理處、中央標準局、中華民國圖書出版事業協會等相關政府與民間機構共同商研,終由教育部與行政院新聞局進一步洽商各有關機構。[23]

1988年7月,行政院正式核備中央圖書館擔任國際標準書號的執行機構。1988年9月,中華民國國際標準書號研究小組完成《國際標準書號實施及推廣工作研究報告》,研究小組包括館內外相關同仁,研究報告針對國際標準書號與出版品預行編目作業之制訂與實施提出若干具體的結論及建議事項,附錄並列有作業實施具體構想的諸項表格,如出版機構代碼、申請表單……等。此研究報告資料翔實,具體可行,對日後的正式實施幫助甚大。[24]

先生在中央圖書館萌生了將「出版品編目」及「國際標準書號」相結合的構想,並且審慎評估實施,從向國際總部申請地區代號、與政府及民間溝通說明、進行研究分析、正式啟動實施,前後歷經8年。這項工作讓圖書館能掌握出版訊息、國家能活絡文化產業、國際能互通有無,並且有助於出版商情,具有多方面的效益。

---

[23] 王振鵠,〈國際標準書號與預行編目之回顧與展望:兼賀國家圖書館八十周年館慶〉,《全國新書資訊月刊》172期,(2013.4):5。
[24] 王振鵠,〈國際標準書號與預行編目之回顧與展望:兼賀國家圖書館八十周年館慶〉,5。

第六節　充實國家書目

國家書目的建立是任何一國的國家圖書館必須負責的要務，中央圖書館在臺復館後雖然創編了《中華民國出版圖書目錄》作為國家書目，但是在資料的完整以及編目的時效，都不盡理想。問題出在兩方面，一方面和呈繳制度不佳有關，另一方面也和與當時的書目、索引、摘要等書目文獻之編製不夠完備有關。

先生希望以呈繳圖書為基礎，建立起國家書目資訊體系，他認為「國家書目資訊體系」是針對國內出版和收藏的一切圖書文獻所採行的有效控制手段，藉由書目、索引、摘要等書目文獻之編製，達到揭示圖書文獻內容與形體特徵，便於檢索利用之目的。從書目控制觀點而言，國家書目資訊體系當非單一的國家目錄所能概括，必須配合其他收藏目錄、專題目錄、期刊索引等始見完整齊備。但是，國家書目無疑的是書目資訊體系中的主體。[25]

先生對我國「國家書目資訊體系」的建立可以從呈繳制度、國家書目以及標準書號及預行編目三方面來瞭解，分別說明如下：

一、加強呈繳制度

呈繳制度是國家圖書館與其他圖書館不同之處。任何一個國家都有呈繳制度，為典藏一國的文化，並編制國家書目，都

---

[25] 王振鵠，〈從書目控制談《全國新書資訊月刊》〉，1。

訂定了強制性的法規。呈繳制度分為有償及無償兩種。[26]

　　先生在中央圖書館任內，為了鼓勵出版社送繳，曾經推動一個介於「有償」與「無償」之間的折衷方案，也就是出版社無償送繳一部，圖書館有償付費一部，自此繳送情形大有改善。早期臺灣的出版品採行審查登記制，由內政部負責，內政部曾考慮將審查改為登記註冊並釋出該業務。先生在中央圖書館有意爭取此項業務，像附設在美國國會圖書館的版權局（Copyright Office），後來內政部終未移轉該項業務。送繳圖書增加後，圖書館自然能掌握出版品，而國家書目的內容也跟著充實。

二、充實國家書目

　　事實上，《出版圖書目錄》及《聯合目錄》只不過是國家書目的一部分。在先生的心目中，國家書目是一個「紀錄性的書目」，要不只包括當代，也應該包括從古到今歷代藏書的總錄，才能蘊含文化在內。這與大英圖書館所編印的《大英圖書館總目錄》以及清初所編印的《四庫全書總目》具有共同的目標。先生說：

> 國家目錄不只是「收藏目錄」，而應該是個「知見書目」。中央圖書館過去編的國家書目是以當代出版的圖書，並以中央圖書館的收藏為主，就收錄範圍和編製體例而言，似有擴大的必要。所以在計畫建立國家書目資料庫時，就構想應盡可能的將國外收藏的中文古籍包括在內，我們所謂

---

[26] 王振鵠主講，郭乃華、張淑慧記錄，〈書目控制與書目中心〉，4。

> 古籍是指清代及以前的刊本、抄本、批校本等等，如果能夠編成書目，也是對於中華文化紀錄的一種保存方式，尤其是流失到國外的資料，將來在查索、研究、利用各方面都會有所幫助。[27]

先生任內，曾經擬了一項關於世界各國中文善本書聯合目錄編輯計畫，也進行《中國歷代藝文總志》的編輯計畫。此外，先生大力提倡編印各類型的書目、索引，包括收藏目錄、專題目錄、期刊索引等。根據統計，在先生任內，中央圖書館共出版目錄有 57 種、海外書展參展目錄 33 種，另漢學研究中心出版的目錄有 15 種，[28] 其中包括中華民國期刊聯合目錄、中華民國期刊論文索引、中華民國政府公報索引等，都是以電腦編製的，而漢學研究中心所出版的中華民國臺灣地區公藏方志目錄、光復以來臺灣地區出版人類學論著目錄、經學研究論著目錄等，也都是重要的專題書目。

在先生的規劃下，國家書目的內容日益擴增，一個包含古今中外以及各類學科目錄、期刊目錄、論文索引的國家書目體系一步一步在逐漸實現中。

三、推行標準書號及預行編目

1989 年 7 月正式實施國際標準書號的編配與推廣，以及國內出版品的預行編目。至此，可謂國家圖書館書目控制的最後一塊拼圖完成，一個縱橫古今的書目藍圖於焉呈現。從縱的方面來說，它掌握了從古至今的古籍文獻書目；從橫的方面來說，

---

[27] 王振鵠，《書緣：圖書館生涯五十年》增訂本，194。
[28] 根據鄭恆雄先生的統計，見鄭恒雄，〈王振鵠教授的書目學理念與實踐〉，302-306。

它遍及了臺灣各類型出版品的書目。[29]

若由「書目控制」要達到「資源共享」之境地，必須透過「國家書目控制」，編製國家書目當為國家圖書館的基本要務，國家書目的完整端賴書刊呈繳工作的良窳，此與國際標準書號和預行編目的實施彼此間環環相扣。另一方面，國家書目又是一個兼容古今、包含各類型書刊的「國家總目錄」，才能發揮其瞭解出版、綜觀文化的功能，先生為我國國家書目奠定了深厚的基礎。

第七節　結論

1996 年立法院通過新的中央圖書館組織條例，將「書目資訊中心」和「國際書號中心」納入編制，先生認為這是對當初推動國家書目控制工作的一項肯定。[30]

此外，先生認為推動「合作編目」、建立「國家書目」以及提供「國際標準書號和預行編目」是國家圖書館所肩負的特殊職責，這些特別的功能強化了國家圖書館作為一國文化表徵的角色。而「合作編目、國際標準書號以及預行編目」三者間彼此息息相關，兼有「國際化」和「標準化」的雙重特色，後兩者更因為和圖書出版關係緊密，而尤其具有社會文化服務的角色與功能。[31]

---

[29] 王振鵠，〈書目與書評兼而得之：祝賀《全國新書資訊月刊》200 期〉，《全國新書資訊月刊》，200 期（2015.8）：8。

[30] 王振鵠，《書緣：圖書館生涯五十年》增訂本，209。

[31] 王振鵠，〈國際標準書號與預行編目之回顧與展望：兼賀國家圖書館八十周年館慶〉，4。

鄭恆雄先生在〈王振鵠教授的書目學理論與實踐〉一文中,歸納了先生在中央圖書館所推動有關書目控制的作為,包括:

一、出版目錄與工具書,

二、研訂編目規範標準,

三、建立國家書目資源,

四、建立書號與書目資源中心,

五、推動漢學研究中心與漢學資源服務。[32]

該文並說:

就書目學的觀點而言,王教授主持國圖的十幾年正是書目發展由傳統走向現代的契機。由於電腦的發展與普遍應用,因而訂定了編目自動化所需的各項規範、開啟書目資料庫的建置而逐步擴大、規劃及建立書目光碟與網路系統、推動合作編目、促進書目資源共享等等措施。王教授引用西方「書目控制」的理論與方法,以發展國家書目及華文書目資料庫為目標,進行編目與書目控制。以科技為手段發展書目網路,進行合作編目以實現書目資源共享,這些都是近幾十年來臺灣書目學實踐的重要發展。[33]

2012年,由於政府組織精簡,國家圖書館的「書目資訊中心」和「國際標準書號中心」不再是編制單位,但是它們的功能和所發揮的效益卻一直存在。書目資訊中心在國家圖書館書目控制的基礎之上,統合並且分享全國的書目資源。國際標準書號中心則已經建立了一套有效而迅速的登記發號方式,和出

---

[32] 鄭恆雄,〈王振鵠教授的書目學理念與實踐〉,302-307。
[33] 鄭恆雄,〈王振鵠教授的書目學理念與實踐〉,318。

版界的聯繫非常密切,實現了圖書館和出版界之間的合作。在預行編目方面,大幅的減緩了圖書館編目工作的負擔和壓力。

書目控制未來的發展方興未艾,應予持續注意;此外,先生也提到應重視華文資料的書目控制,他說:

> ……在目前網路系統通暢,資源力謀共享時代,兩岸圖書館合作發展已屬共識,在合作發展的項目中,當以文獻處理為本。……首要之務為建立書目資訊系統,用以掌握散布於全球各地的華文文獻資源。而此項工作更需一致化和標準作業規範始見成效。在目前客觀環境局限下,如何採行兩岸圖書館界共同服膺的標準,就文字代碼、著錄格式、主題檢索詞表、標引方法、分類法、權威記錄、文獻術語等基礎標準加以規範,這是共同期望而有待解決的問題。[34]

先生最早提出書目管理的重要,多年來推動多項工作,加強臺灣的書目管理,促進文化普及、資訊傳布以及學術研究,其成效包括:

一、強化國家圖書館的書目功能

包括訂定標準規範、建立自動化編目、成立書目資料庫,設置國際標準書號中心及書目資訊中心,達成了開啟合作編目、建立書目中心以及強化國家書目等目標,充實了國家圖書館的書目功能。

---

[34] 王振鵠,〈海峽兩岸圖書館界交流之回顧與展望——華文書目資料庫合作發展研討會專題演講〉,《國家圖書館館訊》,88 年 4 期(1999.11):3。

二、促進資源分享與相互合作

透過合作編目,分享書目資源,既加強館際合作,也提升書目品質,改善了圖書館彼此的合作關係,更促進了國際間書目資源的合作分享。

三、提升知識的流通與文化的傳布

藉著國家書目的充實、圖書館合作編目的強化以及書目訊息的快速流通,加強了圖書館服務的重要性,提升了圖書館的社會地位,促進了知識的傳播、文化的提升以及學術的進步。

第七章　專業組織與圖書館合作交流

　　圖書館員對圖書館事業應具有高度的責任感與歸屬感，強烈的企圖心，並以寬宏的整體觀和團結互助的合作精神，共謀發展。[1]

　　海峽……雙方應加強觀念上的溝通和館際間的交流，秉持繁榮中華圖書館事業，恢弘中華文化，以及謀求資源共享的理念，盡一份圖書館工作者的責任。[2]

第一節　前言

　　專業組織重視的是凝聚共識、促進成長，而合作是圖書館資源共享、共謀發展的具體實踐，兩者之間有一個共通性，就是「各盡所能，各取所需」。圖書館是一個利己達人的公共事業，每一個從業人員一方面當盡已之力，另方面有互相提攜，事業必日起有功；而每個圖書館既發揚己長，再截長補短，則整體的資源必倍增不已，進而有效運用，促進社會向前進步。

　　先生深知透過專業組織的群策群力，聚少成多、積小為大，必能促進事業的勃興；而他也肯定圖書館合作是資源有效利用的不二法門。以下分就專業組織、館際合作與兩岸交流等三方面說明先生的投入與奉獻。

---

[1] 王振鵠，〈現代圖書館的概念與認知〉，《中華圖書資訊學教育學會會訊》，19期（2002.12）：4。

[2] 王振鵠，〈為發展中華圖書館事業而努力〉，《交流》，9期（1993.5）：58。

第二節　專業組織

圖書館學是不是「專業」？不必多所爭辯，但是毫無疑問的，具有時代理想和合理運作的「組織」可以將專業的本質付諸實行。先生參加中國圖書館學會、中華圖書資訊教育學會以及美國資訊學會臺北分會有年，分述如下：

一、中華民國圖書館學會

1953 年中國圖書館學會（2004 年改稱中華民國圖書館學會，以下簡稱「圖書館學會或學會」）在臺北成立，1955 年先生加入學會，歷來曾任副總幹事、總幹事、理事、常務理事、監事、常務監事，1991–1995 年連續兩度膺任圖書館學會理事長，1997 年起任榮譽理事，2011 年選任為學會榮譽理事長；此外，先生歷年來又分別擔任叢書編輯、學校圖書館、大學圖書館、出版、教育、法規、自動化作業規劃、建築設備標準化、圖書館事業研究發展等委員會的召集人。（圖 7-1）

先生屢屢受邀擔任學會所舉辦的研習課程講師，1967 年學會暑期圖書館工作人員研習會在師大圖書館舉行，先生擔任研習會主任。先生又常在學會刊物發表作品，以饗同道並提升專業。

圖書館學會是一個自發性的組織，會務的推動悉賴會員的投入，先生長期奉獻時間、精力，致力各項會務的推動，舉其重要者分述如下：

（一）倡議「圖書館週」並闡釋其意義

1970 年 12 月，先生時任學會常務理事，學會於當年第一

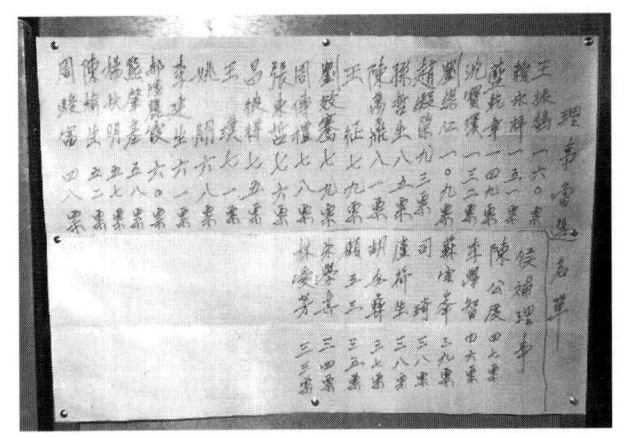

圖 7-1　中國圖書館學會 1970 年第 18 屆年會理事當選名單

次辦理「圖書館週」活動，並以「讀書最樂」作為當年的口號。先生為此特別寫了一篇文章，闡釋為什麼要舉辦「圖書館週」以及對這項活動的期待，該文說：

> ……現代圖書館的服務，主要方式是激發讀者的閱讀興趣與要求，促使其多加利用圖書館的資源。海因（Helen E. Haines）女士曾比喻圖書與讀者猶如電流之兩極，接觸時才產生力量。換句話說，唯當圖書和讀者會合，始能發揮出服務效果。這也就是舉辦圖書館週的動機所在。[3]

先生更進一步提出對社會、對主管當局以及對圖書館界的期待：

> ……我們至望社會人士群起響應，並發動一項捐書活動，充實各縣市圖書館的資源；主管教育當局在人員設備上大力支援，加強其服務，期能切實發揮圖書館的效能，擔當

---

[3] 王振鵠，〈圖書館週的意義及活動〉，《中國圖書館學會會報》，22 期（1970.12）：4。

起繼往開來的文化使命；我們更希望圖書館界不以一週的活動為限，早日確定長遠的發展目標與計畫，使這一活動成長壯大，開花結果。[4]

(二) 籌編《圖書館學》

1972年先生擔任學會出版委員會召集人，籌編《圖書館學》一書，選定了14個主題，分別由各主題專精者執筆，這本書理論與實務兼具，暢行20多年，是臺灣早期重要的圖書館教材。1993年並由韓國沈曠俊先生譯為韓文，題稱《圖書館學과情報科學》。[5]

當時國內已有多所圖書館學系，惟缺乏介紹一般性原理的中文教材，為此圖書館學會特地編印類似導論的專書，以供學生瞭解圖書館學的內涵，並奠定未來分科研究的基礎，也供一般讀者認識圖書館及圖書館學的性質，這是該書的編輯目的。而其內容則偏重理論方面，採取合作撰寫，先訂出全書綱目，再邀約具有心得的專家撰寫。至於該書的特色有三，分別是：探討圖書館與圖書館學的概念與發展；分析研究圖書館設置的三要素，即圖書資料、人員及建築設備；以及介紹圖書館學與圖書館界新的發展與動態。[6]

本書的執筆者包括王璞、王振鵠、方同生、沈寶環、周駿

---

[4] 王振鵠，〈圖書館週的意義及活動〉，5。

[5] 民國82年(1993)並由韓國沈曠俊先生譯為韓文，題稱《圖書館學과情報科學》，韓國正一出版社，見中華民國圖書館學會出版委員會編，《中華民國圖書館學會六十周年特刊》(臺北市：中華民國圖書館學會，2013)，224。

[6] 王振鵠，〈前言〉，收入中國圖書館學會出版委員會編，《圖書館學》(臺北市：臺灣學生書局，1974)，2。

富、張東哲、趙來龍、藍乾章、昌彼得、張鼎鍾、劉崇仁、袁國慰等先生,既學有專精,也都是各領域的一時之選,所寫皆深入淺出,例如:方同生先生的〈特殊及視聽資料〉、周駿富先生的〈中國圖書館史〉、昌彼得先生的〈目錄學〉、藍乾章先生的〈資料組織與整理〉、張東哲先生的〈專業組織活動〉……等,而王樸先生當時剛從國外修習電腦回國,介紹了〈消息中心和消息科學〉。先生除了撰寫〈圖書館與圖書館學〉及〈各國圖書館教育制度〉,也協助〈圖書資料的選擇〉一章成篇。

先生所撰〈圖書館與圖書館學〉一文,除了探討圖書館學的意義、起源、概念和其發展以外,最重要的是歸納了中外的說法,將圖書館學的內涵分為五個研究方向,分別是:歷史與功能、圖書資料、技術方法、讀者服務以及圖書館行政與組織。[7]該文闡釋了圖書館和圖書館學的精義,對認識圖書館的重要性以及圖書館學的內涵是一篇重要的作品。[8]

---

[7] 王振鵠,〈圖書館與圖書館學〉,收入中國圖書館學會出版委員會編,《圖書館學》,69。

[8] 邱念雄提及先生在〈圖書館與圖書館學〉一文中引介分析具有代表性的圖書館學體系,包括:1.普拉莫體系;2.柯其納體系;3.李景新體系;4.劉國鈞體系;5.哥倫比亞大學圖書館學體系等,並說先生肯定第五種「哥倫比亞大學圖書館學體系」,認為「歷史與功能的研究主要在探討圖書、圖書館與圖書館學的發展演變,並發揚圖書館的社會功能與存在價值;圖書館資料的研究在以現代目錄學的方法,分析一般及各科文獻資源的來源、性質、進而辨別評定其優勢,技術方法的研究探討如何取有效的方法組織圖書資料,以便於利用;而讀者服務的研究在於研討協助與輔導讀者利用館藏的不同方式;最後有關行政與組織的研究則針對圖書館行政與組織上必備條件加以探討。這種圖書館學體系符合美國圖書館協會為圖書館學所規定的定義:『圖書館為發現、搜集、組織與運用印刷及書寫的記錄之知識與技能。』」此外,崔鈺、康軍也提及先生在此文中分析比較了各主要國家各時代學者對圖書館學的不同認識,並提出對現代圖書館學的看法。見王振鵠,《書緣:圖書館生涯五十年》增訂本(臺北市:書緣編印部,2014),323-324、326-330、355-359。

先生是當時學會出版委員會的召集人，也是實際負責該書的主編，然而在《圖書館學》書中沒有一處提及先生是主編，就連該書的「前言」也以「中國圖書館學會出版委員會」的名義署名，之後沈寶環先生揭開了先生是主編的謎底，[9]先生凡事不居名，但求功成的處事風格由此可見一斑。

先生在前言中提及「圖書館學」的意義及價值，說：

> 圖書館學是一種知識與技能，據以研究圖書館經營的理論與實際，以及有關圖書資料之選擇、蒐集、組織與運用的方法。圖書館學的效用，對國家社會而言，他是統御國家文化資源，推展社會教育的一種手段；對圖書管理機構而言，它是一項資料處理的應用技術；對個人而言，他是一項治學的門徑與研究的方法。[10]

這幾句話是歷來對「圖書館學」最好的闡釋，從個人到圖書管理機構，再到國家社會，就不同的層面，將圖書館學的實用價值發揮得淋漓盡致。曾任北京大學信息管理系主任的王子舟先生，在他所編寫的《圖書館學是什麼》一書中，特別引用這幾句話。[11]

---

[9] 陳仲彥,〈王振鵠教授與師大〉,收入王振鵠教授八秩榮慶籌備小組編,《王振鵠教授圖書館學術、教育與志業：見證臺灣圖書館事業發展研討會》(臺北市：國立臺灣師範大學圖書資訊學研究所,2004),3；沈寶環,〈圖書館事業的領導問題〉,收入王振鵠教授七秩榮慶祝壽論文集編輯小組編,《當代圖書館事業論集：慶祝王振鵠教授七秩榮慶論文集》(臺北市：正中書局,1994),29。

[10] 王振鵠,〈前言〉,1。

[11] 王子舟,《圖書館學是什麼》(北京市：北京大學出版社,2008),73。引文後說：「這段話精闢概括了圖書館學在宏觀、中觀、微觀三個層面的作用。」

（三）推動圖書館自動化

　　1980 年，中央圖書館與中國圖書館學會攜手合作，啟動臺灣「圖書館自動化作業計畫」，並分三個階段陸續實施。第一個階段先訂定標準和規範；第二個階段則在標準的基礎上建立中文圖書資料庫；第三個階段是建立圖書館管理系統，包括採訪、編目、出納、行政等，最後完成全國圖書館資訊網的建立。

　　「圖書館自動化作業計畫」有四個目標，分別是：[12]
1. 研訂中文機讀編目格式，
2. 規劃圖書資料自動化作業系統，
3. 建立中文資料庫，並引進國外資料庫，
4. 成立全國資訊服務中心，建立全國資訊網。

　　為推動上述目標，中央圖書館與圖書館學會籌組「圖書館自動化作業規劃委員會」。當時先生除了任中央圖書館館長外，並擔任學會的常務理事以及上述「圖書館自動化規劃委員會」的召集人，他結合行政機構的資源與專業組織的人力、智慧，開創了圖書館自動化的新局。

　　計畫在第一個階段又分成三個工作小組，分別是：
1. 中國機讀編目格式工作小組，
2. 中國編目規則研訂小組，
3. 中文圖書標題總目編訂小組。

---

[12] 摘錄計劃目標，詳見王振鵠，〈國立中央圖書館自動化作業現況〉，收入國立臺灣大學圖書館學系、中國圖書館學會主辦，《圖書館自動化專題研習會綱要》（臺北市：國立臺灣大學圖書館學系，1989），339。

「中國機讀編目格式工作小組」先後由李德竹、胡歐蘭教授主持，並由張鼎鍾、黃克東、吳明德、吳瑠璃、江琇瑛等學者專家擔任研究委員，在1981年完成了《中文圖書機讀編目格式》（1982年更名《中國機讀編目格式》）的出版，1984年修訂二版、1989年三版、1997年四版，2001年再出修訂版。

「中國編目規則研訂小組」則由藍乾章教授主持，參與的有盧荷生、吳明德、鄭恆雄、高錦雪、陳和琴、江琇瑛、陸毓興等學者專家，1985年編印《中國編目規則簡編》，1995年及2000年陸續修訂。

「中文圖書標題總目編訂小組」，由時任中央圖書館閱覽組主任劉崇仁先生主持，參與成員包括藍乾章教授、林愛芳、梁津南、黃淵泉等專家，1984年出版《中文圖書標題總目初稿》，1993年續加修訂為《中文圖書標題表》。

先生回憶當年自動化作業過程的不易，說：

> 機讀編目格式的編訂是一項非常辛苦的工作，記得當時的經費並不充足，每天下班後大家在中央圖書館會合，一同吃個便當後就開始工作，從六點半或七點開始討論，有時一直討論到十點，甚至十一點多。大家基於一種使命感和熱忱而通力合作，彼此沒有主從之分，也沒有任何酬勞，而是非常愉快的合作。[13]

曾經參與計畫的吳明德教授回憶當時對先生的印象，說：

---

[13] 王振鵠，《書緣：圖書館生涯五十年》增訂本，180。

......很榮幸參與了國立中央圖書館的圖書館自動化作業計畫，民國 69 年至 71 年間（1980–1982），我是中國編目規則工作小組及中文機讀編目格式工作小組的成員。這段期間，每週總有幾個晚上在南海路中央圖書館開會，因此有更多機會接受王館長的教誨。當時，我剛踏入圖資領域不久，無論專業素養或待人處事，都須要磨練學習，王館長的風範及他對圖書館事業發展的理念及高瞻遠矚正是我景仰的榜樣。[14]

此外，在「字集、字碼」等牽涉到中文自動化的進行，先生也由於身兼中央圖書館館長及學會常務理事，始終不遺餘力的結合圖書館界以及資訊界的同道，推動其事。1982 年，學會參加澳洲國立大學所辦的「中文書目自動化國際研討會」，安排沈寶環、藍乾章、胡歐蘭、謝清俊、楊鍵樵等教授出席，介紹當時自動化的成果，包括中文機讀目錄格式以及中文資訊交換碼（Chinese Character Code for Information Interchange, CCCII）。1982 年，學會參加美國資訊科學學會（American Society for Information Science, ASIS）年會，在會中同時舉辦了「中文資訊專題研討會」，介紹臺灣自動化的成果。

在先生縝密的規劃和推動之下，「圖書館自動化作業計畫」產生了多方面的效益，影響延續至今。它不但促使臺灣圖書館從傳統式的服務走向自動化、網路化，也提供了觀念的丕變與作業的提升，更為日後的數位化奠定了堅實的基礎。

---

[14] 吳明德，〈吳序〉，收入顧力仁，《典範的時代和理想的人格：王振鵠館長與國立中央圖書館》（新北市：華藝學術），vii。

（四）草擬《圖書館法》

圖書館事業的推動要集思廣益，並擬定明確的方向，作為努力的目標，而《圖書館法》則是導引事業方向和具體作為的依據。2001年1月總統明令公布《圖書館法》，這是我國第一部綜合性的圖書館基本法。

圖書館學會在我國《圖書館法》的制訂過程中，扮演了重要的角色，舉凡立法精神的確定、國內外專業發展的掌握，乃至於草案條文的擬議，多賴圖書館同道透過學會此一管道，進行討論、表達及爭取。而先生是在其過程中參與最久、致力最深的一位，目前還存有當時所擬定的草案初稿。（圖7-2）先生曾回憶《圖書館法》的制訂說：

> 從民國55年圖書館界即有倡議，民國64年中國圖書館學會法規委員會擬具草案，歷經多次修訂，於民國76年陳報教育部，直到民國90年才完成立法程序。自圖書館學會的擬議到教育部送請行政院審議，最後再經立法院討論，過程漫長。……前後歷經圖書館界擬議、教育部審議、行政院審議以及立法院通過等各階段。……回顧立法過程，自民國76年中國圖書館學會提出圖書館法草案起，以致民國90年完成立法程序指，歷經14年；如從民國55年圖書館界的倡議算起，則已有35年的歷史了。[15]

《圖書館法》制訂過程中，波折連連，先生提過了一個苦澀的插曲：

---

[15] 王振鵠，〈圖書館法與圖書館事業之發展〉，收入國家圖書館編，《中華民國圖書館年鑑》（臺北市：國家圖書館，2002），26-28。

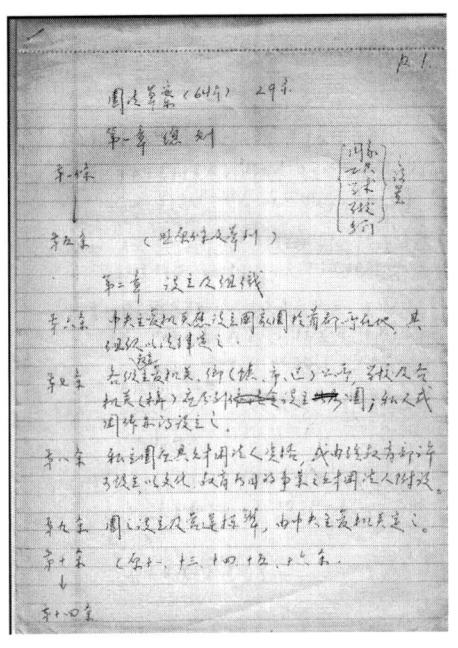

圖 7-2　先生所起草的〈圖書館法草案〉

　　教育部在討論《圖書館法》（草案）時，毛高文部長曾在部務會務中詢問當時的國立自然科學博物館漢寶德館長博物館界是否也要立《博物館法》？藉以打消《圖書館法》的制定，漢寶德館長回應說博物館界也想要立《博物館法》。當時教育部雖不甚支持，但是也沒有退回立法的擬議，這和行政院研考會在民國 70 年委託進行「建立圖書館管理制度之研究」以及之後由行政院將圖書館法的制定列為教育部「加強文化及育樂活動方案」的重要措施有密切的關係。[16]

---

[16] 王振鵠，《書緣：圖書館生涯五十年》增訂本，211-212。

至於〈圖書館法〉有什麼作用？先生曾舉過兩個例子來說明它的重要性：

> 英國議會早在 1850 年即通過圖書館法，不僅規定設館的條件，並授權各地議會為圖書館服務課徵捐稅。當時英國圖書館學家愛德華滋曾經大聲疾呼說：「如果沒有一項保證圖書館持續發展的法規，就不能確定圖書館的存在，也無法使後代子孫瞭解設置公共圖書館的真正意義。」聯合國教科文組織曾發表聲明指出圖書館對於普及教育，增進國際瞭解具有重大的作用，亦為民主制度下之一產物，建議各國必須制訂明確的法律，普遍設置及維護其設施，所需經費應由政府支應，免費提供各項服務。[17]

這個法案究竟為國內圖書館帶來了什麼影響？先生舉出以下各點：

1. 確立圖書館的組織體系與功能，
2. 訂立圖書館管理與協調機制，
3. 統一制定圖書館營運基準及技術規範，
4. 確定圖書館與讀者的權利義務關係，
5. 重視專業服務與領導，
6. 成立館際合作組織及網路系統，
7. 建立輔導體系與評鑑制度
8. 確定國家圖書館保存國家圖書文獻之責任。[18]

---

[17] 王振鵠，〈「圖書館法」制訂之必要〉，《社教雙月刊》，79 期（1997.6）：54。
[18] 王振鵠，〈圖書館法與圖書館事業之發展〉，29-31。

就以上第三項而言,先生更進一步的舉例申言說:

〈圖書館法〉第5條規定「圖書館之設立及營運基準,由中央主管機關定之」。此項規定對於各類各級圖書館的設立條件及營運服務的基本要項,諸如館藏質量、館舍設備、人員配置及服務要項等方面之最低要求有所規範。

第6條規定「圖書資訊分類、編目、建檔及檢索等技術規範,由中央主管機關指定國家圖書館、專業法人過團體定之。」技術規範標準化,素為圖書館界追求之理想,茲值資訊技術普遍應用,資訊網絡建設推行之際,尤其需要一致的作業規範,奠定合作的基礎。技術規範由中央研訂當可收統一規劃、合作發展、資訊共建共享之效。[19]

徒法不足以自行,對於這部得來不易的圖書館根本大法,先生頗有期待,[20] 也持續觀察其發展。

(五) 出任圖書館學會理事長

先生於 1992–1995 年兩度膺任學會理事長,這也是先生眾望所歸,有以致之。先生除了繼續既有各項工作外,任內推動若干舉措,分述如下:[21]

---

[19] 王振鵠,〈圖書館法與圖書館事業之發展〉,29-30。
[20] 對於如何發揮《圖書館法》的功效,來帶動圖書館事業的發展,先生口頭提出兩點看法:(一)落實執行《圖書館法》及相關法規,並重視評量;(二)掌握事業本質及立法精神,繼續推動《圖書館法》的修訂。另大陸於 2017 年 11 月 4 日通過《中華人民共和國公共圖書館法》,凡 6 章 55 條。
[21] 中華民國圖書館學會出版委員會編,《中華民國圖書館學會六十周年特刊》(臺北市:中華民國圖書館學會,2013),223-45。

1. **在擴大會務,推動活動方面**

(1) 1993 年 2 月,建立學會在臺灣各地的聯絡中心,中部委託中興大學圖書館、南部委託成功大學圖書館、東部委託花蓮師範學院圖書館擔任各中心代表機構,協助聯絡會員並推動活動。

(2) 1994 年 9 月,議決編印《圖書館小叢書》,與臺灣學生書局簽訂合約。

(3) 1994 年,學會成立「善本古籍管理實務」、「圖書館經營管理」、「生涯規劃」、「圖書館建築規劃」、「期刊管理」等興趣小組。

(4) 1995 年 6 月,出版分類編目委員會《中國編目規則‧修訂版》,全書 235 頁。

(5) 1995 年 10 月,主持學會召開的「我國圖書館學與資訊科學刊物座談會」,議決各刊物間相互合作、共同發展。

(6) 1995 年 12 月,學會舉行「圖書館營運之規劃與評估研討會」,並編印論文集。

2. **在專業研究方面**

(1) 1991 年間,承接教育部圖書館事業委員會委託辦理七項專題研究,包括:整理規劃全國圖書館資訊網路系統,推行出版品預行編目制度,建立全國圖書館合作服務制度,促進資源共享政策,釐訂全國圖書館組織體系,改進圖書館與資訊教育問題,研訂大專院校、職業學校圖書館建設標準,中國圖書分類標準化問題研究。

(2) 1994 年 3 月,通過中央圖書館曾濟群館長主持的「全國圖書館館際合作綱領(草案)」。1995 年 6 月,完成教育部圖書

館事業委員會委託辦理的「全國圖書館館際合作綱領」專題研究報告。

(3) 1994 年 9 月，議決擬訂「圖書館白皮書」，後更名為「圖書館與資訊科學白皮書」。

3. 在研提修訂圖書館法方面

(1) 1994 年 6 月，由圖書館學會研訂的《圖書館法》（草案）經教育部審查通過，將報請行政院核議後送立法院審查。草案共 28 條，包括：宗旨、意義、類型、主管機關、設立變更、人員、業務、經費、抵免稅捐、資源共享、館際合作、出版品送存、國際圖書資料交換、維護文化資產、評鑑與輔導等。1994 年 12 月，續由教育部層轉行政院函，希學會研提修正意見。1995 年 4 月，再研提修正草案，報教育部。1995 年 5 月，教育部圖書館事業委員會討論草案，提出修正意見；當月，函報教育部《圖書館法》（草案）修正條文。1995 年 9 月，先生出席教育部法規委員會，說明《圖書館法》修訂情形。

4. 在國際及兩岸專業交流方面（圖 7-3）

(1) 1993 年 2 月，與臺灣大學圖書館學系暨研究所共同辦理「圖書館學與資訊科學教育研討會」，並邀請大陸圖書館學者專家周文駿、彭斐章、陳譽、王振鳴、史鑒先生等出席，以加強兩岸交流，會前安排大陸與會學者參觀全省北中南地 28 所圖書館、資料中心等，並與國內圖書館界舉行 7 次座談。

(2) 1993 年 4 月，協助國立中央圖書館辦理「邁向二十一世紀的國家圖書館」國際學術研討會。

(3) 1993 年 8 月，赴大陸出席在甘肅蘭州舉行的「海峽兩岸圖書

圖 7-3　1993 年 10 月於師範大學圖書館，右起林孟真教授，美國 School of Information Studies, University of Wisconsin-Milwaukee 所長 Professor Mohammed M. Aman 所長夫婦、先生，該所 Dr. Wilfred W. Fong，吳明德教授

館事業研討會—蘭州會議」，並發表論文，與會者還包括胡述兆、盧荷生等教授。會後續轉北京出席由大陸圖書館學會及北京圖書館舉行的「臺灣圖書館事業報告會」，並發表論文，與會者還包括胡述兆、盧荷生教授。

(4) 1995 年 8 月，出席在土耳其伊斯坦堡舉行的「第 61 屆國際圖書館協會聯盟大會」，代表學會參與代表團。

（六）對學會的期許和祝願

1995 年底，先生即將卸下四年理事長的擔子，發表了一篇文章，既是檢討，也是對未來的期許，他提出對學會的四點期望，分別是：

1. 強化學會組織,擴大會員參與;
2. 鼓勵學術研究,加強書刊出版;
3. 推廣在職訓練,提升人員素質;
4. 多加辦理活動,增進會員連繫。[22]

2000 年底,先生參加圖書館學會會員大會,發表專題演講,一方面回顧臺灣圖書館事業的發展,另一方面也再次提出對於學會的期望與建議,先生說:

> ……自今開始邁入第四個階段,今後將由行政院文化設委員會主導規劃公共圖書館之發展,調整公共圖書館的管理體制,而進入一新的階段。

> ……如何規劃臺灣地區圖書館事業第四階段的發展藍圖,是文建會的責任,本會與圖書館界自應提出相關的建議,做為圖書事業發展的參考。長期以來我們倡議與推動〈圖書館法〉的制訂,但現在〈圖書館法〉通過了又如何呢?徒法不足以自行,還需要圖書館界的奮發努力才行,更希望文建會能規劃可行的方案,全面發展圖書館事業以達到國際水準。最重要的是提升工作人員質量與核發充分的經費支援,否則基礎條件不足,一切計畫猶如緣木求魚,徒勞無功。

> 對本會的未來發展提出個人的淺見,供大家參考指教。

> 一、廣徵會員入會,強化本會組織。

---

[22] 王振鵠,〈對中國圖書館學會的期望〉,《中國圖書館學會會報》,51 期(1993.12):2。

二、配合知識經濟方案，建立圖書館事業創新發展機制。

三、推廣在職教育，充實圖書館工作者的知能

四、制訂圖書館專業倫理守則，塑造圖書館員的新形象。

五、廣泛結合社會資源，營建有利圖書館事業發展的環境。[23]

在上述第 2 項「配合知識經濟方案，建立圖書館事業創新發展機制。」先生特別提出了具體的建議，希望圖書館員在國家整體發展中能「承擔必要的角色，建立專業智庫」：

> ……在政府發展知識經濟方案的時候，我們也可以配合該方案的推動，建立起圖書館創新發展的機制。目前西方的企業管理單位，有些以設置所謂的企業知識主管，由專人負責管理有關知識的蒐集、加工、傳遞與運用。此一知識主管與圖書館的工作很有關係，我們希望在整個國家的整體發展中，圖書館員能扮演適當的角色。當務之急是要建立屬於我們的專業智庫，利用合作的方式來研究加強知識與資訊的蒐集、分析、篩選、組織、傳布及管理等方面的能力。[24]

此外，在第 4 項「制訂圖書館專業倫理守則，塑造圖書館員的新形象。」先生也呼籲儘速制訂「圖書館專業倫理守則」，他說道：

> ……所謂專業倫理守則，其目的在塑造圖書館人員的形

---

[23] 王振鵠演講，劉春銀記錄，〈我對圖書館學會的幾點期望〉，《中國圖書館學會會訊》，8 卷 4 期（2000.12）：2-4。（註：此處僅列標題）。

[24] 王振鵠，〈我對圖書館學會的幾點期望〉，3。

象。倫理守則不是條文或法規，它是一種自律和自制的規範。作為一個專業圖書館員，應有其獨特的專業氣質和行事準則，顯現出無私奉獻的服務精神，在工作崗位上，我們要從服務中贏取社會的尊重，以及從為大眾服務中贏取社會對圖書館專業的肯定。因此，我們不能單方面批評社會對我們不夠重視，應該反過來看我們對社會貢獻了些什麼，我覺得倫理守則絕非是一種教條，任何一行業所制訂的守則，都屬自動自發的行為規範，這可促使我們真正成為專業，也是本會努力的一項目標。[25]

2013 年，先生以名譽理事長出席圖書館學會年會，並發表〈順勢而發，日新又新〉一文祝賀學會成立六十周年，對於學會在數位時代圖書館專業的發展提出三點看法，分別是：

1. 圖書館要適應社會變遷，
2. 事業成長有賴從業人員的付出，
3. 建立本土化的圖書館學。

就以上第三點，先生強調：「……未來圖書館學會宜……引領圖書館順勢而發。尤其在教育以及研究兩方面，應設計出一套符合本土與國情需要的作法……。民國初年，梁啟超在中華圖書館協會成立時即呼籲同道建立國人自己的圖書館學，這句話到現在仍然值得我們繼續追求，……希建立國人自己的圖書館學，作為學會下一個甲子努力的方向。」[26]

---

[25] 王振鵠，〈我對圖書館學會的幾點期望〉，3。
[26] 王振鵠，〈順勢而發，日新又新——賀中華民國圖書館學會成立六十周年〉，《中華民國圖書館學會會訊》，21 卷 2 期（2013.12）：1。

從先生對學會（也是對所有圖書館從業人員）的期待和勉勵之中，可以看出先生對事業的一貫熱誠以及堅持不懈。

二、中華民國圖書資訊教育學會

中華圖書資訊學教育學會於 1992 年成立，成立宗旨在研究、發揚與促進圖書資訊學教育。先生參與籌備並擔任理、監事多年，2002 年先生曾於該學會會訊發表〈現代圖書館的概念與認知〉一文，分就現代圖書館的概念、圖書館員的基本認知以及圖書館法提出看法，並且重新給予圖書館符合現今時代的新詮釋：

> 現代的圖書館是一采集與擷取紀錄在各種媒體上的資訊知識，經過組織、整合與傳播，提供自由利用和不限時地的資訊檢索服務，以引導與便利人們學習研究、交流經驗，進而激發創造人們新知文化，調適民眾生活的機構。[27]

此外，先生並將圖書館員的基本認知訂出若干綱領，以為準則。

三、美國資訊學會臺北分會[28]

美國資訊學會（ASIS）的前身為 1937 年成立的美國文獻學學會（American Documentation Institute, ADI），旨在推動資訊科學專業領域的發展。1983 年，美國資訊科學學會臺北分會成立，先生繼果芸、何宜慈兩位擔任臺北分會會長（1983–1984

---

[27] 王振鵠，〈現代圖書館的概念與認知〉，3。
[28] 2012年，美國資訊學會改名為資訊科學暨科技學會（The Association for Information Science and Technology, ASIS&T）。

年),學會臺北分會發行會報及會訊。先生曾於1989年在《美國資訊科學學會臺北學生分會會訊》發表〈資訊圖書館〉,剖析資訊的定義、資訊革命、資訊社會、影響以及圖書館面臨資訊社會呈現的特性,文稱:

> 另外,只有資料庫是不夠的,因此,我們還需要訂出一套資訊服務的政策,其內容不是何將資料引進到國內,而是如何將資料傳輸到國外,如何交流。其中可能包括了出版政策、著作權法,甚至於圖書的成交制。此外,資訊自由化在未來也是頗值得注意的一個問題,所以圖書館員現在就應研究,將來如何支援學術研究,使研究人員可以獲得所有需用的資料。將來在資訊社會中,不僅要改良技術方法,在觀念上更要趕上時代的潮流![29]

但求奉獻,不冀回報,是先生對專業組織一向的態度,他經年累月提供睿智來運籌帷幄,但卻從來不懸念於名義和位子。不論任何學會的選舉,他從來沒有張羅過一張選票,但總以高票受會員的託付,因為先生的無私是大家所公認的。先生在師大、在中央圖書館,都慨然提供場地供學會使用,尤其中央圖書館遷建新館,在空間使用設計之初,先生就規劃出一間辦公室特別供圖書館學會永久使用;不僅在空間,中央圖書館的同仁也長期支援圖書館學會的營運。1993年,先生擔任學會理事長,為了邀請大陸圖書館學者專家來臺灣參加「圖書館學與資訊科學教育研討會」,而當時的入境手續繁雜,從開始聯

---

[29] 王振鵠主講,黃美娟記錄,〈資訊圖書館〉,《美國資訊科學學會臺北學生分會會訊》,2期(1989.6):58。

繫到對方抵達,前前後後花了八個月的時間,打了無數次的長途電話。[30] 這些時間、金錢都是先生額外的付出。

「要適應社會變遷,從業人員要付出,要建立本土化的圖書館學。」[31] 是先生始終念茲在茲的,也是他寄望於專業組織的終極目標。

第三節　館際合作

先生旅美研習圖書館學,而美國圖書館事業的特色之一即為合作制度的建立與推廣,先生深得其精髓,曾撰有〈美國圖書館合作制度之研究〉等文,[32] 並在所發表的論著中,多所闡明。先生曾經提出過合作的意義、方法及其效益:

> 合作制度……為集中人力財力,擴大蒐集資料,謀更有效的服務。就合作方式而言,有分工蒐集方案、目錄合作制度、共同儲存計劃,以及館際互借辦法,……此種措施之效果,自經濟觀點而言,節省人力物力,增加可用資源;

---

[30] 王振鵠,〈溝通・交流・合作——共同促記中華圖書館事業的發展:圖書館學與資訊科學教育研討會開幕致詞〉,收入國立臺灣大學圖書館學系編,《圖書館學與資訊科學教育研討會論文集》(臺北市:國立臺灣大學圖書館學系,1993),ii。

[31] 王振鵠,〈順勢而發,日新又新——賀中華民國圖書館學會成立六十周年〉,1。

[32] 分見:王振鵠,〈美國圖書館合作制度之研究〉,國科會 56 學年度研究論文;王振鵠,〈美國圖書館之目錄合作制度(上)〉,《教育資料科學月刊》,4 期(1970.6):10-13;王振鵠,〈美國圖書館之目錄合作制度(下)〉,《教育資料科學月刊》,5 期(1970.9):17-21;王振鵠,〈教育資料之合作交流〉,收入國立臺灣師範大學、國立教育資料館同編,《教育資料研討會記錄》(臺北市:國立臺灣師範大學、國立教育資料館,1980),103-107;王振鵠、吳美美,〈合作館藏發展制度的建立〉,《中國圖書館學會會報》,48 期(1991.12):31-44。

自技術觀點而言,迅速正確,奠定統一標準;自教育觀點而言,促進知識交流,便利學術研究。[33]

圖書館究竟要採取怎樣的作為才能有效的達成合作的目標呢?先生對於合作的方式曾經有詳盡的說明:

> ……圖書館合作關係的建立不外四種方式:合作採訪、合作編目、合作典藏與合作流通。今日我國迫切需要的是合作典藏制度,因各館館藏發展到一定階段後達到飽和程度,資料過多而無法存放。……這種儲存多館資料的方式,即合作典藏制度。合作流通即資源交流運用,以互借或其他方式進行。合作流通是館際合作最基礎也是重要的部分,若合作流通服務不存在,前三種合作方式並無意義,……[34]

先生在國內圖書館合作的重要舉措分述如下:

一、發起合作團體組織

1981 年,在先生的號召下,成立「中華民國人文暨社會科學圖書館及資料單位合作組織」(1984 年改稱「中華民國人文社會科學圖書館合作組織」,以下簡稱「人文社會圖書館合作組織」),為什麼要有此一組織?這個組織有什麼影響?先生說:

---

[33] 王振鵠,〈美國圖書館之合作採訪制度〉,收入《圖書選擇法》(臺北市:師範大學圖書館,1972),114。
[34] 王振鵠,〈全國圖書館館際互借規則之研訂──中華人文社會科學圖書館合作組織八十七年會員大會專題演講〉,《國家圖書館館訊》,88 年 1 期(1999.2):1-2。

> 我接任中央圖書館工作之後，感覺到假如我們要和各學術圖書館、公共圖書館、專門圖書館合作聯繫，中央圖書館一定要擔當起主導的角色，才能有效結合全國圖書館的資源來發展，……這個組織……是謀求圖書館之間的資源合作與服務的交流推廣。……一方面推動館際合作、資料互借、複印服務；另一方面，謀求聯合目錄的編製，有關人文及社會科學資料的開發利用等等。十幾年來，這個組織的會員陸續增加到一百多所圖書館，這對於中央圖書館推動一些合作計畫有很大的幫助。[35]

由此可知，先生是基於「資源共享」的理念，創建此一合作組織，以符合國際圖書館協會聯合會（IFLA）在 1973 年所提出的「世界出版品利用（Universal Availability of Publication, UAP）的宗旨，而根據聯合國文教組織對 UAP 的闡釋，認為「UAP 最終的目的是要做到無論何時，無論何地，都要盡其所能的滿足讀者所要求的資料，並採取必要的措施促進國內與國際出版品的流通，並加強新出版品從出版到保存各項工作。」[36] 這個目標與先生一向所服膺並力行的服務觀相互脗合。

「人文社會圖書館合作組織」成立後，先生於 1981–1986 年擔任執行小組的召集人。以館際互借與複印為基礎，凝聚會員館的共識，並打算逐步拓展到合作編目、合作採訪及合作典藏。該組織由中央圖書館負責聯絡，並提供中央圖書館的人、

---

[35] 王振鵠，《書緣：圖書館生涯五十年》增訂本，210。
[36] 王振鵠，〈文獻處理標準化問題〉，《中國圖書館學會會務通訊》，77 期（1990.11）：20。

物力協助組織的運作。初期在國內各圖書館尚不能自給自足的情況下,組織的運作很不容易,但仍在平穩中力求成長,曾經擔任過組織執行秘書的莊健國先生說:

> 本組織……難能可貴之處在於能以微薄的經費及兼職的人力下,奮鬥經營下去,平常除了發行、贈送與交換服務通報以外,尚不定期舉辦研討會,編印相關手冊、簡介,以加強各會員間合作關係,進而提升服務效能。[37]

1999 年,人文社會圖書館合作組織整合併入「中華圖書資訊館際合作協會」,結束對國內圖書館界近 20 年的服務。

二、研擬並建立合作制度

1991 年,先生與沈寶環先生共同主持教育部委託的「建立全國圖書館合作服務制度促進資源共享政策」研究計畫,該計畫提出四點建議,分別是:

1. 建立圖書館合作制度,促進資源共享。
2. 推動全國「館藏發展」計畫,合作採訪圖書資料。
3. 進行合作編目,提供書目資訊服務。
4. 推動合作流通,加強讀者服務。
5. 進行合作典藏,以便資料儲存及利用。[38]

---

[37] 莊健國,〈穩定中成長的「中華民國人文社會科學圖書館合作組織」〉,《臺北市立圖書館館訊》,5 卷 2 期(1987.12):44。

[38] 王振鵠、沈寶環,《建立全國圖書館合作服務制度促進資源共享政策》(臺北市:教育部圖書館事業委員會,1991),146-153。

三、訂定館際互借規則

繼合作制度的研究之後，接著就是各項合作方法的擬定，在合作採訪、合作編目、合作典藏與合作流通之中，流通堪稱為各項合作的奠基。而其中，「館際互借」既是合作流通制度中最關鍵性的工作，也是中華民國人文社會科學圖書館合作組織的基礎作為，自然受到先生相當的重視。1997年，先生擔任「全國圖書館館際互借規則擬定之研究」計畫的主持人，該研究提出了四點建議，分別是：

1. 教育部應儘快通過館際互借規則，並以行政命令要求全國圖書館推行；

2. 成立館際互借中心，由國家圖書館承擔並領導此項工作，但各合作組織在國家圖書館之整體規劃下，通力合作，以成為科學性或地區性之館際合作互借中心；

3. 加強書目控制並編製聯合目錄，此項工作國家圖書館目前已在進行；

4. 建立各館館藏特色，加強圖書文獻之蒐集，各館資料要有差別性和特殊性，交流互借才能互補互惠，所以加強採訪、建立個別化的館藏是很重要的。

除了建議以外，該研究還訂定了「全國圖書館館際互借規則」（草案）作為各館合作流通的遵循法則。[39]

---

[39] 王振鵠，〈全國圖書館館際互借規則之研訂──中華人文社會科學圖書館合作組織八十七年會員大會專題演講〉，1-2。

第四節　兩岸圖書館交流

先生是兩岸圖書館界交流的倡議者，也是創始人，既是先行，也始終推動其事，分述其過程如下：（圖 7-4）

一、破冰之旅

兩岸圖書館在 1980 年的 IFLA 會議中即有接觸，1988 年在澳洲舉行第 54 屆 IFLA 會議，同時舉辦「中文圖書館事業之國際展望」研討會，兩岸及海外的圖書館同道就圖書館自動化進行多邊交流。

1990 年 8 月，先生已從中央圖書館退休，仍任教國立師範大學，在商務印書館的安排下，參加訪問團，以兩週的時間訪

圖 7-4　先生於 1990 年率團訪問大陸圖書館界，大陸文化部圖書館司杜克司長在歡迎酒會中介紹臺灣訪問團，中立者為北京圖書館任繼愈館長

問大陸多地，其間並參觀北京圖書館、上海圖書館、浙江圖書館等機構，與大陸同道多方晤談，交換意見，同時為臺灣圖書館界訪問大陸預作安排。9月，應大陸圖書館學會的邀請，由先生率團，進行兩岸間分隔四十年的訪問，建立雙方的合作關係，同時開拓了日後的連串交流。先生特別以「破冰之旅」來稱此行，[40] 這是日後兩岸圖書館界交流頻繁的首航，意義深遠。

二、兩岸筆談

1992年，先生透過在天津南開大學任副校長的胞弟王振鳴教授的聯繫之下，由《圖書館學與資訊科學》與天津《圖書館工作與研究》兩份著名的專業刊物，以「如何促進海峽兩岸圖書館與資訊事業的發展」合作進行筆談，邀約兩岸以及美國的圖書館專家學者，分別發表對此議題的看法。在兩份刊物上同步刊出21篇回應，一時蔚為美談。

先生同時寫了一篇〈交流合作，共謀發展〉的短文，說到：

……在這裡我願表達出多年來的希望，記得在1926年（民國15年）《圖書學季刊》在發刊辭中說明創刊的宗旨，其中指出學問本不應以國為界，但各國的國情不同，乃有特別研究之貢獻。圖書館學的原理原則，雖各國相同，但因中國文字有其特色，學術發展有其特殊情形，以致書籍的種類及編藏方法，皆不能與他國相同，如何運用共同的原則，斟酌損益，求美求便，形成一適合中國國情的「中國圖書館學」系統，使圖書館學的價值因而增重，實為國

---

[40] 王振鵠，《書緣：圖書館生涯五十年》增訂本，235。

人所應努力之一方向。……六十餘年來我國圖書館的發展今非昔比,在技術程序上已逐漸發展出一套習用的制度,用以處理中文圖書資料,但是在圖書館學的理論與實務研究與施作上仍多因襲國外之處,今後如何合作研究發展出以中華文化為基礎,並符合社會需要的中國圖書館學理論體系,運用科學方法整理文獻典籍,並編製切合各方面需要的工具書,俾有助於圖書館功能之顯現與服務之開展,實有其必要。[41]

先生在文內特別強調「兩岸圖書館事業的交流合作的『最重要的目的、首要的工作以及主要的目標』」,他說:「海峽兩岸圖書館事業的交流合作,最重要的目的在『保存文化、交流資訊與服務大眾』。……『建立交流管道,謀求文化資源及圖書資訊之互補,加強兩岸圖書館及資訊中心的合作關係,以提供兩岸民眾所需要的圖書資訊』,應列為首要工作。……『以文化學術資訊為重,使研究工作者能充分掌握資訊(keep-informed)』,才是促進交流、弘揚文化、發展學術的主要目的。」[42]

綜合這次紙上座談會各方的高見,在未來交流合作的範圍上應該包括:

(一)專業人員的互訪參觀考察講學,

(二)文獻的互通有無資源共享,

---

[41] 〈交流合作,共謀發展〉為該期「如何促進海峽兩岸圖書館與資訊事業的發展」專欄之前言。參見顧廷龍等,〈如何促進海峽兩岸圖書館與資訊事業的發展〉,《圖書館學與資訊科學》,18 卷 2 期(1992.10):105-106。

[42] 王振鵠,〈如何促進海峽兩岸圖書館與資訊事業的發展〉,105-106。

（三）業務技術的互相學習借鑑，

（四）某些課題的共同探討，

（五）出版品教科書的共同編纂。

至於在交流合作的具體工作上，則包括：

（一）合力編製書目索引，

（二）整合專業術語、統一羅馬拼音、規劃相關技術標準的一致化（如：編目規則、分類系統、自動化規格），

（三）開放線上檢索與通訊，

（四）籌設交流合作組織，

（五）建立主題資料庫，

（六）進行館際合作採訪、補缺、影印及交換業務，

（七）舉辦圖書館學教育學術研討會。

另在交流合作的原則上，宜掌握：

（一）講究實際，

（二）誠信尊重，

（三）求同存異，

（四）先易後難，

（五）截長補短；要在經由溝通而互補，進謀合作分享。[43]

　　這些觀念意見的交流，對於兩岸日後共同促進圖書館學與資訊科學教育的合作、圖書館事業的發展以及圖書館學術的研究皆甚有助益。在此基礎上，雙方當可進謀共同發展這個屬於中華民族共同的圖書館事業。

---

[43] 王振鵠，〈如何促進海峽兩岸圖書館與資訊事業的發展〉，105-6。

三、大陸首次來臺專業交流

次年，1993 年，先生任中國圖書館學會理事長，與臺灣大學圖書館學系暨研究所共同辦理「圖書館學與資訊科學教育研討會」，並邀請大陸圖書館學者專家周文駿、彭斐章、陳譽、王振鳴、史鑑等出席，以加強兩岸交流，會前安排大陸與會學者參觀全省北中南等地 28 所圖書館、資料中心等，並與國內圖書館界舉行 7 次座談。這是大陸圖書館界第一次接受國內邀請的正式訪問，也是兩岸雙向交流的重要里程碑。

此次會議就圖書館事業及資訊服務的發展趨勢、教育的發展趨勢、課程的規劃以及海峽兩岸圖書館及圖書館教育界的交流與合作等四個議題進行論文發表及討論。先生發表論文〈臺灣地區圖書館事業的發展〉，提出近十餘年來的發展，包括：

（一）文化建設計畫的推行，

（二）全國圖書館會議的召開，

（三）「圖書館事業委員會」的成立，

（四）圖書館法與標準的研訂，

（五）教育體系圖書館的發展，

（六）圖書館教育的提升，

（七）國家建設六年計畫的規劃。

作為與會者瞭解臺灣圖書館事業的近況與參考。[44] 這次會議，兩岸學者專家以教育為主集思廣益，除了有為以後兩岸交流鋪

---

[44] 王振鵠，〈臺灣地區圖書館事業的發展〉，收入國立臺灣大學圖書館學系編，《圖書館學與資訊科學教育研討會論文集》，15-24。

路的使命外,對於開創未來圖書館教育的新局,進而培育專業人才,恢弘事業發展,具有深意。

四、陸續赴大陸研討專業

1993 年 8 月,先生赴大陸出席在甘肅蘭州舉行的「海峽兩岸圖書館事業研討會——蘭州會議」,並發表論文,與會者還包括胡述兆、盧荷生等教授。會後又轉往北京出席由大陸圖書館學會及北京圖書館舉行的「臺灣圖書館事業報告會」,發表論文。之後,先生又多次赴大陸出席圖書館專業會議,包括:1994 年北京大學「圖書資訊教育研討會」,1997 年中國圖書館學會「海峽兩岸圖書館事業研討會」及武漢大學圖書資訊教育研討會,1998 年廣州中山大學「圖書資訊教育研討會」,2000 年浙江圖書館「21 世紀公共圖書館論壇」,並訪寧波天一閣及紹興市圖書館,2001 年廈門市「公共圖書館論壇」,2006 年參訪北京首都圖書館。2009 年參加「2009 年深圳公共圖書館國際高峰論壇」,並出席「公共圖書館研究院」成立大會。

五、倡議合作進行華文書目資料庫

1999 年,國家圖書館舉辦「華文書目資料庫合作發展研討會」,先生提出〈海峽兩岸圖書館交流之回顧與展望〉論文,除了回顧了兩岸圖書館界交流之外,並且統整了之前有關華文書目合作發展的建議,最後並展望未來兩岸圖書館界交流的方向,包括以下四點:

(一) 兩岸在互惠互助原則下較實際的交流做法為一方面在資源上謀求互補,另方面在技術上相互支援。

(二) 雙方業已建立了推動合作交流的組織，彼此宜加強聯繫，就當前可行的具體合作計劃和應加討論的問題加以研究，委由有關單位協洽進行。

(三) 中文善本古籍散失在海外者不在少數，此事關係中華文化資源之傳布以及文史研究，兩岸應合作或由專門研究人士完成世界現存漢籍之書目控制。

(四) 文獻處理技術標準化是合作發展華文書目資料庫的先決條件，為突破標準化的困難，兩岸可就現行標準作一比較性的分析研究，確實了解其歧異所在，以求同存異。[45]

先生長久關注圖書館專業，從兩岸圖書館事業的宏觀角度出發，看法切中肯綮，並且在具體的實務上著手，符合實際。

自 1990 年「破冰之旅」以來，先生在超過 20 年的時間內，多次踏上大陸，與對岸圖書館界進行交流，對兩岸圖書館專業彼此的認識和發展提供了實質的建言，也得到普遍的信任，更贏得對岸廣泛的尊敬。

第五節　結論

先生在專業組織、圖書館合作以及兩岸交流等方面的遠見及作為可歸納為以下三點，分別是：

---

[45] 王振鵠，〈海峽兩岸圖書館界交流之回顧與展望——華文書目資料庫合作發展研討會專題演講〉，《國家圖書館館訊》，88 年 4 期（1999.11）：4。

一、重視專業倫理與典範

若論及專業，專業精神的重要性絕不亞於專業內容；而在一個專業組織裡面，需要的是彼此的合作互動與相互間的學習，自然也以精神和態度為互動的主要原則。先生在圖書館學會及其他專業組織中，處處尊重同儕、遇事領導在前，帶動了專業組織的成長，也樹立了專業的典範。他曾歸納出「圖書館員的基本認知與理念」，也就是專業倫理的核心內容，摘述如下：

（一）圖書館員要認清圖書館使命，堅定專業信念，切實體認到圖書館服務對於國家社會的重要性。

（二）圖書館的經營管理應服膺圖書資訊學理論與實務，作為圖書館經營的參考和依據。

（三）圖書館服務應注意到人本精神的發揚。秉持讀者為上，服務為先的原則，尊重與維護讀者的權益。

（四）圖書館服務的成效，要靠有目標、有計劃的持續努力，不能急功近利，圖一時的表現而影響到既定的政策和進度。

（五）圖書館為合作發展，相互依附的服務系統，圖書館員應有資訊共建、共享的觀念。

（六）圖書館員應時時增長其學識技能，團隊學習尤為重要。

（七）圖書館員對事業應具有高度的責任感，強烈的企圖心，並以寬宏的整體觀和團結互助的合作精神，共謀發展。[46]

---

[46] 王振鵠，〈現代圖書館的概念與認知〉，4。

二、推動合作理念並實踐

　　先生對合作有深刻的體認，他認為「圖書館在資訊氾濫的浪潮下，為一合作發展，相互依附的服務系統。『資源共享』為國際圖書館界所共同致力的一項長遠發展目標，圖書館員應有資訊共建、共享的觀念。」[47]不僅要有合作的觀念，更需要具體的實踐，所以他強調圖書館員不但要有「寬宏的整體觀和團結互助的合作精神，共謀發展」，更要重視「團隊學習」。[48]

三、著述研究及推動圖書館立法影響大陸

　　先生不但開啟了兩岸圖書館的交流，更以宏觀的視野再三強調建立「本土的圖書館學」，而文化與民族正是兩岸在圖書館各方面合作的基礎。

　　先生對大陸圖書館學的發展頗有影響，大陸學者程煥文及肖鵬撰有〈王振鵠教授圖書館學術思想在大陸的傳播及其影響〉一文，稱：

> 自20世紀80年代初開始，大陸圖書館學界開始系統地轉載王振鵠教授的學術論文，成為大陸圖書館學界瞭解臺灣圖書館事業發展狀況的重要途徑。1990年，王振鵠教授率領臺灣圖書館代表團首次訪問大陸，開啟了海峽兩岸圖書館界交流與合作的新紀元，從此，王振鵠教授開始在大陸發表系列論文。20世紀90年代以來，大陸圖書館學界開始研究王振鵠教授的事業貢獻與學術思想，一致公認王

---

[47] 王振鵠，〈現代圖書館的概念與認知〉，4。
[48] 王振鵠，〈現代圖書館的概念與認知〉，4。

振鵠教授是臺灣卓越的圖書館事業領導者和最有影響力的圖書館學專家之一。王振鵠教授圖書館學術思想在大陸的傳播生動地反映了海峽兩岸圖書館學術交流與傳播的歷史。[49]

先生的論著不僅在大陸廣為傳布；此外，還有一個對大陸圖書館更重要的影響，就是《圖書館法》的擬訂及頒布。大陸於 2017 年 11 月 4 日通過《中華人民共和國公共圖書館法》，凡 6 章 55 條。根據文獻所知，大陸在擬訂《公共圖書館法》之初，係受了臺灣頒行《圖書館法》的影響，[50] 甚至是刺激；不但如此，就其內容大要來看，和國內在過程之中一度所擬訂草案，若干相似。由此可知，臺灣所擬訂的圖書館法受到大陸相當的重視與肯定，而先生以及其他先進在此一立法過程中可耗費的心力功不唐捐。

「專業組織的參與」、「圖書館合作的理念和推動」以及「兩岸圖書館交流」這三部分，在先生對臺灣圖書館的影響中，不是那麼的耀眼，至少比起先生在圖書館學的研究、教育以及

---

[49] 程煥文、肖鵬，〈王振鵠教授圖書館學術思想在大陸的傳播及其影響〉，《國家圖書館館刊》，103 年 2 期（2014.12）：173。

[50] 2017 年 12 月 2 日以主題「臺灣」並且包含「圖書館法」檢索《中國期刊全文數據庫》，大陸自 1993 至 2017 年 12 月以來，所發表的文獻共有 68 筆，如：王大忠，〈日本與臺灣地區圖書館法之比較對我國大陸圖書館立法的啟示〉，《圖書情報工作》，2013 年；黃燕妮〈我國臺灣圖書館法及其影響〉，《圖書館理論與實踐》，2008 年 5 期；王魏紅，〈臺灣地區圖書館立法評析〉，《政法學刊》，2005 年 4 期；王振鳴、康軍，〈「徒法不足以自行」端賴自我惕勵做好後續工作：王振鵠先生近作《圖書館法與事業的發展》評介〉，《圖書情報工作》2003 年 1 期；孫利平、盧海燕，〈臺灣地區《圖書館法》立法回眸〉，《大學圖書館學報》2001 年 6 期。取自《中國期刊全文數據庫》，http://big5.oversea.cnki.net/kns55/brief/result.aspx?dbPrefix=CJFD

行政管理等方面的成就,並不為大家所熟知,但是我們依然可以看到先生「不以事小而不為」的處世原則,而先生在這些一時未必醒目,但長久顯出效益的公共事務上,仍然表現出敬業與樂群的態度和行事,先生之所以受人尊崇的原因即在於此。

第八章　當代師友關係及情誼[*]

　　……溫文爾雅、謙沖為懷,更令人易與接近。……處事冷靜而堅定、發言審慎而坦率,分析問題,簡明切要,實其學養深邃所致。[1]

　　敦厚的外表、溫和的態度、平實的作風、禮讓的胸襟、陳述問題的簡明、分析事理的能力,……是一位真正的謙謙君子。[2]

第一節　前言

　　前人常以「師友風義」來描述師友間互動的感情與道義,「師友風義」語出「平生風義兼師友」,風義指的是「風範儀型」。

　　盧荷生教授曾描寫先生的貢獻「從理論而實務、從傳統而現代、從都市而鄉鎮、從臺灣而國際、從專家而通才、從教育而文化,帶領著大家前進,極其廣闊,何等深厚!」[3]先生的影響既深厚,與各界的往來互動自必廣泛。

---

[*] 本文根據下文改寫:顧力仁,〈師友風義:王振鵠教授與當代人物〉,《傳記文學》,110卷2期(2017.2):39-56。

[1] 嚴文郁,〈序〉,收入王振鵠,《圖書館學論叢》(臺北:臺灣學生書局,1984),VII。

[2] 胡述兆,〈記國立中央圖書館的四位館長〉,《國家圖書館館刊》,92卷1期(2003.4):2-3。

[3] 盧荷生,〈王振鵠館長與臺灣圖書館事業——恭賀振鵠先生八十嵩壽〉,《國家圖書館館刊》,93年1期(2004.6):1。

從先生和師友之間的互動可以看到前輩們的風範儀型，也可以瞭解他們彼此間志同道合的道義和感情，而這些也正是促使臺灣圖書館進步的動力來源。

以下依照先生與諸師友之間的關係，分為師長先進、國內同道、海外同道、大陸同道等部分，分別舉其重要者列述於後。

第二節　師長先進

蔣復璁（1898-1990）（圖 8-1）

蔣復璁，字慰堂，藏書世家，留德攻讀圖書館學，曾任職北京圖書館。籌備並創設國立中央圖書館，抗戰間安排蒐購淪陷區舊籍，戰後又疏運善本圖書來臺，任職中央圖書館館長長達 33 年，其後轉任故宮博物院院長，又任中央研究院院士，為近代圖書館的重要人物。

根據先生回憶，1955 年，先生接任臺灣省立師範大學圖書館主任。當時蔣先生為中央圖書館館長兼省立臺北圖書館館長，在館前路省立博物館內辦公，先生前去拜訪。蔣先生穿著藍布長衫、兩眼在眼鏡後目光炯炯，身體矍鑠。此後由於圖書館學會的成立，時有機會磋商，尤其師範大學成立社會教育學系，聘請蔣先生教授目錄學，彼此同在一系，更是互動頻繁。

1953 年，臺灣省立師範學院興建圖書館，延請蔣先生擔任顧問，負責規劃，並撰有〈臺灣省立師範學院圖書館建築計畫說明〉。先生接任圖書館時，此館舍已完成第一期工程，其後三年，繼續擴建，終至全部完成。

第八章　當代師友關係及情誼

圖 8-1　師範學院社會教育系 1965 年師生出遊，前排左起蔣復璁先生、先生、王省吾先生

　　1977 年，先生接任中央圖書館館長，謁訪蔣先生，蔣先生以興建中央圖書館新館相期。1986 年新館落成啟用，蔣先生倍感欣慰，表示「天從人願，國立中央圖書館憑空出現，……在中國圖書館史上實為一破天荒之事實，……此為政府大力推行文化建設之一明證，……亦是王振鵠先生多年來辛勤擘劃之成果。」1987 年，由於蔣先生舉薦，教廷以先生在文化社會上的貢獻頒贈聖思維爵士，以茲表彰。

　　蔣先生辭卸故宮博物院院長後，持續關注古籍整理，倡議續修四庫全書，建議教育部李煥部長推動「四庫全書續修計畫」，交中央圖書館由先生簽報。之後議改為「古籍整編計畫」，並編出若干實用的古籍工具書籍。

蔣先生晚歲時,終日昏睡,先生將上海圖書館顧廷龍館長贈送的上海圖書館善本目錄帶去探訪蔣先生,蔣先生精神為之一振,在病榻上仍殷殷期盼兩岸圖書館不分主從,真誠合作。

　　蔣先生個性清廉耿介,性子急,做事務求速效。自故宮退休後,常來中央圖書館訪先生,面囑各事。當時新館啟用,業務繁重,國內外訪客絡繹不絕,每逢蔣先生到館,先生必親自候迎照拂,執禮甚敬。[4]

　　不僅蔣先生如此,對於其他圖書館先進如嚴文郁先生、旅美袁同禮先生,先生也都禮敬有加。[5]

費士卓（William A. Fitz Gerald, 1906–1989）（圖 8-2）

　　費士卓,哲學博士及哥倫比亞大學圖書館學學士,曾任美國畢保德師範學院（George Peabody College for Teachers）圖書館學院教授兼院長。1956 年,來臺擔任美國安全分署教育組顧問,負責指導圖書館業務。費氏謙和儒雅,專業造詣高、積極熱心。在華期間爭取經費補助購書、興建圖書館館舍;又與中國圖書館學會合作,舉辦實務工作講習,訓練專業人員;更推薦人選赴美研究圖書館學,有助於臺灣早期圖書館基礎的奠定。

---

[4] 先生所撰蔣復璁、嚴文郁及袁同禮等先生文章包括:王振鵠,〈蔣慰堂先生對圖書館事業的貢獻〉,收入中國圖書館學會編,《蔣復璁先生百歲誕辰紀念文集》(臺北市:中國圖書館學會,1998),34-37;王振鵠,〈蔣復璁先生傳略〉,《教育愛:臺灣教育人物誌 III》,(臺北市:國立教育資料館,2008),31-41;王振鵠,〈師友追憶:圖書館先進蔣復璁先生〉,《傳記文學》,106 卷 5 期(2015.5):80-85。

[5] 王振鵠,〈祝賀嚴紹誠教授百齡上壽〉,《中國圖書館學會會報》,73 期(2004.12):1-2;王振鵠、嚴文郁、唐德剛等,〈袁同禮先生百年冥誕紀念專輯〉,《中國圖書館學會會訊》,3 卷 4 期(2005.12):1;王振鵠,〈袁同禮傳〉,收入國史館編,《國史擬傳》第九輯,(臺北市:國史館,2000),107-120。

第八章　當代師友關係及情誼

圖 8-2　歡宴費士卓教授夫婦於 1984 年 5 月返臺訪問

　　費博士在臺期間，先生任臺灣省立師範大學圖書館館長、在辦公室內為費博士置有桌椅，以備隨時來館討論。當時圖書館所需西文圖書，尤其是參考用書，多賴費氏補助經費。在費博士的協助下，先生為圖書館開闢參考書專室，廣收中、西文參考工具書，並且指派專人服務，這在當時的圖書館是很先進的作法。先生曾陪費博士到中央圖書館拜訪蔣復璁館長，看到蔣先生住在館後宿舍的狹隘簡樸，且為館舍改建籌款困難而焦慮臥病，費氏即爭取美援資助。[6]

　　1958 年，費博士推薦先生與賴永祥先生同赴美國，在費博士主持的畢保德圖書館學院研究圖書館，並在費氏支持下，從

---

[6] 王振鵠，〈師友追憶：圖書館先進蔣復璁先生〉，81。

209

專業訪問改為攻讀學位。之後先生在一年內,密集修習課程,並利用三個月走訪全美百餘所圖書館抵免部分學分,取得學位。在美期間,先生因顏面三叉神經住院動手術,得到學校醫院、費博士夫婦以及神父們的仔細照顧,而康復出院。

費博士以其精湛的專業能力及堅定的信仰為臺灣圖書館爭取資源、規劃前景並培養人才,是促使臺灣圖書館步入坦途的重要外籍友人。在他的協助下,拔取許多優秀的人才,包括先生在內,對日後臺灣圖書館的振興作出貢獻。[7]

劉真(1913–2012)(圖 8-3)

劉真,字白如,教育家,1949–1957 年任臺灣省立師範學院(任內改制為臺灣省立師範大學)校長,任內爭取校地,延聘師資,興建圖書館,後轉任省政府教育廳長。

先生曾經寫過〈興建圖書館充實教學資源〉,歷數劉真校長對師範大學圖書館的貢獻,臺灣師範大學的前身為臺灣總督府高等學校,光復時圖書館只有閱覽室兩間及書庫一間,藏書有限且多為日文,難以配合教學,劉校長於 1949 年接任後,擴充校地,爭取經費,興建校舍。1952 年新建圖書館館啟用,樓高二層、書庫五層,依大學圖書館所需,分別採訪、編目、典藏、閱覽等作業空間,為當時少見的新式圖書館建築。此外,又充實圖書館資料、撥補專款、增購經典要籍,且陸續購入若

---

[7] 有關費士卓與臺灣圖書館的關係見:王振鵠,〈「兒童讀物研究」序——感念推展我國圖書館事業的費士卓博士〉,《傳記文學》,43 卷 6 期(1983.12):112;劉春銀,〈費士卓(1906-1989)〉,收入陳冠至、黃元鶴主編,《圖書館人物誌》(臺北市:五南,2014),370-375。

圖 8-3　與劉真校長、藍乾章、孫邦正教授於 1992 年 7 月合影

干古籍,並接受其他機構撥交古籍。1968 年編有善本書目,收錄歷代刊本、鈔本、批校本和稿本 300 餘冊。[8]

　　劉校長重視大學圖書館的功能,任內推動各項措施,充實並強化圖書館,在當時的大學來說,殊屬少見。日後每逢春節,先生與張春興教授必到福州街劉校長職舍訪謁。劉校長享壽百歲,晚年時,雖斜躺在牀,仍閱讀書籍不輟,看幾頁,放下休息,再繼續看,劉校長對臺灣光復後教育貢獻至深。

孫邦正（1913–2007）（圖 8-3）

　　教育學家,中央大學教育學學士,美國哥倫比亞大學教育學碩士。任臺灣省立師範大學教授、社會教育學系系主任、教

---

[8] 王振鵠,〈興建圖書館充實教學資源〉,收入財團法人劉真先生學術基金會編,《劉真先生百齡華誕文集》(臺北市:劉真先生學術基金會,2010),227-230。

育學院院長，中國教育學會理事長等職。著有教育學專書60餘種，論文400多篇。

孫先生被譽為「淡泊寧靜的教育家」，《臺灣教育人物誌》內提及孫先生對臺灣空中教育的規劃、中小學教科書的審定著有貢獻，臺灣第一本彩色國語教科書是孫先生與趙友培、林海音所策劃。孫先生講學條理清晰，所著《教學法》對於念教育學的，沒有一個沒看過。[9]

1955年，孫先生在當時的臺灣省立師範大學創辦了全國第一個社會教育學系並擔任系主任，直到1972年，由先生接任。先生在〈悼念友豪先生〉（孫先生字友豪）一文追憶說：「師大社會教育學系成立於1955年，成立之初，田培林院長暫代行政，有關系務尚無定制，專業課程有待規劃。友豪先生自美回臺後於1956年接長系務，感於社會教育範圍廣泛，而社會工作、新聞及圖書館人員缺乏，尤為社會所急需，乃分三組培育專才，並延攬名師設計課程，推動分組教學。當時聘請的老師，社工組有：謝徵孚、俞慈民、郝繼隆、王克、趙聚鈺、查良鑑先生等；新聞組有：陳訓畬、王洪鈞、歐陽醇、于衡、沈宗琳先生等；圖書館學組有：蔣復璁、楊家駱、王省吾、藍乾章、昌彼得先等，均屬學界業界碩彥。諸位老師不僅傳道授業，同時並配合教學，多方安排實習及就業機會，使學生得以依其所願發揮所長。」[10]

---

[9] 國立教育資料館製作,中視資訊科技股份有限公司承製,《臺灣教育人物誌》〔錄影資料〕(臺北市：國立教育資料館,2006)。

[10] 王振鵠,〈悼念友豪先生〉,收入楊國賜主編,《永不褪色的微笑:懷念孫邦正教授》(臺北市：國立教育資料館,2009),44。

先生於 1949 年任職臺灣省立師範學院圖書館，後擔任圖書館主任，即與孫先生相識。1960 年任教社會教育學系後，更與孫先生往來頻繁。由於社會教育學系分組教學，孫先生將圖書館組全權委交先生負責。社會教育學系隸屬在教育學院內，1972 年，孫先生任教育學院院長，先生繼任社會教育學系主任，關係依然密切。1983 年，孫先生自社會教育學系榮退，兩人前後攜手數十年，作育英才無數，共同為臺灣的圖書館教育乃至於社會教育奠定了堅實的基礎。

　　孫先生後移居美國，2006 年，先生接到孫先生來信，對於師大社會教育學系更名改制非常關切，當時孫先生已經 94 歲，仍然關心他所手創社教系的前途，先生推崇孫先生「神清氣和，胸懷灑落，才德表率群倫，實為一代宗師。」[11]

錢存訓（1910–2015）（圖 8-4）

　　錢存訓，金陵大學歷史系、輔修圖書館學，芝加哥大學圖書館學博士。曾任職北平圖書館上海辦事處，抗戰時期保管平館南運善本古籍，並將三萬冊古籍裝箱移藏美國國會圖書館。後赴美在芝加哥大學遠東圖書館服務，並獲圖書館學博士，任芝加哥大學遠東圖書館館長、遠東語言文化系及圖書館研究所

---

[11] 見王振鵠，〈悼念友豪先生〉，45。又，社會教育學系創系即分為新聞、圖書館（圖書資訊），以及社會事業（社會工作）三組教學。之後，為了因應時代變遷與學術分化，原新聞組、圖書資訊學組、社會工作組等三組，分別於 1997 年成立「大眾傳播研究所」、2002 年成立「圖書資訊學研究所」、2005 年成立「社會工作學研究所」，社會教育學系乃進行系所整合作業，並研擬計畫書，呈報教育部核定，自 96 學年度（2007）起大學部學士班不再分組招生教學，而往終身學習及社會文化方面發展。

圖 8-4　出席 1985 年 11 月美國加州大學「全美中國研究協會年會」，與錢存訓、李志鍾、鄭炯文諸先生合影

教授。錢氏在著述、教學以及漢學資料的整理致力頗深，所著《書於竹帛》及《紙和印刷》，舉世聞名。

　　1959 年，先生赴美研修圖書館學，曾到芝加哥大學訪問總館、遠東圖書館及圖書館學研究所等處，由錢先生導引參觀、介紹館藏。

　　先生任中央圖書館館長後，繼續推動館藏善本書微捲攝製計畫，以傳布文化資源，美國東亞圖書館多進行交換或價購。1982 年，中國圖書館學會在中央圖書館舉行「古籍鑑定與維護研討會」，錢先生應邀講授「歐美地區中國古籍存藏現況」及「中國歷代活字本」，並建議調查、複製海外古籍以及編製古籍聯合目錄，與當時中央圖書館兼辦的「漢學研究資料及服務中心」所進行的工作不謀而合。又 1982 年，先生交漢學研究資

料及服務中心編印《海外漢學資源調查錄》，收入錢先生所撰〈美國圖書館建立東亞研究館藏之發展趨勢〉，是瞭解美國所收海外中國文獻的重要文章。[12]

2005 年，錢先生九五榮慶，先生曾撰文誌賀。[13]

朱滙森（1911-2006）（圖 8-5）

朱滙森，中央大學師範學院教育系、美密西根州立西部大學碩士，曾任省立臺中師範專科學校校長、教育部社會教育司司長、次長、政務次長及部長，國史館館長等多職，為著名教育家。

先生於 1977 年由教育部蔣彥士部長延攬至中央圖書館服務，至 1989 年在館退休，前後計 12 年。1978 年朱滙森先生接任教育部長，至 1984 年轉任國史館長，先生在朱部長任內有 7 年。朱部長是先生任內最久的一位部長，也是支持先生落實館務最有力的一位部長。1978 年，政府核定中央圖書館遷建，舉凡建築基地地上住戶的拆遷、建地面積的增撥、遷建委員會的成立、建築工程的招標、管理人力的增加、建築師的徵選，以及建築預算的審查……，都是在朱部長任內進行。

1982 年 10 月，朱部長在主持新館的開工典禮上致詞說，此一工程是國家非常重要的一項文化建設，幸賴王館長的堅持努力，有原則有方法、又認真負責，才能順利開工。[14] 先生對

---

[12] 錢存訓著、薛吉雄譯，〈美國圖書館建立東亞研究館藏之發展趨勢〉，《海外漢學資源調查錄》（臺北市：漢學研究資料暨服務中心，1982），211-225。

[13] 王振鵠，〈錢存訓先生九五榮慶誌賀〉，《中華民國圖書館學會會報》，74 期（2005.6）：1-2。

[14] 王振鵠，《書緣：圖書館生涯五十年》增訂本，140。

圖 8-5　中央圖書館新館 1982 年 10 月 12 日動土典禮,向教育部長朱滙森（左）介紹建築模型

新館遷建工程最感欣慰的就是來自於教育部的支持,特別是朱部長的完全信任與交付,先生曾經舉出一個實例說明教育部的支持,當時所撥用的建地景深不夠,需要增加面積,經先生向教育部反映後,朱部長出面邀請臺北市政府、經建會、行政院主計處等機關首長餐聚商研,順利增加了 700 坪土地,比原有建地增加了四分之一,也使得日後的館舍更顯宏偉。[15]

李國鼎（1910–2011）（圖 8-6）

李國鼎,劍橋大學物理碩士,曾任經濟部長、財政部長、政務委員及資政,創設資訊工業策進會、科學園區,係臺灣經

---

[15] 王振鵠,《書緣:圖書館生涯五十年》增訂本,114。

圖 8-6　中央圖書館附設資訊圖書館於 1988 年 9 月 16 日本開館啟用，李國鼎政務委員及教育部、資策會主管參觀圖書館自動化系統

濟現代化以及資訊發展的重要影響者。此外，他對臺灣的圖書資訊發展諸多提攜。

　　1982 年，先生時任中央圖書館館長，李先生為政務委員，參與經建會審查中央圖書館的遷建預算，會議中有若干不同意見，認為將舊有館舍略加修葺即可，不必斥資興建新廈，李先生則強調政府實有必要花十億元遷建國家圖書館，預算終獲通過。[16] 當時李先生也負責中美教育文化基金會，支持中文資訊

---

[16] 根據先生在《書緣：圖書館生涯五十年》所記李國鼎先生在會議中說：「政府花十億元來遷建一所國家圖書館，實在是有其必要，臺北市一條建國南北路花了多少錢，難道國家圖書館還不如一條馬路？政府既然提倡文化建設，不但要給國家圖書館建築經費，將來還要給它購置資料、擴充電腦、增加設備的經費，使它真正發揮國家圖書館的功能。」見王振鵠，《書緣：圖書館生涯五十年》增訂本，130

交換碼的推動工作,並撥款協助成立「國字整理小組」,由謝清俊教授等專家負責,向國際推廣,同時與圖書館自動化相結合,作為中文圖書書目儲存在電腦中的內碼。李先生在資訊方面的高瞻遠矚,直接提升了臺灣資訊工業的建立,也間接促進了臺灣圖書館的進步與發展。

先生在中央圖書館任內與李先生還有另一次重要的接觸,就是李先生倡議興建資訊大樓,邀請中央圖書館參與興建,並成立「資訊圖書館」。1984 年,資訊圖書館啟用,李先生在啟用典禮時說:「進入開發的國家不是靠發財,而是靠知識與努力。才能更進步,資訊圖書館的成立有新的意義。」[17]

楊日然(1933–1994)(圖 8-7)

楊日然,臺灣大學法律系、日本東京大學法律博士,曾任教臺灣大學、中興大學及東吳大學,1972–1981 年兼任臺灣大學圖書館館長,後出任臺灣省政府委員、大法官,為著名法學家。

早在 1966 年,圖書館界即倡議制定《圖書館法》,以謀專業的永續發展。1975 年,先生擔任中國圖書館學會法規委員會的召集人,擬訂圖書館法草案,共計 29 條。

《圖書館法》的草擬歷經多次修訂,於 1987 年陳報教育部,直到 2001 年正式公布。從草案的擬訂至陳報教育部,再到正式公布,前後歷時近 30 年,是一項耗時既久、又集合眾人參與的辛苦工程,先生始終其事。《圖書館法》是我國第一部綜合

---

[17] 顧力仁,〈合作啟新頁・資訊謀共享:資訊圖書館啟用綜合報導〉,《國立中央圖書館館訊》,10 卷 4 期(1988.11):1。

圖 8-7　楊日然教授攝於臺灣大學舊總圖書館門首
出處：國立臺灣大學圖書館〈楊日然教授特展 (2013.12.4-12.31)〉(http://www.lib.ntu.edu.tw/events/2013_yangzuzan/ntulib.html) (2016.8.26 檢索)。(來源：國立臺灣大學圖書館)

性的圖書館基本法，它涵括了多方面功能，包括圖書館的組織、管理、服務、評鑑等，以法律來保障圖書館的長遠發展。當政府解嚴後，廢止《出版法》，《圖書館法》即適時作為出版品呈繳的依據。

　　根據先生的回憶，楊日然先生以其精湛的法學素養，對《圖書館法》提供了許多指導意見，不僅是他在臺大圖書館館長任內如此，當卸任館長之後，楊先生仍然繼續出席相關會議，掬誠竭力，貢獻所知，是促使《圖書館法》通過的重要參與者。

第三節　國內同道

藍乾章（1915-1991）（圖 8-3）

藍乾章，文華圖書館專科學校畢業，之後又赴美哥倫比亞大學圖書館研究所進修。來臺後曾任臺灣大學圖書館採編組主任、中央研究院歷史語言研究所傅斯年圖書館主任，並任教於師範大學社會教育學系圖書館組，後出任輔仁大學圖書館學系教授兼系主任及圖書館館長，著有《圖書館經營法》。

先生與藍乾章先生同在師大社教系圖書館組任教，藍先生任教輔大由先生居間介紹，其後先生又受聘至輔大圖書館學系兼課多年，彼此時相往來，無論在圖書館學會的推動、各類圖書館研習會（研究班）的授課、編目規則的修訂、圖書館標準之擬訂以及圖書館（及圖書館科系）之評鑑，都曾共同參與。其中尤其是編目規則的修訂，藍先生長於中、西文圖書編目，對編目理論及實務皆所熟悉。

1980 年，先生在中央圖書館任內，與中國圖書館學會合作推動「圖書館自動化作業計畫」，中國編目規則的訂定是其中重要的一項工作，先生延請藍先生擔任該項工作的主持人，並於 1983 年完成《中國編目規則》，既符合國際標準及國內需求，也能作為圖書資料自動化作業之所本，先生曾在《中國編目規則》的序文中特別表彰藍先生主持之辛勞。[18]

---

[18] 王振鵠，〈序言〉，收入圖書館自動化作業規劃委員會中國編目規則研訂小組編訂，《中國編目規則》（臺北市：國立中央圖書館，1983），i-ii。

胡述兆（1928- ）（圖 8-8）

胡述兆，臺灣大學法律系、政治大學政治研究所，赴美陸續取得佛羅里達大學圖書館博士等五個學位，並在美任教多年。1988 年返臺應聘臺灣大學圖書館系、所教授，續任系、所主任，籌設臺灣第一個圖書館學博士班。又曾任中央研究院美國文化研究所研究員、中國圖書館學會及中華圖書資訊教育學會理事長，目前是臺灣大學名譽教授，胡先生長期關注圖書館學教育，著作兼跨若干領域，主編《圖書館學與資訊科學大辭典》、《中國地方志總目提要》。

胡先生曾記述與先生數十年公、私誼互動的經過，包括共同參與若干影響臺灣圖書館發展的重要工作，諸如圖書館系（科）評鑑，師範學院圖書館評鑑，圖書館事業發展委員會，文化建設委員會語言圖書委員會委員，文化中心輔導及訪視委

圖 8-8　1998 年 8 月參觀北京大學圖書館新廈，右起胡述兆、莊守經、先生、林被甸、盧荷生、范豪英

員,檔案法研訂工作,縣市文化中心績效評估計畫,圖書館高、普考典試及兩岸中國圖書館學會……,此外,並多次連袂出國參加國際及兩岸圖書資訊交流活動。胡先生稱先生具有「敦厚的外表,溫和的態度,平實的作風,禮讓的胸襟,陳述問題的簡明,分析事理的能力,……是一位真正的謙謙君子。」[19]

先生曾於1989年邀請胡先生至中央圖書館以「淺談國家圖書館的功能」為題發表專題演講,在先生的心目中,胡先生兼具傳統文化與學術專業,而且處事惟公,領導力強,是接續他繼續擔任館長的最佳人選。之後雖未如此,但胡先生與先生仍然在各方面「攜手合作,共同打拚」[20],為臺灣圖書館貢獻良深。

2017年,胡先生九秩榮慶,先生除前往致賀,並撰寫〈訂交三十年,公私兩相合:賀胡述兆教授九秩榮慶〉,[21] 歷數兩人數十年來的公私交誼,令人羨豔。

盧荷生(1931–2011)(圖8-8)

盧荷生,臺灣大學歷史學系、師範大學國文研究所,曾任職中央圖書館、臺北第一女子中學圖書館,任教世界新聞專科學校圖書資料科、輔仁大學圖書館學系,著有《中學圖書館的理論與實際》、《圖書館行政》等書。

先生與盧先生早於1961年即在圖書館學會一同參與暑期研習班,此後訂交50年。先生曾力薦盧先生擔任中央圖書館臺

---

[19] 胡述兆,〈記國立中央圖書館的四位館長〉,2-3。
[20] 胡述兆,〈記國立中央圖書館的四位館長〉,6。
[21] 王振鵠,〈訂交三十年,公私兩相合:賀胡述兆教授九秩榮慶〉,收入《桃李不言錄:胡述兆教授九秩榮慶》(2017,未出版)。

灣分館館長,雖然未果,但可見先生甚重視盧先生在專業以及管理上的長才。之後教育部成立圖書館事業研究委員會,先生與盧先生皆受聘為委員,共同為臺灣圖書館的發展及普及付出心力。

2004年,先生八秩嵩壽,盧先生撰文履述先生對圖書館的貢獻,並將其過程條列為幾個方向,包括「從理論而實務、從傳統而現代、從都市而鄉鎮、從臺灣而國際、從專家而通才、從教育而文化。」[22]不但完整地呈現出先生在提升臺灣圖書館的關鍵角色,也可藉知盧先生對先生在圖書館理念實踐上的瞭解與推崇。

先生對盧先生所具有的人文素養和專業理論及實務也頗為稱許,尤其推重盧先生積極參與奉獻的精神;而令先生印象最深刻的,即為盧先生對圖書館問題的洞澈觀察和處事發言的不偏不倚,言必有中。[23]

謝清俊、楊鍵樵、張仲陶、黃克東(圖8-9)

謝清俊,美國麻省理工學院碩士,曾任中央研究院資訊科學研究所研究員兼主任,銘傳大學講座教授,長於中文資訊處理及中文圖書館自動化,推動「中文資訊交換碼」、「史籍自動化計畫」以及「數位典藏國家型科技計畫」,對文化資訊着有貢獻。

---

[22] 盧荷生,〈王振鵠館長與臺灣圖書館事業——恭賀振鵠先生八十嵩壽〉,1-7。
[23] 王振鵠,〈自今以始樂餘年——賀盧荷生教授榮休暨七十大慶〉,收入盧荷生教授七秩榮慶論文集編委會編,《盧荷生教授七秩榮慶論文集》(臺北市:文史哲,2001),3-5。

圖 8-9　先生於 1982 年 10 月率團參加美國 Ohio 哥倫布市舉行的美國資訊學會（ASIS）年會，左起 Ohio 大學圖書館館長李華偉、張鼎鍾、楊鍵樵、謝清俊諸教授及先生

　　楊鍵樵，美國西北大學博士，臺灣科技大學名譽教授，首創中文注音鍵盤排列法。

　　張仲陶，曾任教臺灣大學、交通大學，並任中央研究院電子計算機中心副主任，主持「國字整理小組」多年。

　　黃克東，銘傳大學教授，曾任美國資訊科學暨科技學會臺北分會會長，「三角輸入法」發明人之一。

　　四位先生都是資訊專家，也是「國字整理小組」的重要成員。1979 年，臺灣正開始進行中文字碼的編訂，當時國際間有意以日本「漢字」取代中文來處理中文圖書資料自動化，此舉影響甚大。謝清俊等四位先生在政府的支持下，多方連繫，籌組「國字整理小組」，進行「中文資訊交換碼」的編訂。

　　當時，先生擔任中央圖書館館長，推動圖書館自動化，以

電腦處理中文書目資料亟需標準化的中文交換內碼,而「中文資訊交換碼」最為理想。因此先生與四位先生密切連繫,共同推廣「中文資訊交換碼」及「中文圖書資料自動化」,之後先生從中央圖書館退休,仍以文化建設委員會語文圖書委員會召集人的身分,持續關注「中文資訊交換碼」的發展。

自1981年至1991年間,以四位先生為主的「國字整理小組」與臺灣圖書館密切合作,代表資訊及圖書館界出席相關國內外會議,獲得國際間的重視,也讓臺灣圖書館的自動化被肯定,先生曾撰寫〈「中文資訊交換碼」的誕生:兼憶資訊專家謝清俊、楊鍵樵、張仲陶、黃克東諸先生〉一文誌其經過。[24]

第四節　海外同道

王省吾（1919-2004）（圖 8-1）

王省吾,浙江大學史地系。抗戰時於重慶任職中央圖書館,親自撤運中央圖書館善本書來臺。1953年於臺北參與發起成立中國圖書館學會,長期連任學會理事。1955年,接替蔣復璁先生任臺灣省立臺北圖書館館長,該館為當時臺灣最具規模的公共圖書館,任內遷建新館,並於1963年部分完工。王先生於1959年赴美考察公共圖書館,1964年應聘任職澳洲國立大學圖書館東方部,後獲該校歷史碩士,著有《圖書分類法導論》等書。

---

[24] 王振鵠,〈「中文資訊交換碼」的誕生——兼憶資訊專家謝清俊、楊鍵樵、張仲陶、黃克東諸先生〉,《傳記文學》,107卷3期(2015.9):28-33。

1957年，臺灣省立師範大學社會教育學系圖書館組聘王先生教授「圖書分類學」及「參考與服務」。先生於1960年任教社會教育學系圖書館組，彼此互動密切，於教學、研究、圖書館業務，以及學會運作推展，時相往來。之後，王先生移居澳洲，服務澳洲大學圖書館東方部長達20年，多方蒐購重要典籍，如太平天國印書等，建立館藏特色。王先生在澳期間，長期擔任澳洲東方圖書館協會主席，與臺灣圖書館保持密切的連繫合作。1982年，先生任中央圖書館館長，漢學研究資料及服務中心編《海外漢學資源調查錄》，收錄王先生所撰〈澳洲圖書館的東亞語文圖書〉。[25]

　　王先生在早期海峽兩岸圖書館界的交流曾經扮演重要的角色，根據先生的追憶，兩岸圖書館界在1988年即開始非正式的接觸，當年在澳洲坎培拉舉行第54屆國際圖書館聯盟會議（IFLA），王先生與當時任職澳洲國家圖書館的陳炎生先生策劃協調各方，趁IFLA大會之便，同時舉行「中文圖書館事業之國際展望研討會」，邀請兩岸圖書館界代表及海外同道就圖書館自動化問題進行研討，在會議中，兩岸雙方就資訊交換碼、機讀編目格式以及圖書著錄規劃等進行討論。[26] 會議期間，代表大陸出席的前文化部圖書館司司長杜克生生曾特別拜訪先生，為日後先生於1990年率領臺灣的「大陸圖書館訪問團」奠定了良好的基礎。

---

[25] 王省吾撰，薛吉雄譯，〈澳洲圖書館的東亞語文圖書〉，收入汪雁秋編，《海外漢學資源調查錄》（臺北市：漢學研究資料暨服務中心，1982），1-8。

[26] 王振鵠，〈海峽兩岸圖書館界交流之回顧與展望——華文書目資料庫合作發展研討會專題演講〉，《國家圖書館館訊》，88年4期（1999.11）：1。

李志鍾（1927– ）（圖 8-4）

李志鍾，東吳大學法律系，美國南衛理公會大學、哈佛大學、哥倫比亞大學等校碩士，紐約社會研究新學院博士。任教美國及臺灣多所大學，並於 1970–1972 年擔任中央圖書館館長，又曾任美羅莎里大學圖書館學研究院院長，為著名之法學及圖書館學專家。

先生曾稱述李先生在中央圖書館館長任內多項政績，說：「李先生為留美學人，對圖書館學之理論及實務均具研究，且其觀念新穎，有作有為，在職兩年對館務建樹良多，諸如成立日韓文室、法律室，推行印刷目片，設國家聯合目錄，舉辦圖書館會議，設立圖書館學研究班等頗多新猷。」[27]

李先生曾於 1973 年成立華美圖書館協會（Chinese-American Librarian Association），並曾任會長，該學會對在美華籍圖書館員的專業發展頗具影響。1975 年先生任師範大學社會教育學系主任時，正是李先生擔任華美圖書館協會會長，彼此互相討論中、美圖書館的合作發展，並商擬由國內、外圖書館界合作編印一份學術刊物，即《圖書館學與資訊科學》，其刊旨一方面是研究及介紹圖書館學和資訊科學的新知識，另一方面則藉此作為國內外圖書館界的溝通橋樑，讓國外服務的同道了解國內圖書資訊事業的發展，並有助於國內同道獲取圖書資訊新知技術，以謀國內圖書館的進步。[28]

---

[27] 王振鵠，〈無限的感念：中央圖書館成立六十年感言〉，《國立中央圖書館館訊》，15 卷 2 期（1993.4）：10。

[28] 王振鵠述，劉馨雲記錄，〈《圖書館學與資訊科學》三十年回顧〉，《圖書館學與資訊科學》，30 卷 2 期（2004.10）：5-8。

《圖書館學與資訊科學》在先生的創編及主持下，規劃多個專欄，建立審稿制度，再加上李先生在美國的推動及邀稿，成為當時臺灣及華美圖書館重要的圖書資訊刊物，持續發揮圖書館學的專業交流與影響。

萬惟英（1932–2016）（圖 8-10）

萬惟英，師範學院國文學系，公費留考赴美獲明尼蘇達大學圖書館碩士，曾任中央圖書館採訪組主任，並任教臺灣大學圖書館學系，兼任教於師範學院社會教育學系。之後受聘赴美，先後在密西根大學、耶魯大學等校東亞圖書館服務，致力提升密西根大學東亞館的發展。

萬先生與先生有多方面的交集，包括都成長於天津、皆具有精湛的中國語文背景、先後赴美攻讀圖書館學、返國後都在當時重要的圖書館擔任要職、共同在師範學院社會教育學系及臺灣大學圖書館學系任教，也都共同參與圖書館學會並擔任理

圖 8-10 萬惟英教授舊照
出處：〈Obituary: Wei-ying Wan｜萬惟英〉，(http://obits.mlive.com/obituaries/annarbor/obituary.aspx?pid=178016508) (2016.8.26 檢索)

事及委員會的負責人,這多方面的交集堅固了彼此之間的公誼和私交。

1969年,萬先生由耶魯轉任密西根大學東亞圖書館,曾發電報力邀先生到耶魯大學東亞圖書館任職。耶魯大學東亞圖書館在美國頗負盛名,館藏包括若干罕見的太平天國史料,藏書排名全美東亞館五名之內,曾經僅次於哈佛大學。當時先生擔任師範大學圖書館館長,同時任教多校,並積極提升臺灣圖書館的發展,乃婉謝萬先生的盛意安排。

萬先生為了充實密西根大學的東亞館藏,曾經廣泛蒐集中國古籍文獻,除了向美國會圖書館購入原北平圖書館的善本複製微縮捲片以外,也以他對於中央圖書館所藏善本古籍的瞭解,從中央圖書館的善本古籍之中精選了1,000種,並且說服中央圖書館為密大東亞館複製微縮捲片。[29] 萬先生所進行的善本書拍攝微縮資料開啟了中央圖書館日後長達十多年的善本書縮微計畫,讓該館的善本資源廣為流傳國際。

李華偉(1933-)(圖 8-11)

李華偉,臺灣師範學院教育學系,赴美獲匹茲堡大學教育研碩士、圖書館學碩士、哲學博士,曾在美國多所大學院校圖書館擔任要職,並由美國際發展總署借調,派赴泰國亞洲理工學院興建館舍、開創館務,擔任圖書館及資訊中心主任。李先生於1978年起任俄亥俄州大學圖書館館長達21年,之後延聘為美國國會圖書館亞洲部主任,於2010年退休。李先生著有

---

[29] 周原著,劉春銀編譯,〈「常願書為曉者傳」——萬惟英先生小傳〉,《中華民國圖書館學會會訊》,14卷1/2期(2006.6):24。

圖 8-11 俄亥俄大學於 1988 年 6 月 10 日頒發榮譽法學博士學位,與校長 Dr. Charles J. Ping 及圖書館長李華偉博士合影

《圖書館學的世界觀》、《李華偉文集》等多書,為美國最知名的華裔圖書館專家,獲獎無數,對圖書館國際合作著有貢獻。

李先生早於就讀臺灣師範學院時即與先生結識,相交至今有 60 年之久。李先生在〈我所認識的王振鵠教授〉一文中,除了履述兩人的互動外,並說到:「……幾乎我每次回國,都會找機會去拜望他,並且得到他親切的款待。從他待人誠懇,忠於職責,勤儉力行的風範中看到了臺灣圖書館事業的欣欣向榮。在國外的一些國際會議中,我也常為他的僕僕風塵,為國效力的精神所感動。王教授有一個極為美滿的家庭,他的夫人極為賢淑,在王教授的事業上是一位典型的賢內助。……」[30]

---

[30] 李華偉,〈我所認識的王振鵠教授〉,收入王振鵠教授七秩榮慶祝壽論文集編輯小組編,《當代圖書館事業論集:慶祝王振鵠教授七秩榮慶論文集》(臺北市:正中書局,1994),4。

有感於先生對圖書館的貢獻及交流，李先生曾參與多次外界致贈給先生的勛獎，包括美國華人圖書館協會 1987 年所頒傑出服務獎、美國俄亥俄大學 1988 年所頒名譽法學博士學位、美國華人圖書館協會 2014 年頒發傑出圖書館領導獎，其中俄亥俄大學所頒名譽博士的頌詞中稱先生，「作為中華民國圖書館界卓越的領導者及學者，您對圖書館事業的奉獻帶動了中國圖書館服務的現代化；國立中央圖書館在您擔任館長以來成為世界上最佳的國家圖書館之一，而且是研究中國文化的中心；身為國際間圖書館合作的先導，您贏得了國際圖書館界的讚揚和欽佩。」[31]

2014 年，先生九十嵩慶，李先生由美國佛羅里達州寓所搭機超過 20 個小時，飛抵臺北賀壽，代表美國華人圖書館協會頒發傑出圖書館領導獎，先生與李先生長達一甲子的君子情誼是圖書館員國際交流合作的難得佳話。

第五節　大陸同道

王振鳴（1928–2009）（圖 8-12）

王振鳴，河北大學圖書館副館長、館長，創辦該校圖書館學系，又任中國圖書館學會常務理事、天津南開大學分校副校長。曾經制定大陸《高等學校圖書館工作條例》，編著《圖書館法規文件彙編》。

---

[31] 李華偉,〈我所認識的王振鵠教授〉, 7。

圖 8-12 大陸圖書館界 1993 年 2 月來臺開會留影，左起：王振鳴、周文駿、陳譽、莊守經、彭斐章、史鑑諸教授

王振鳴係先生胞弟，先生早歲遷臺後彼此即失去音信。兩岸開放才取得連繫。1990 年 8 月，先生訪問北京，兄弟相遇。同年 9 月，先生又率臺灣圖書館界初次訪問大陸，振鳴先生從旁協助訪問行程。1992 年，先生時任圖書館學會理事長，以「如何促進海峽兩岸圖書館與資訊事業的發展」為題，邀請海內外同道舉辦筆談，分別刊於先生創編的《圖書館學與資訊科學》以及振鳴先生安排的天津圖書館學會刊物《圖書館工作與研究》，後振鳴先生曾受邀來臺出席會議。先生與振鳴先生雖分處兩地，但共同致力圖書館的發展，並攜手促進兩岸圖書館的互動，誠為佳話。

振鳴先生曾於 1989 年撰〈評王振鵠的圖書館學思想與方法〉，提到先生的治學與任事，包括「結合中西、振興漢學，

不落窠臼、見解創新,開放與綜合並舉,事業與人才並重」。[32]這是歷來第一篇對先生致力圖書館事業所作的全面性評價,深入而符實。

先生多年悉力投身並關注《圖書館法》的制定,該法於 2015 年公布實施,而大陸也在長期推動圖書館法,對此甚為注意。振鵠先生於 2003 年撰〈徒法不足以自行,端賴自我惕勵做好後續工作:王振鵠先生近作《圖書館法與事業的發展》評介〉,[33] 他舉先生對〈圖書館法〉的後續發展作為借鑑,意在闡揚「人謀」與「立法」對於專業的發展同具影響。

周文駿、彭斐章、黃宗忠、莊守經(圖 8-12)

周文駿(1928–),曾任北京大學圖書館學系教授、系主任,中國科學技術信息學會理事長,著有《文獻交流引論》等多書。

彭斐章(1930–),曾任武漢大學圖書情報學院院長,長期致力於現代書目的理論與實踐,是大陸現代目錄學的開創者,著有《書目情報需求與服務研究》、《書目情報服務的組織與管理》。

黃宗忠(1931–2011),曾任武漢大學圖書館系系主任、武漢大學圖書情報學院副院長,致力圖書館理論研究,所著《圖書館學導論》,見解獨到,具有廣泛影響。

---

[32] 邱念雄,〈評王振鵠的圖書館學思想與方法〉,《圖書館學研究》,1989 年 3 期(1989):84-90。該文著者題為「邱念雄」,與「弟念兄」同音。
[33] 王振鵠,〈「徒法不足以自行」端賴自我惕勵做好後續工作:王振鵠先生近作《圖書館法與事業的發展》評介〉,《圖書情報工作》,2003 年 1 期(2003.1):91-96。

莊守經（1931- ），北京大學圖書館學系系主任、圖書館館長，全國高等學校圖書情報工作委員會副主任，任內興建北京大學圖書館新廈。

1989 年，先生自中央圖書館館長退休，仍任教多校，之後在圖書館學會理事長任內，推動兩岸圖書館界的交流與合作，而彭斐章、周文駿、黃宗忠及莊守經等四位先生都是當時大陸圖書館極負盛譽，並且具有重要影響的學者專家。在先生所推動的「如何促進海峽兩岸圖書館與資訊事業的發展」筆談中，他們分別提出深入的看法和具體的意見，例如莊守經先生提出「運用現代技術，處理中華文化（例如漢字處理問題）。」彭斐章先生提出「雙方可就 20 世紀圖書館學教育的回顧與前瞻舉辦學術研討會，共謀解決相同問題。」周文駿先生建言「共同規範圖書館學名詞術語和探索圖書館學概念範疇體系。」這些看法日後陸續分別落實。[34]

1990 年，先生率領臺灣圖書館界訪問大陸，在北京與武漢分別與四位先生會晤並商研兩岸圖書館的合作與發展，黃宗忠先生一向鮮少出現公開場合，特別與先生單獨約見。雖然是初次見面，由於雙方都曾經發表過許多論著，彼此馳慕多年，見面更勝聞名，相談甚歡。

1993 年，包括周文駿、彭斐章、莊守經及王振鳴等四位先生在內的大陸學者參加臺灣圖書館學會和臺灣大學圖書館學系所辦的「圖書館學和資訊科學教育研討會」，並參訪臺灣北、

---

[34] 〈交流合作，共謀發展〉為該期「如何促進海峽兩岸圖書館與資訊事業的發展」專欄之前言。參見顧廷龍，〈如何促進海峽兩岸圖書館與資訊事業的發展〉，《圖書館學與資訊科學》，18 卷 2 期（1992.10）：105-106。

中、南部各大圖書館及圖書館系所。自此以後,兩岸圖書館的專業活動即源源不絕的持續發展,漸成為目前常態性的交流。

先生與以上數位大陸圖書館學者,分別以其影響力,開啟了兩岸圖書館的交流合作,共同建立了交流的原則、方式以及項目,並以圖書館作為媒介來提升社會的進步。「凡事起頭難」,先生與大陸同道之間的坦誠、信實和共同具有的專業理念促進了日後雙方的交流和合作。

第六節　結論

先生研究獨到、論述精湛,悉心教育、啟迪後進,又任事勤懇、作法既開且闊,凡此,不但影響臺灣圖書館的進步,落實圖書館的社會教育功能,並且得到海外以及兩岸圖書館界的肯定及推崇。其實,先生予人最深刻的感受,還不是這些看得到的外在因素,最主要的是他深厚的文化底蘊和寬潤的胸懷。圖書館先進嚴文郁先生對先生的認識為「……溫文爾雅、謙沖為懷,更令人易與接近。……處事冷靜而堅定、發言審慎而坦率,分析問題,簡明切要,實其學養深邃所致。……」[35] 臺灣大學名譽教授胡述兆先生認為先生具有「敦厚的外表、溫和的態度、平實的作風、禮讓的胸襟、陳述問題的簡明、分析事理的能力,……是一位真正的謙謙君子。」[36] 美國國會圖書館亞洲部前主任李華偉先生則認為先生「待人誠懇、忠於職責、勤

---

[35] 嚴文郁,〈序〉,收入王振鵠,《圖書館學論叢》,VII。
[36] 胡述兆,〈記國立中央圖書館的四位館長〉,6。

儉力行……。」³⁷ 這些在長久的互動中所積累的深刻體會在在說明了先生的「誠之於中」，才能夠「形之於外」。

久來先生雖然實事求是，以誠待人，仍不免遭致攻訐。先生任中央圖書館館長時，以政績卓著，而引起若干人的覬覦。有些人是發黑函作不實的指控，而有些則是透過政府高層人事運作，想要撤換館長。在中央圖書館遷館時，為了確保施工品質的精良，力求此一文化建設能提升圖書館的社會地位，而在建材的選擇上，兼顧到實用、耐久與美觀。而當時國內自製建材有限，所以不得已從國外進口了方塊地氈、（入口大廳的）大理石磚面以及由樓下總服務檯到各樓層書庫之間傳遞借閱書刊的輸送軌道等，這一切都是當時國外先進圖書館視為必需且實用的設備，但是被別有居心者以「八國聯軍打入中央圖書館」這樣聳動的標題刊載專門登黑函及不實報導的刊物上，又四處發放，意在打擊先生及圖書館，之後圖書館檢具事實陳報上級並去函要求更正。多時後，這位播放訊息者重症住院，先生仍去探視，並不介意其所為。

蔣彥士先生任教育部長時，多次邀請先生任中央圖書館館長，先生力辭不果，以借調身分，到館服務，戮力經營，館務煥然一新。教育部自蔣彥士先生之後，歷經李元簇、朱滙森、毛高文、李煥等部長，每任新舊部長交接，先生必定請辭。而在李煥部長任內以及李登輝總統主政時期，都曾有人私下經營高層關係，甚至公開宣稱中央圖書館即將更動人事。先生一方面繼續堅定推動圖書館要務，另一方面向部長請辭，表明並不

---

³⁷ 李華偉，〈我所認識的王振鵠教授〉，7。

棧戀職位。在先生任中央圖書館館長任內,這些風風雨雨從未停止,但也從不影響先生堅持推動臺灣圖書館進步的決心。此外,先生對於想要取代他擔任館長的這些對象,也始終抱著寬容接納的雅量,仍然謙和禮讓如常。

　　師友之間的風範儀型是維繫彼此情誼的重要因素,而這些長久累積的感情與道義不但可以相互砥礪,以友輔仁,更是群策群力,推動事業的必備因素。從先生與當代人物的互動之中,我們看到圖書館專業的社會價值,也看到圖書館事業的發展動力,更看到臺灣圖書館從篳路藍縷之中一步一步地墾拓而結實的成長軌跡。

第九章　結論

那愛惜自己生命的，要喪失生命；願意犧牲自己在這世上的生命的，反而要保存這生命到永生。[1]

第一節　環境淬鍊出毅力與恆心

先生幼時家庭溫暖，父母關愛，兄友弟恭，成長溫馨，而幼承庭訓，自我惕勵。讀初中一年級時，就住校並接受嚴格的學習與生活管理，從不以為苦。

當日寇侵我，國家受難時，先生雖然仍在就學，還沒有成年，就感受到覆巢之危，不分老幼，自動參與學生所組織的抗敵行動。之後被日軍緝捕，又拘繫入獄，前後長達四年。這原屬於一般人的四年青春歲月，卻是先生一生中動心忍性，刻苦銘心的難忘時間。經過了這若些在監獄中所體察到的人生百態，爾後沒有任何的人或事能再左右先生。

赴美進修是先生早年圖書館生涯的一個轉捩點，1958 年先生 34 歲，當時在師範學院圖書館已經有三年綜理館務的經驗，同時遍歷圖書館學會副總幹事、總幹事、常務理事及理事，在臺灣圖書館界積極任事，受人矚目，也因此受到推薦，參加美國國務院赴美進修計畫考試，入田納西州范德比大學畢保德教育學院圖書館學研究所。先生赴美期間，臺灣經過了八二三砲

---

[1] 《聖經》，約翰福音 12 章 24-25 節。

戰及八七水災，被國際看做為一個孤島兼危島，而家中長女甫3歲、長子不過周歲。就在這樣的環境中，先生不但隻身在美，而且還建立了兩個記錄，其一是由專業考察改成攻讀學位，其二是利用三個月的時間，走訪美國76所圖書館、研究及出版機構，先生回憶過程說：

> 我有幸經甄試參加這個計劃，原定在美國考察一年，後來因為我申請進修碩士學位學程，同時利用假期參觀訪問，所以延長近一個月。照安全分署原訂的計劃要求，並不鼓勵去念學位，而是去實地考察瞭解美國的教育制度、教學方法跟各項教育措施，用以改善臺灣的教育設施。我因為體認到圖書館學教育的重要性，希望能夠到美國的圖書館學院進修，切實瞭解美國圖書館學的教學內容和方法，在得到美國國務院的同意後，申請到美國的田納西州的范德比大學畢保德圖書館學院攻讀碩士學位。

> 當時和我同時進修的，還有臺灣大學圖書館的賴永祥先生，當時他負責臺大圖書館閱覽組工作，也是一位臺灣文獻專家。我們兩人在畢保德選修同樣的課程，尤其很難得的，我們在進修時，利用圖書館實習的機會，參觀美國的各類圖書館，從民國四十八年三月到六月間的十二個星期中，分別訪問參觀了華府地區、新英格蘭地區及中西部地區圖書館七十六所，其中也包括了圖書館研究所和出版機構。我覺得那次進修對圖書館管理的理念和實務有很大的啟發和印證，也體會到美國圖書館在

第九章　結論

社會中的存在價值，以及美國人對於圖書館重視的程度，對我個人今後的圖書館工作有很大的幫助。[2]

十二個星期參訪了 76 個單位，平均一個星期訪問 6 至 7 個單位、每天要訪問一個，而且是連續三個月。先生回憶當時都是搭乘「灰狗巴士」，有時為了爭取時間乘坐夜車，甚至就睡在車上，而到了旅館，第一件事就是將訪問的筆記打成報告，隔日寄去學校。這三個月不但帶給先生難忘的經驗，而旅途中所完成的報告也得到學校「獨立研究」的學分。在取得學位返回臺灣之前，先生曾向美國國務院專人報告旅美心得，事後國務院向臺灣反映，稱道先生的學習毅力，並希望日後來美學員都當像先生一般勤奮有恆。

1958 年，先生畢業前的一個月，因右頰三叉神經痛，入大學醫學院手術治療，住院一周。在當時這是一個很大的手術，若非大學醫學院的治療以及學校神父修女團隊的照護，難以設想。

赴美前後一年又一個月，不論外在環境如何，也不論個人安危如何，先生展現了無比的毅力和決心。在先生之後的圖書館歲月裡，這樣的例子數不見鮮，不勝枚舉。究竟是什麼原因讓先生既勇往直前，又不減沉著冷靜？「環境淬鍊出的毅力與恆心」當是最好的答案。

---

[2] 王振鵠，《書緣：圖書館生涯五十年》增訂本（臺北市：書緣編印部，2014），40-41。

第二節　教育、研究與實踐三者的結合

先生畢生以「教育、研究和實踐」這三項服務臺灣圖書館，大陸圖書館學者倪波曾經指出先生在學術上的研究來源於實踐，不脫離實踐，並且服務於實踐，「是一條寓工作、研究、教育於一體的『三結合』之路」。[3]

2005 年，先生年屆八十，辭去各校教學工作，惟保留師大博士生論文指導，距離 1960 年先生於 36 歲初任教職，前後超過 45 年。此期間，先生的教學不但遍歷臺灣各圖書館系所，並且包括專業培訓、在職進修，以及林林總總在各種場合的專題講演。先生教學生動、深入淺出，儀表堂堂、談吐優雅，許多人一輩子投身到圖書館是受到先生在講臺的影響，而先生才思敏捷、深富邏輯，將先生所講的話逐字記錄下來，就是一篇簡潔流暢且具有深度的好文字。

1956 年先生 32 歲，在《中國圖書館學會會報》發表〈省立師範大學圖書館概況〉，這是他第一篇有關圖書館學的文章；[4] 2015 年先生 93 歲，仍筆耕不輟，全年間發表了〈師友追憶：圖書館先進蔣復璁〉、〈「中文資訊交換碼」的誕生——兼憶資訊專家謝清俊、楊鍵樵、張仲陶、黃克東諸先生〉、《專門圖書館》序、〈書目與書評兼而得之：祝賀《全國新書資訊月刊》

---

[3] 倪波，〈振鵠論〉，《圖書與情報》，1994 年 4 期（1994）：34。
[4] 王振鵠，〈省立師範大學圖書館概況〉，《中國圖書館學會會報》，6 期（1956.8）：12-14。

200 期〉等四篇文章。[5] 截止到 2016 年，先生一共發表了有關圖書館學各類作品約 450 篇（部），其中專書約 40 部、單篇論文約 400 餘篇。

先生的作品不僅量豐，而且質精，在這些作品中，顯示出三個特色，分別是：

一、體察本土，吸取西方：從 1965 年至 1975 年間先生發表一系列國科會研究，是先生體察本土需要、並針對西方之長所做的深入剖析，也是在圖書館教學上的重要基礎材料，對於當時萌芽中的臺灣圖書館學教育以及學術研究發揮了重要的影響。

二、整體規劃，深入剖析：先生對臺灣圖書館進行了全面觀察，並加剖析，包括《當前文化建設中圖書館的規劃與設置之研究》（國家建設研究委員會）、《建立圖書館管理制度之研究》」（召集人，行政院研究發展考核委員會）等，這些作品是將圖書館放在國家整體發展脈絡中的探討與省思，也是臺灣圖書館事業的具體建設方案。

三、回顧前瞻，體大思精：先生對臺灣圖書館的重要發展進行多方面的探討，包括〈我國圖書館學教育的回顧與前瞻〉、〈臺灣地區的圖書館學研究〉、〈二十世紀臺灣圖書館事業之回顧與展望〉、〈圖書館法與圖書館事業之發展〉、

---

[5] 王振鵠，〈師友追憶：圖書館先進蔣復璁先生〉，《傳記文學》106 卷 5 期（2015.5）：80-85；王振鵠，〈「中文資訊交換碼」的誕生——兼憶資訊專家謝清俊、楊鍵樵、張仲陶、黃克東諸先生〉，《傳記文學》，107 卷 3 期（2015.9）：28-33；王振鵠，〈王序〉，收入王珮琪、劉春銀主編，《專門圖書館》（臺北市：五南出版社，2015），11-13；王振鵠，〈書目與書評兼而得之：祝賀《全國新書資訊月刊》200 期〉，《全國新書資訊月刊》，200 期（2015.8）：6-8。

〈海峽兩岸圖書館界交流之回顧與展望〉等,這些作品既回顧又前瞻,體大且思精。

此外,先生受託所寫他人作品的序文不同一般應酬文字,而是藉著該作品引出更深入的話題,常能發人省思。

「實踐」最能表達出先生在圖書館所投入的心力,也最能具體反映出先生的作為。先生主持師範大學圖書館時,雖然在館藏、借閱量以及館舍並沒有位列各大學圖書館之前,但是時有創新的舉措,例如中西文參考書的購置及參考館員的設置、《教育論文索引》及《圖書館學與資訊科學》的創編等。之後在中央圖書館的12年間,所推動的新館建築、自動化作業與書目資訊、漢學研究資料的服務與推廣,不僅提升了中央圖書館的地位,更將臺灣的圖書館服務帶入一個新的境界。

美國國會圖書館亞洲部前主任李華偉博士在〈我所認識的王振鵠教授〉一文中除了縷述先生在各方面的成就以外,並且道出背後的原因,他說:

> 這些顯著的成就,沒有他的睿智,卓越的能力,過人的毅力,和對圖書館事業的熱愛,是無法達成的。……從他待人誠懇,忠於職責,勤儉力行的風範中看到了臺灣圖書館事業的欣欣向榮。在國外的一些國際會議中,我也常為他的僕僕風塵,為國效力的精神所感動。王教授有一個極為美滿的家庭,他的夫人極為賢淑,在王教授的事業上是一位典型的賢內助。[6]

---

[6] 李華偉,〈我所認識的王振鵠教授〉,收入王振鵠教授七秩榮慶祝壽論文集編輯小組編,《當代圖書館事業論集:慶祝王振鵠教授七秩榮慶論文集》(臺北市:正中書局,1994),3-7。

「睿智，能力，毅力和對事業的熱愛」是先生給人最深刻的印象，也是他對臺灣圖書館最大的貢獻。

第三節　對臺灣圖書館影響深遠

一、建立臺灣新圖書館制度

大陸圖書館學者倪波認為先生是一位擅長管理型的圖書館學家。[7]先生既看重圖書館學的理論基礎，也強調圖書館的的實用價值，更從實務面來提升圖書館的重要性。

在先生的心目中，圖書館具有多元功能，他將圖書館學的價值分成為三個部分，依次從個人到圖書館，甚至到國家社會，他說：

> 圖書館學是一種知識與技能，據以研究圖書館經營的理論與實際，以及有關圖書資料之選擇、蒐集、組織與運用的方法。圖書館學的效用，對國家社會而言，他是統御國家文化資源，推展社會教育的一種手段；對圖書管理機構而言，它是一項資料處理的應用技術；對個人而言，他是一項治學的門徑與研究的方法。[8]

將圖書館學的價值提升到國家的層面，這是先生的創見；此外，先生也從「強國」和「裕民」這兩個角度來建設臺灣的

---

[7] 倪波，〈振鵠論〉，36-37。

[8] 王振鵠，〈前言〉，收入中國圖書館學會出版委員會編，《圖書館學》（臺北市：臺灣學生書局，1974），1。

圖書館。1972 年，先生擔任師大圖書館館長時，即發表〈論全面發展圖書館事業之途徑〉一文，將臺灣圖書館的興革分為五方面來分析：

（一）設置專門機構管理全國圖書館事業；

（二）制訂圖書館事業法案；

（三）組織全省公共圖書館網，謀圖書館事業之整體發展；

（四）加強學術圖書館之合作，用以配合學術研究；

（五）合作經營中、小學圖書館，配合國民教育之延長與發展。[9]

1979 年，先生擔任國立中央圖書館館長，時政府推動文化建設工作，透過中央圖書館的遷建以及各縣市文化中心的興建，將圖書館具體落實在生活中，以傳布國家文化資源、推展社會教育。1981 年，先生研提《當前文化建設中圖書館的規劃與設置之研究》，就各文化中心之計畫，國內外圖書館之現況以及我國圖書館事業之規劃與發展作了詳盡的分析說明，其中特別強調圖書館與國家建設的關係：

> 一國圖書館的存在乃基於國家建設的需要，民族文化的延續，社會求知的權利以及民眾生活的調適四大要求。就國家建設而言，無論是政治、國防、經濟、教育、文化，以及科技等決策之制訂，技術方法之研究，無不有

---

[9] 王振鵠，〈論全面發展圖書館事業之途徑〉，《教育資料科學月刊》，4 卷 4 期（1972.10）：2-3。

賴於資訊的供應，作為瞭解事實、掌握現況、查證參考，以及分析研判的依據。[10]

1985 年，先生主持「建立圖書館管理制度之研究」，他更進一步的闡述，以期在臺灣地區建立起一個「新圖書館制度」的規劃模式：

(一) 訂定圖書館法與標準，為今後發展圖書館事業之依據。

(二) 專設圖書館事業規劃機構，以統一事權，研究各類型圖書館之合作發展事宜。

(三) 規劃全國圖書館資訊網，以國家圖書館為全國自動化發展中心，全面規劃各地各類圖書館館際合作網。[11]

在臺灣建立一個「新圖書館制度」是先生的素願，在其長期的作為中，也有一貫的脈絡可循。多年來，這個「新圖書館制度」在臺灣不僅落實，並且生根發芽，逐步茁壯。

二、從書目管理到國家書目

先生重視並強調「書目管理」，不僅竭力闡揚書目控制的功能，並將其視作圖書館的重點工作來持續推動。先生撰述多篇有關「書目管理」的研究，包括〈美國圖書館之目錄合作制

---

[10] 國家建設研究委員會編，《當前文化建設中圖書館的規劃與設置之研究》(臺北市：國家建設研究委員會，1981)，88。
[11] 王振鵠、胡歐蘭，《建立圖書館管理制度之研究》，(臺北市：行政院研究發展考核委員會，1985)，1-2。

度〉、〈美國書目管制工作之研究〉、〈書目控制與書目中心〉及〈從書目控制談「全國新書資訊月刊」〉等。

先生在師範大學圖書館館長任內，曾針對館藏編印了若干索引及目錄，包括：《近五年教育論文索引》、《教育論文索引》、《國立臺灣師範大學普通本線裝書目》、《中文參考書選介》、《西文參考書選介》及《國立臺灣師範大學出版品暨教職員著作目錄》，這是先生編印書目及索引的初步嘗試。

在擔任國立中央圖書館館長時，更先後成立書目資訊中心、規劃國際標準書號中心並充實國家書目，目標是建立我國的「國家書目資訊體系」，先生在中央圖書館所推動有關書目控制的作為，包括：

（一）出版目錄與工具書，

（二）研訂編目規範標準，

（三）建立國家書目資源，

（四）建立書號與書目資源中心，

（五）推動漢學研究中心與漢學資源服務。[12]

透過國際標準書號的實施，既加強了出版品呈繳制度的推動，也充實了國家藏書的質與量。

三、提倡合作與分享

「資源共享」是圖書館經營的終極目標，先生曾經論及「書

---

[12] 鄭恒雄，〈王振鵠教授的書目學理念與實踐〉，收入《書緣：圖書館生涯五十年》增訂本，302-317。

目控制」和「資源共享」的關係,他說:「書目控制為手段,資源共享才是目的。」[13]

1981 年,先生任職中央圖書館館長時,倡立「中華民國人文暨社會科學圖書館及資料單位合作組織」。在先生的擘畫,這個組織在一百多所會員館之間發揮了多種效益,包括了「謀求圖書館之間的資源合作與服務的交流推廣。⋯⋯一方面推動館際合作、資料互借、複印服務;另一方面,謀求聯合目錄的編製,有關人文及社會科學資料的開發利用等等。」[14] 人文社會科學圖書館合作組織全由中央圖書館挹注經費和人力,持續運作了近 20 年,「沒有錢、沒有人一樣要把事情辦好」,是先生一貫任事的作風。

透過「圖書館自動化的實施」和「中央圖書館書目資訊中心的成立」,最能夠看出先生慎謀而定、堅持不懈的的特質。

從 1980 年到 1990 年,書目資訊中心花了 10 年的時間才成立,過程包含了三個階段,分別是「標準的訂定、共識的建立以及組織的研擬」。在「標準的訂定」上,中央圖書館與中國圖書館學會合作訂定新的標準,諸如編目規則、機讀編目格式,以及標題目錄等,奠定了爾後臺灣圖書館自動化,乃至於華文地區第一個符合國際標準的區域整合書目中心。在「共識的建立」上,中央圖書館自 1981 年起陸陸續續推動若干合作編目計畫,包括《中華民國中文期刊聯合目錄》、聯合國內 15 所大專院校圖書館試行合作編目等,獲得寶貴的合作經驗。在「組織

---

[13] 王振鵠主講,郭乃華、張淑慧記錄,〈書目控制與書目中心〉,《國立成功大學圖書館通訊》,7 期(1992.7):1-6。

[14] 王振鵠,《書緣:圖書館生涯五十年》增訂本,210。

的研擬」上，1988 年，中央圖書館研擬國家書目中心成立計畫書，題稱「向成立國家資源書目中心邁進」，計畫書中特別強調作業的「標準、品質和溝通」。

1990 年，先生離開中央圖書館的第二年，「書目資訊中心」正式成立，負責推動全國圖書館書目資訊網路的工作，並扮演全國性的國家書目中心之角色。先生多年來的苦心，為臺灣建立了第一個，也是唯一的一個，全國性的合作編目組織，不但實現了「共建共享」的理想，日後也發展成臺灣向國際提供書目的基地。

1949 年以後，海峽兩岸的圖書館專業長期不通聲氣。先生於 1990 年首途訪問大陸，次年又率臺灣圖書館界訪問團，進行兩岸間分隔 40 年的訪問，開啟雙方的互動關係，也開拓了日後的連串交流。1992 年，先生發起「兩岸筆談」，由先生所主編的《圖書館學與資訊科學》與天津《圖書館工作與研究》兩份專業刊物，以「如何促進海峽兩岸圖書館與資訊事業的發展」進行筆談，邀約兩岸以及美國的圖書館專家學者，分別發表看法。在兩份刊物上同步刊出 21 篇回應，這是臺灣、大陸以及海外華人圖書館領導者第一次的意見交流，在中文圖書館發展史上具有舉足輕重的地位。

當時，先生同時寫了一篇導言，題稱「交流合作，共謀發展」，說道：

> 圖書館學的原理原則，雖各國相同，但因中國文字有其特色，學術發展有其特殊情形，以致書籍的種類及編藏方法，皆不能與他國相同，如何運用共同的原則，斟酌損益，求美求便，形成一適合中國國情的「中國圖書館

學」系統,使圖書館學的價值因而增重,實為國人所應努力之一方向。……六十餘年來我國圖書館的發展今非昔比,在技術程序上已逐漸發展出一套習用的制度,用以處理中文圖書資料,但是在圖書館學的理論與實務研究與施作上仍多因襲國外之處,今後如何合作研究發展出以中華文化為基礎,並符合社會需要的中國圖書館學理論體系,運用科學方法整理文獻典籍,並編製切合各方面需要的工具書,俾有助於圖書館功能之顯現與服務之開展,實有其必要。[15]

最後,先生強調:

海峽兩岸圖書館事業的交流合作,最重要的目的在「保存文化、交流資訊與服務大眾」。……「建立交流管道,謀求文化資源及圖書資訊之互補,加強兩岸圖書館及資訊中心的合作關係,以提供兩岸民眾所需要的圖書資訊」,應列為首要工作。……「以文化學術資訊為重,使研究工作者能充分掌握資訊(keep-informed)」,才是促進交流、弘揚文化、發展學術的主要目的。[16]

「兩岸筆談」過去已近三十年,我們今天重溫先生的話,「海峽兩岸圖書館事業的交流合作,最重要的目的在『保存文化、交流資訊與服務大眾』」再翻查諸位參與者的心聲,同時數點一下這 30 年來兩岸圖書專業的發展,對先生當年的「高

---

[15] 〈交流合作,共謀發展〉為該期「如何促進海峽兩岸圖書館與資訊事業的發展」專欄之前言。參見顧廷龍等,〈如何促進海峽兩岸圖書館與資訊事業的發展〉,《圖書館學與資訊科學》,18 卷 2 期(1992.10):105-106。
[16] 顧廷龍等,〈如何促進海峽兩岸圖書館與資訊事業的發展〉,105-106。

瞻遠矚、語重心長」，深有感觸。

數十年來在圖書館界，「合作分享」一詞眾口同聲，震天價響，人人都可夸夸而談；然而，合作和分享的落實要在理念的基礎上推行，若是心裡面沒有合作和分享的念頭及誠意，是辦不到的，因為在合作之前，常是要先付出。先生的行事永遠是服務為先，實事求是，唯其如此，所成就的館際合作組織、書目資訊中心、兩岸交流合作等諸般偉業，絕不因為時間的流逝而被人淡忘，反而歷久常存人心，更在圖書館的發展歷程中留下深刻的軌跡。

圖 9-1　雷叔雲訪問先生所撰〈謙抑應世、協和容眾：館長王振鵠教授〉書影
（來源：國家圖書館）

第四節　畢生體現了誠與恆

先生與人交往皆發自至誠,「誠」與「恆」是他服務人群、服務圖書館所秉持歷久不變的信念,他曾說:(圖 9-1)

> 我深深體會到服務人群的要訣,一是誠,誠乃不自欺,不欺人,誠心誠意的實事求是,千萬不能像放爆竹似的一時的天花亂墜,放完了什麼也沒留下;一是恆,恆乃信心耐心,擇善固執,堅持到底,持之以恆的人終將有成。[17]

一、自律與奉獻

先生待人寬和而律己甚嚴,前國家圖書館主任王錫璋曾對先生在上班之前的「早巡」有深刻的描述,他同時也回憶先生總以館務為重:

> 首長在任的時候,總是念念以館務為重,有許多出國的機會,首長總是能推辭的就推辭,甚至於館裡辦的自強活動,首長也經常無暇參加。[18]

先生從不吝於對他人的奉獻,不僅在時間、體力,也包括了金錢在內。過去在中央圖書館擔任館長,每到年底開最後一次館務會議時,先生會自己拿出錢來,著人去購買昂貴的 cross

---

[17] 雷叔雲,〈謙抑應世協和容眾:館長王振鵠教授〉,《國立中央圖書館館訊》,9 卷 1 期(1986.5):14。

[18] 王錫璋,〈早巡〉,收入寸心銘感集編集委員編,《寸心銘感集:王振鵠教授的小故事》(臺北市:寸心銘感集編集委員會,1994),5。

金筆等禮物餽贈給主管同仁，以慰勞辛苦，所值不菲，猶在其次，重要的是能夠被上司瞭解的那一份溫馨。

先生由師範大學借調到中央圖書館任館長時，住的是師大配發而後自己承購下來的職務宿舍，所有的水電開銷都由現住戶負擔。先生借調到中央圖書館後，並沒有讓公家來支付這些費用。每每和國外聯繫重要業務，如舉辦國際會議或自動化等公務時，常常需要撥打國際電話，每次也不是三言兩語就可以談完，這些費用都是由先生自理。每舉辦一次國際會議，前前後後的越洋通話費相當可觀，先生從未向公家申領，也未向他人提及。

二、眼光與堅持

先生在中央圖書館任內，「遷建新館、推動圖書館自動化、創辦漢學研究中心」是最被人稱道的三項偉業。其中任何一項都不是常人所能勝任的，而先生不但完成了這三項任務，更藉此為爾後的中央圖書館以及臺灣的圖書館和學術文化奠定了豐實的基礎。以「遷建新館」為例，中央圖書館創館館長蔣復璁先生的宿志之一就是為中央圖書館蓋棟華廈，而這個遺憾由先生替他彌補，所以他感性的稱道中央圖書館新廈的落成是圖書館史上「憑空出現」的破天荒事實。[19] 此外，在新館動工典禮中，教育部前部長朱滙森先生曾說：「中央圖書館新館是國家文化建設的重要指標。能夠順利動工，不能不感謝王館長的堅持與努力，王館長有原則、有方法，同時非常認真負責，這個

---

[19] 蔣復璁，〈序〉，收入王振鵠，《圖書館學論叢》（臺北市：臺灣學生書局，1984），III。

工程才能夠順利開工。」[20]

中央圖書館的遷建相當成功,當年參與遷建作業的同仁易明克先生曾經從一個基層的角度說出成功的關鍵:

> ……遷館作業顯然是相當成功的,不但當時全館都參與了,而且那樣龐大複雜的業務,處理起來卻是條理分明,日起有功,只覺得當時全館同人的心都緊緊聯繫在一起,是相當和諧而令人振奮的。如今推敲此一作業所以成功的原因,個人看法歸納為下列幾個要素,「正確的決策與領導」、「高度的認同與參與」、「良好的組織與協調」、「周密的前置作業」等。……其中最重要且最具決定性的因素「正確的決策與領導」,則是王館長的重要貢獻,事實上,前述其他諸要素如非以「正確的決策與領導」做前提,都不能真正的成功。[21]

在先生所親為的各項大小事上,處處都看得到他「獨到的眼光和不懈的堅持」。

三、接納與調和

先生服膺前資政張群先生的修養,張資政常以「謙抑應世、協和容眾」自期並勉人。[22] 先生的學生受教門下,無不有「如沐春風」的感受,而為先生的部屬也多受到先生的德化,具榮譽感而敬業。

---

[20] 王振鵠,《書緣:圖書館生涯五十年》增訂本,140。
[21] 易明克,〈我所知道的王館長振鵠先生〉,收入寸心銘感集編集委員會編,《寸心銘感集:王振鵠教授的小故事》,27-28。
[22] 雷叔雲,〈謙抑應世協和容眾:館長王振鵠教授〉,12-14。

先生任中央圖書館館長時，縱使以德服人、以誠待人，仍不免有若干主管的看法與先生不盡一致，而提出辭呈。先生收到此類辭呈，隨即放入抽屜內。先生辦公桌的抽屜裡雖然有不少辭呈，但從沒有為先生所准。在這一點上，與某些買官鬻爵、強逼部屬提前退休的機關首長，相去有如天壤之別。

為了中央圖書館的遷館工程，教育部收到許多惡意攻訐的黑函，其中打擊先生最厲害的一位先生之後生病住院，先生知道後，仍然前去探視，並不介意他所做的事；此外，先生在擔任中央圖書館館長的十餘年間，始終有人覬覦這個「位子」，而多方營謀，動用高層關係，想取而代之，甚至在公開的場合表示不久之後館長一職將有異動，而先生也從不為此縈繞受困，見面時仍廓然禮讓如前。對於這些常人所不能忍的，先生並非沒有感受，而是先生從不追求「官祿」和「聲名」。對先生來說，在有限的歲月裡，「服務人群」和「作對的事」遠比「位子」重要的多。

正由於「謙抑」和「容眾」，先生能夠領導當時的中央圖書館和臺灣圖書館界完成了許多艱困的任務，例如圖書館自動化的推動、漢學研究資料及服務中心的創設、中央及地方文化中心有關圖書館服務的提升、兩岸圖書館專業的交流等等，至今仍然產生影響。

第五節　為臺灣圖書館結實纍纍

耶穌在世，曾經以「一粒麥子」來比喻人一生追求的目標，流傳至今，他說：

> 我鄭重地告訴你們，一粒麥子不落在地裡，死了，仍舊是一粒；如果死了，就結出許多子粒來。那愛惜自己生命的，要喪失生命；願意犧牲自己在這世上的生命的，反而要保存這生命到永生。[23]

麥子若被埋在地裡，將會發芽生長，這是另一個生命的開端，而不是歸於塵土滅沒；但是相對的，麥子若始終保持著完整的外殼，不願意破裂，那終其一輩子，「仍舊是一粒」，永遠不會發芽吐穗，結實百倍。

耶穌說這個比喻時，是在他將要被釘死在十字架前不久。他把自己比作這「一粒麥子」，是落在地裡死了又結出許多子粒來的麥子。

同時，他也把接受他價值觀的學生和民眾比作這「一粒麥子」，勸勉他們要勇於作「一粒麥子」，結出子粒，成為別人的糧食，是可以使人飽足的生命之糧。

至於「愛惜自己生命，要喪失生命；願意犧牲自己生命的，反而要保存生命到永生。」這段話所指的絕不是有形的「肉體（的生命）」，而是無形的「存在價值」，也就是「能捨就能得，

---

[23] 《聖經》現代中譯本，約翰福音 12 章 24-25 節，臺灣聖經公會聖經網站，http://cb.fhl.net/read.php?id=26629&TABFLAG=2&VERSION1=tcv95

不能捨就不能得。」的「捨己」觀,這不是靠著人的修為所能達到,而是將自己的生命和天地同存,和宇宙相隨。[24]

先生畢生盡瘁知識,服務人群,以博雅的學養、宗教的情懷,困知勉行,實事求是。就像上文所說的「一粒麥子」,把自己深深地埋在臺灣圖書館的土壤下,甘心而樂意的奉獻歲月,犧牲享受,而且捨去世俗上別人羨豔的權力、地位與名利,一生只做「圖書館」這一件事。

如今,臺灣圖書館正在繼續不斷地「發芽吐穗,結實百倍」,先生親眼看見因著自己這埋在土裡的「一粒麥子」,結出許許多多子粒,成為別人的糧食,是可以使臺灣許多圖書館員飽足的糧食,也是使我們的國家、社會乃至於千千萬萬民眾透過臺灣圖書館的成長而得享知識的精髓、資訊的便捷。

---

[24] 參考陳終道,〈一粒麥子的事奉〉,《金燈臺》,98 期(2002.3)https://www.goldenlampstand.org/glb/read.php?GLID=09803,檢索日期:2018 年 5 月 31 日。

參考文獻

一、專著

Al-Nahari, Abdulaziz Mohamed. *The Role of National Libraries in Developing Countries: With Special Reference to Saudi Arabia.* London: Mansell, 1984.

Douglas, Mary Peacock 撰,王振鵠譯,《小學圖書館》,臺北市:正中書局,1964。

Shera, Jesse H. 著,鄭肇陞譯,《圖書館學概論:圖書館服務的基本要素》,新竹市:楓城出版社,1986。

寸心銘感集編集委員會編,《寸心銘感集:王振鵠教授的小故事》,臺北市:寸心銘感集編集委員會,1994。

王子舟,《圖書館學是什麼》,北京市:北京大學出版社,2008。

王振鵠,《學校圖書館》,臺中:東海大學圖書館,1961。

王振鵠,《兒童圖書館》,臺北市:臺灣書店,1969。

王振鵠,《怎樣管理圖書》,臺北市:國立臺灣師範大學中等教育輔導委員會,1969。

王振鵠,《圖書館學論叢》,臺北市:臺灣學生書局,1984。

王振鵠、胡歐蘭,《建立圖書館管理制度之研究》,臺北市:行政院研究發展考核委員會,1985。摘要見《臺灣圖書館事業文集》,59-63。

王振鵠,《文化中心十年》,臺北市:行政院文化建設委員會,1991。

王振鵠、沈寶環,《建立全國圖書館合作服務制度促進資源共享政策》,臺北市:教育部圖書館事業委員會,1991。〈緒論〉,後收入《臺灣圖書館事業文集》,251-255。

王振鵠、胡述兆,《縣市文化中心績效評估》,臺北市:行政院研究發展考核委員會,1993。

王振鵠,《書緣:圖書館生涯五十年》增訂本,臺北市:書緣編印部,2014。

王振鵠,《臺灣圖書館事業文集》,臺北市:國家圖書館,2014。

王振鵠、胡歐蘭、鄭恆雄、劉春銀,《臺灣圖書館事業百年發展》,臺北市:文華圖書館管理資訊公司,2014。

中國圖書館學會「圖書館事業發展白皮書」編輯委員會暨專案研究小組編,《圖書館事業發展白皮書》,臺北市:中國圖書館學會,2000。

中國圖書館學會出版委員會編,《圖書館學》,臺北市:臺灣學生書局,1974。

中華民國圖書館學會出版委員會編,《中華民國圖書館學會六十周年特刊》,臺北市:中華民國圖書館學會,2013。

汪雁秋編,《海外漢學資源調查錄》,臺北市:漢學研究資料暨服務中心,1982。

周文駿主編,《圖書館學百科全書》,北京市:中國大百科全書,1993。

周寧森,《圖書資訊學導論》,臺北市:三民書局,1991。

國立中央圖書館編,《王振鵠先生:國立中央圖書館館長:中華民國六十六年四月至七十八年七月》,臺北市:國立中央圖書館,1989。

國立中央圖書館編,《全國圖書館會議議事錄》,臺北市:國立中央圖書館,1989。

國家建設研究委員會編,《當前文化建設中圖書館的規劃與設置之研究》,臺北市:國家建設研究委員會,1981。

曾濟群、王振鵠、沈寶環、吳明德、辜瑞蘭、曾堃賢,《推動全

國圖書館館藏發展計畫》,臺北市:教育部社會教育司,1995。

曾濟群、王振鵠、盧荷生、吳明德、宋建成,《規劃圖書館事業輔導體系》,臺北市:教育部社會教育司,1995。

顧力仁,《典範的時代和理想的人格:王振鵠館長與國立中央圖書館》,臺北市:華藝學術,2014。

二、論文

Carnousky, Loon 著,王振鵠譯,〈美國圖書館學校的評價與認可制度〉,《圖書館學報》,11 期(1971.6):179-190。

丁櫻樺,〈圖書館界的領航者——專訪王振鵠教授〉,《圖書與資訊學刊》,9 期(1994.5):42-45。

王汎森,〈漢學研究中心的貢獻及面臨的危機〉,《國文天地》,26 卷 5 期(2010.10):29-31。

王征、杜瑞青編,《圖書館學論著資料總目:清光緒一五年—民國五十七年(1889-1968)》,臺中市:文宗出版社,1969。

王省吾撰,薛吉雄譯,〈澳洲圖書館的東亞語文圖書〉,收入汪雁秋編,《海外漢學資源調查錄》,1-8。臺北市:漢學研究資料暨服務中心,1982。

王振鳴,〈「徒法不足以自行」端賴自我惕勵做好後續工作:王振鵠先生近作《圖書館法與事業的發展》評介〉,《圖書情報工作》,2003 年 1 期(2003.1):91-96。

王振鵠,〈省立師範大學圖書館概況〉,《中國圖書館學會會報》,6 期(1956.8):12-14。

王振鵠,〈美國的學校圖書館〉,《中等教育》,11 卷 3/4 期(1960.6):2-4。

王振鵠(筆名予群),〈臺灣省中學圖書設備調查〉,《中等教育》,

11 卷 3/4 期（1960.6）：5-8。

王振鵠，〈大學圖書館學〉，國科會 50 學年度研究論文。

王振鵠，〈大學圖書館的行政組織〉，《圖書館學報》，3 期（1961.7）：15-23。

王振鵠，〈大學圖書館之館藏資料〉，《圖書館學報》，7 期（1965.7）：87-101。

王振鵠，〈各國圖書館員教育之比較研究〉，國科會 55 學年度研究論文。另以〈各國圖書館教育制度〉為題節收入《圖書館學論叢》，447-486。

王振鵠，〈美國圖書館合作制度之研究〉，國科會 56 學年度研究論文。

王振鵠、張春興，〈中國大學生課外閱讀興趣之調查研究〉，《教育學報》，1 期（民 1970.6）：858-882。

王振鵠，〈美國圖書館之目錄合作制度（上）〉，《教育資料科學月刊》，4 期（1970.6）：10-13。後收入《圖書館學論叢》，403-430。

王振鵠，〈美國圖書館之目錄合作制度（下）〉，《教育資料科學月刊》，5 期（1970.9）：17-21。後收入《圖書館學論叢》，403-430。

王振鵠，〈圖書館週的意義及活動〉，《中國圖書館學會會報》，22 期（1970.12）：4-5。收入《臺灣圖書館事業文集》，301-304。

王振鵠，〈大學圖書館的功能〉，《教育資料科學月刊》，2 卷 3 期（1971.4）：3-5。

王振鵠，〈美國圖書館之合作採訪制度〉，收入《圖書選擇法》，114-126。臺北市：師範大學圖書館，1972。

王振鵠，〈美國圖書館員養成制度之研究〉，國科會 61 學年度研

究論文。另以〈美國的圖書館教育制度〉為題刊於《教育資料科學月刊》，7 卷 5/6 期–8 卷 1 期（1975.6–7）；後收入《圖書館學論叢》，451-490。

王振鵠，〈論全面發展圖書館事業之途徑〉，《教育資料科學月刊》，4 卷 4 期（1972.10）：2-3。後收入《臺灣圖書館事業文集》，37-43。

王振鵠，〈前言〉，收入中國圖書館學會出版委員會編，《圖書館學》，1-4。臺北市：臺灣學生書局，1974。

王振鵠，〈美國書目管制工作之研究〉，國科會 63 學年度研究論文。

王振鵠，〈圖書館與圖書館學〉，收入中國圖書館學會出版委員會編，《圖書館學》，41-86。臺北市：臺灣學生書局，1974。後收入《圖書館學論叢》，3-48。

王振鵠，《臺灣區大專院校圖書館現況調查報告》，臺北市：教育部大專圖書館標準擬訂工作小組，1975。

王振鵠，〈臺灣大專圖書館現況之調查研究〉，《圖書館學與資訊科學》，2 卷 1 期（1976.4）：74-101。

王振鵠，〈世界主要國家學校圖書館概況〉，收入教育部編，《高級中學法參考資料》，65-73。臺北市：教育部，1977。又收入國立中央圖書館編，《高中圖書館經營文獻選輯》，1-16。臺北市：國立中央圖書館，1989。

王振鵠，〈「出版品編目」計畫及「國際標準書號」制度——圖書館界與出版界合作進行的兩件事〉，《出版之友》，6 期（1978.3）：16-17。

王振鵠，〈美國公共圖書館制度之研究〉，收入《圖書館學論叢》，225-308。原為國科會 63 學年度研究論文，再以〈美國公共圖書館制度（上、中、下）〉刊於《教育資料科學月刊》，14

卷 2-4 期（1978.10–12），共 27 頁。

王振鵠，〈教育資料之合作交流〉，收入國立臺灣師範大學、國立教育資料館同編，《教育資料研討會記錄》，103-107。臺北市：國立臺灣師範大學、國立教育資料館，1980。

王振鵠，〈圖書館教育〉，收入國家圖書館編，《中華民國圖書館年鑑》，249-261。臺北市：國立中央圖書館，1981。

王振鵠，〈序言〉，收入圖書館自動化作業規劃委員會中國編目規則研訂小組編訂，《中國編目規則》，i-ii。臺北市：國立中央圖書館，1983。

王振鵠講，薛理桂記，〈七十二年暑期圖書館工作人員研習會結業典禮致詞〉，《中國圖書館學會會務通訊》，35 期（1983.10）：23。

王振鵠，〈「兒童讀物研究」序——感念推展我國圖書館事業的費士卓博士〉，《傳記文學》，43 卷 6 期（1983.12）：112。

王振鵠，〈談學校圖書館利用教育〉，收入《臺北市七十四學年度公私立高級中學及國民中學圖書館利用教育教學觀摩會紀錄》，7-17。臺北市：臺北市中山女子高級中學，1985。後收入國立中央圖書館編，《高中圖書館經營文獻選輯》，175-185。臺北市：國立中央圖書館，1989。

王振鵠，〈國立中央圖書館之資源與服務〉，《研考月刊》，9 卷 3 期（1985.3）：23-29。後收入《臺灣圖書館事業文集》，157-165。

王振鵠，〈教部新訂「大專圖書館標準」〉，《中國圖書館學會會報》，27 期（1985.12）：45-52。

王振鵠，〈我們的責任及未來發展的方向〉，《國立中央圖書館館訊》，9 卷 4 期（1987.11）：2-5。後收入《臺灣圖書館事業文集》，147-155。

王振鵠,〈序〉,收入王芳雪,《日本國立國會圖書館研究》。臺北市:文史哲出版社,1988。

王振鵠,〈序〉,收入張樹三,《專門圖書館管理》。臺北市:曉園出版社,1988。

王振鵠,〈序〉,收入鄭吉男,《公共圖書館的經營管理》,1-3。臺北市:文史哲出版社,1988。

王振鵠,〈現階段專科學校圖書館的功能與服務〉,收入國立臺北工業專科學校編,《專科學校圖書館實務研討會專輯》,8-13。臺北市:國立臺北工業專科學校,1988。

王振鵠,〈我國資訊服務政策初探〉,《國立中央圖書館館刊》,21 卷 2 期(1988.12):101-112。後收入《臺灣圖書館事業文集》,185-200。

王振鵠,〈國立中央圖書館自動化作業現況〉,收入國立臺灣大學圖書館學系、中國圖書館學會主辦,《圖書館自動化專題研習會綱要》,338-349。臺北市:國立臺灣大學圖書館學系,1989。

王振鵠,〈序〉,收入蘇國榮,《國民中小學圖書館之經營》,i-ii。臺北市:臺灣學生書局,1989。

王振鵠主講,黃美娟記錄,〈資訊圖書館〉,《美國資訊科學學會臺北學生分會會訊》,2 期(1989.6):56-58。

王振鵠,〈鄉鎮圖書館之發展〉,《社教雙月刊》,38 期(1990.8):36。

王振鵠,〈文獻處理標準化問題〉,《中國圖書館學會會務通訊》,77 期(1990.11):17-23。後收入《臺灣圖書館事業文集》頁371-384。

王振鵠,〈序〉,收入周寧森,《圖書資訊學導論》,7-8。臺北市:三民書局,1991。

王振鵠,〈導言〉,收入王振鵠、鄭恆雄、賴美玲、蔡佩玲,《圖書資料運用》,1-10。臺北縣:國立空中大學,1991。後收入《臺灣圖書館事業文集》,358-360。

王振鵠、吳美美,〈合作館藏發展制度的建立〉,《中國圖書館學會會報》,48 期(1991.12):31-44。後收入《臺灣圖書館事業文集》,257-284。

王振鵠,〈我國圖書館學教育的回顧與前瞻〉,收入國立臺灣大學文學院主辦,《大學人文教育的回顧與展望:大學人文教育教學研討會論文集》,臺北市:國立臺灣大學文學院,1992,103-126。後收入《臺灣圖書館事業文集》,307-330。

王振鵠主講,郭乃華、張淑慧記錄,〈書目控制與書目中心〉,《國立成功大學圖書館通訊》,7 期(1992.7):1-6。

王振鵠,〈溝通‧交流‧合作——共同促記中華圖書館事業的發展:圖書館學與資訊科學教育研討會開幕致詞〉,收入國立臺灣大學圖書館學系編,《圖書館學與資訊科學教育研討會論文集》,ii。臺北市:國立臺灣大學圖書館學系,1993。

王振鵠,〈臺灣地區圖書館事業的發展〉,收入國立臺灣大學圖書館學系編,《圖書館學與資訊科學教育研討會論文集》,15-24。臺北市:國立臺灣大學圖書館學系,1993。

王振鵠,〈無限的感念:中央圖書館成立六十年感言〉,《國立中央圖書館館訊》,15 卷 2 期(1993.4):9-10。

王振鵠,〈為發展中華圖書館事業而努力〉,《交流》,9 期(1993.5):58-59。後收入《臺灣圖書館事業文集》,525-528。

王振鵠,〈對中國圖書館學會的期望〉,《中國圖書館學會會報》,51 期(1993.12):1-2。

王振鵠,〈各國圖書館標準之研究〉,收入《圖書館學論叢》,61-

161。臺北市：臺灣學生書局，1994。1972 年以〈各國圖書館標準之比較研究〉發表為國科會 60 學年度研究論文，再以〈各國圖書館標準之研究（一～三）〉刊於《教育資料科學月刊》，4 卷 5/6 期–5 卷 2 期（1972.12–1973.2），共 39 頁。

王振鵠，〈美國的圖書館服務標準〉，收入《圖書館學論叢》，163-224。臺北市：臺灣學生書局，1994。1971 年以「美國圖書館標準之研究」發表為國科會 59 學年度研究論文，再刊《人文學報》，2 期（1972.1），537-586。

王振鵠，〈圖書館學教育的幾個問題〉，《上海高校圖書情報學刊》，1994 年 1 期（1994.3）：8-9。

王振鵠，〈高中圖書館的經營理念〉，《高中圖書館館訊》，11 期（1995.4）：4-11。

王振鵠，〈臺灣地區的圖書館學研究〉，收入胡述兆教授七秩榮慶論文集編輯小組編，《圖書館與資訊研究論集：慶祝胡述兆教授七秩榮慶論文集》，15-24。臺北市：漢美圖書，1996。後收入《臺灣圖書館事業文集》，331-342。

王振鵠，〈「圖書館法」制訂之必要〉，《社教雙月刊》，79 期（1997.6）：53-54。

王振鵠，〈蔣慰堂先生對圖書館事業的貢獻〉，收入中國圖書館學會編，《蔣復璁先生百歲誕辰紀念文集》，34-37。臺北市：中國圖書館學會，1998。

王振鵠主持，〈全國圖書館館際互借規則擬定之研究〉，《教育部圖書館事業委員會會訊》，26 期（1998.1）：3-5。

王振鵠，〈全國圖書館館際互借規則之研訂——中華人文社會科學圖書館合作組織八十七年會員大會專題演講〉，《國家圖書館館訊》，88 年 1 期（1999.2）：1-2。後收入《臺灣圖書館事業文集》，295-298。

王振鵠,〈從書目控制談《全國新書資訊月刊》〉,《全國新書資訊月刊》,3期(1999.3):1-3。後收入《臺灣圖書館事業文集》,219-224。

王振鵠,〈從聯教宣言談公共圖書館服務〉,《書苑》,41期(1999.7):19-22。後收入《臺灣圖書館事業文集》,361-365。

王振鵠,〈海峽兩岸圖書館界交流之回顧與展望——華文書目資料庫合作發展研討會專題演講〉,《國家圖書館館訊》,88年4期(1999.11):1-6。後收入《臺灣圖書館事業文集》,529-541。

王振鵠,〈袁同禮傳〉,收入國史館編,《國史擬傳》第九輯,107-120。臺北市:國史館,2000。

王振鵠,〈二十世紀臺灣圖書館事業之回顧與展望〉,收入國家圖書館編,《中華民國八十九年圖書館年鑑》,11-27。臺北市:國家圖書館,2000。後收入《臺灣圖書館事業文集》,3-36。

王振鵠演講,劉春銀記錄,〈我對圖書館學會的幾點期望〉,《中國圖書館學會會訊》,8卷4期(2000.12):2-4。後收入《臺灣圖書館事業文集》,139-144。

王振鵠,〈自今以始樂餘年——賀盧荷生教授榮休暨七十大慶〉,收入盧荷生教授七秩榮慶論文集編委會編,《盧荷生教授七秩榮慶論文集》,3-5。臺北市:文史哲出版社,2001。

王振鵠,〈圖書館法與圖書館事業之發展〉,收入國家圖書館編,《中華民國九十年圖書館年鑑》,25-34。臺北市:國家圖書館,2002。後收入《臺灣圖書館事業文集》,115-138。

王振鵠,〈現代圖書館的概念與認知〉,《中華圖書資訊學教育學會會訊》,19期(2002.12):3-4。後收入《臺灣圖書館事業文集》,87-91。

王振鵠述,劉馨雲記錄,〈《圖書館學與資訊科學》三十年回顧〉,

《圖書館學與資訊科學》，30 卷 2 期（2004.10）：5-8。後收入《臺灣圖書館事業文集》，343-350。

王振鵠，〈祝賀嚴紹誠教授百齡上壽〉，《中國圖書館學會會報》，73 期（2004.12）：1-2。

王振鵠、嚴文郁、唐德剛等，〈袁同禮先生百年冥誕紀念專輯〉，《中國圖書館學會會訊》，3 卷 4 期（2005.12）：1-21。

王振鵠，〈錢存訓先生九五榮慶誌賀〉，《中華民國圖書館學會會報》，74 期（2005.6）：1-2。

王振鵠，〈蔣復璁先生傳略〉，《教育愛：臺灣教育人物誌 III》，（臺北市：國立教育資料館，2008），31-41。

王振鵠，〈悼念友豪先生〉，收入楊國賜主編，《永不褪色的微笑：懷念孫邦正教授》，44-45。臺北市：國立教育資料館，2009。

王振鵠，〈興建圖書館充實教學資源〉，收入財團法人劉真先生學術基金會編，《劉真先生百齡華誕文集》，227-230。臺北市：劉真先生學術基金會，2010。

王振鵠，〈臺灣圖書館事業的前景以及專業人員的基本認知〉，收入中華民國圖書館學會編，《2011 圖書資訊學研討會論文集》，臺北市：中華民國圖書館學會，2011，5-14。

王振鵠，〈國際標準書號與預行編目之回顧與展望：兼賀國家圖書館八十週年館慶〉，《全國新書資訊月刊》，172 期，（2013.4）：4-6。

王振鵠，〈國家圖書館八十年〉，《國家圖書館館刊》，102 年 1 期（2013.6）：1-10。後收入《臺灣圖書館事業文集》，173-183。

王振鵠，〈順勢而發，日新又新——賀中華民國圖書館學會成立六十周年〉，《中華民國圖書館學會會訊》，21 卷 2 期（2013.

12):1。

王振鵠,〈圖書館學教育〉,《中華民國圖書館學會會訊》,21卷2期(2013.12):5-7。

王振鵠,〈王序〉,收入王珮琪、劉春銀主編,《專門圖書館》,11-13。臺北市:五南出版社,2015。

王振鵠,〈師友追憶:圖書館先進蔣復璁先生〉,《傳記文學》,106卷5期(2015.5):80 85。

王振鵠,〈書目與書評兼而得之:祝賀《全國新書資訊月刊》200期〉,《全國新書資訊月刊》,200期(2015.8):6-8。

王振鵠,〈「中文資訊交換碼」的誕生——兼憶資訊專家謝清俊、楊鍵樵、張仲陶、黃克東諸先生〉,《傳記文學》,107卷3期(2015.9):28-33。

王振鵠,〈訂交三十年,公私兩相合:賀胡述兆教授九秩榮慶〉,《桃李不言錄:胡述兆教授九秩榮慶》,2017,未出版。

王錫璋,〈早巡〉,收入寸心銘感集編集委員會編,《寸心銘感集:王振鵠教授的小故事》,1-5。臺北市:寸心銘感集編集委員會,1994。

朱寶珠,〈記王館長二三事〉,收入寸心銘感集編集委員會編,《寸心銘感集:王振鵠教授的小故事》,6-8。臺北市:寸心銘感集編集委員會,1994。

吳明德、賴麗香,〈王振鵠教授與我國圖書館學教育〉,《圖書館學與資訊科學》,31卷2期(2005.10):46-51。

吳明德,〈吳序〉,收入顧力仁,《典範的時代和理想的人格:王振鵠館長與國立中央圖書館》,iii-iv。新北市:華藝學術出版社,2014。

吳碧娟,〈永遠的恩師〉,寸心銘感集編輯委員會編,《寸心銘感集:王振鵠教授的小故事》,12-14。臺北市:寸心銘感集編

集委員會，1994。

宋美珍，〈三年有成：教育部圖書館事業委員會〉，《中國圖書館學會會訊》，1卷5期（1993.10）：1-3。

宋美珍，〈明燈〉，收入寸心銘感集編集委員會編，《寸心銘感集：王振鵠教授的小故事》，14-16。臺北市：寸心銘感集編集委員會，1994。

李華偉，〈我所認識的王振鵠教授〉，收入王振鵠教授七秩榮慶祝壽論文集編輯小組編，《當代圖書館事業論集：慶祝王振鵠教授七秩榮慶論文集》，3-7。臺北市：正中書局，1994。

沈寶環，〈圖書館事業的領導問題〉，收入王振鵠教授七秩榮慶祝壽論文集編輯小組編，《當代圖書館事業論集：慶祝王振鵠教授七秩榮慶論文集》，11-32。臺北市：正中書局，1994。

易明克，〈傳承文化使命・開創館務新局──王館長77年2月對全體同仁講話紀要〉，《國立中央圖書館館訊》，10卷2期（1988.5）：22-23。

易明克，〈我所知道的王館長振鵠先生〉，收入寸心銘感集編集委員會編，《寸心銘感集：王振鵠教授的小故事》，24-32。臺北市：寸心銘感集編集委員會，1994。

周原著，劉春銀編譯，〈「常願書為曉者傳」──萬惟英先生小傳〉，《中華民國圖書館學會會訊》，14卷1/2期（2006.6）：22-26。

林呈潢，〈我國的書目控制工作〉，《教育資料與圖書館學》，22卷1期（1984.9）：65-90。

林始昭。〈「卅年如一」：敬愛的王振鵠老師〉，《國立臺灣師範大學圖書館通訊》，64期（2004.11）：8。

林阿葉，〈王館長──我成長中的導師〉，收入寸心銘感集編集

委員會編,《寸心銘感集:王振鵠教授的小故事》,33-34。
臺北市:寸心銘感集編集委員會,1994。

林菁,〈國民小學圖書館利用教育之探討〉,《嘉義師院學報》,11 期(1997.11):41-76。

邱念雄,〈評王振鵠的圖書館學思想與方法〉,《圖書館學研究》,1989 年 3 期(1989):84-90。收入《書緣:圖書館生涯五十年》增訂本,319-333。

胡述兆,〈記國立中央圖書館的四位館長〉,《國家圖書館館刊》,92 卷 1 期(2003.4):1-6。

金恩輝、陳艷華,〈記我國臺灣圖書館事業的開創者——王振鵠先生〉,《圖書館學研究》,1997 年 2 期(1997):80-87。

社教雙月刊編輯部,〈發揮鄉鎮圖書館功能加強基層文化建設(座談會)〉,《社教雙月刊》,15 期(1986.6):4-13。

尚華,〈與民眾打成一片——訪師大王振鵠教授談鄉鎮圖書館的發展〉,《師友月刊》,304 期(1992.10):16。

倪波,〈振鵠論〉,《圖書與情報》,1994 年 4 期(1994):33-38。收入《書緣:圖書館生涯五十年》增訂本,334-350。

國立中央圖書館,〈國立中央圖書館遷建計劃〉,《圖書館學與資訊科學》,4 卷 1 期(1978.4):25-39。

陳仲彥,〈王振鵠教授與師大〉,收入王振鵠教授八秩榮慶籌備小組編,《王振鵠教授圖書館學術、教育與志業:見證臺灣圖書館事業發展研討會》,1-24。臺北市:國立臺灣師範大學圖書資訊學研究所,2004。

陳珏,〈臺灣和海外漢學發展的「競」與「合」——漢學研究中心與歐美、東亞其它漢學機構的比較〉,《國文天地》,26 卷 5 期(2010.10):23-28。

陳敏珍,〈書目控制〉,收入胡述兆編,《圖書館學與資訊科學大

辭典》，1212-1213。臺北市：漢美圖書，1995。

崔鈺、康軍，〈中國臺灣圖書館學家王振鵠的學術思想與實踐〉，《圖書情報工作》，1997 年 4 期（1997）：7-12。後收入《書緣：圖書館生涯五十年》增訂本，351-367。

莊健國，〈穩定中成長的「中華民國人文社會科學圖書館合作組織」〉，《臺北市立圖書館館訊》，5 卷 2 期（1987.12）：41-45。

莊健國、曾堃賢，〈圖書館團體〉，收入國家圖書館編，《第三次中華民國圖書館年鑑》，591-628。臺北市：國家圖書館，1999。

張錦郎，〈善教者使人繼其志〉，收入寸心銘感集編集委員會編，《寸心銘感集：王振鵠教授的小故事》，44-49。臺北市：寸心銘感集編集委員會，1994。

游恂皇，〈我永遠的老師〉，寸心銘感集編輯委員會編，《寸心銘感集：王振鵠教授的小故事》，56-58。臺北市：寸心銘感集編集委員會，1994。

程煥文、肖鵬，〈王振鵠教授圖書館學術思想在大陸的傳播及其影響〉，《國家圖書館館刊》，103 年 2 期（2014.12）：173-180。

雷叔雲，〈謙抑應世協和容眾：館長王振鵠教授〉，《國立中央圖書館館訊》，9 卷 1 期（1986.5）：12-14。

劉兆祐，〈漢學研究中心出版品之學術價值〉，《國文天地》，26 卷 5 期（2010.10）：16-18。

劉春銀，〈費士卓（1906-1989）〉，收入陳冠至、黃元鶴主編，《圖書館人物誌》，370-375。臺北市：五南出版社，2014。

鄭恒雄，〈王振鵠教授的書目學理念與實踐〉，《圖書館學與資訊科學》，31 卷 2 期（2005.10）：30-38。收入《書緣：圖書

館生涯五十年》增訂本,294-318。

蔣復璁,〈序〉,收入王振鵠,《圖書館學論叢》(臺北市:臺灣學生書局,1984),I-III。

錢存訓著,薛吉雄譯,〈美國圖書館建立東亞研究館藏之發展趨勢〉,收入汪雁秋編,《海外漢學資源調查錄》,211-225。臺北市:漢學研究資料暨服務中心,1982。

盧荷生。〈壽序〉,收入王振鵠教授七秩榮慶祝壽論文集編輯小組編著,《當代圖書館事業論集:慶祝王振鵠教授七秩榮慶論文集》,頁1-2。臺北市:正中書局,1994。

盧荷生,〈王振鵠館長與臺灣圖書館事業——恭賀振鵠先生八十嵩壽〉,《國家圖書館館刊》,93年1期(2004.6):1-7。

薛吉雄,〈望之儼然即之也溫〉,收入寸心銘感集編集委員會編,《寸心銘感集:王振鵠教授的小故事》,88-93。臺北市:寸心銘感集編集委員會,1994。

嚴文郁,〈序〉,收入王振鵠,《圖書館學論叢》,V-VII。臺北市:臺灣學生書局,1984。

顧力仁,〈合作啟新頁‧資訊謀共享:資訊圖書館啟用綜合報導〉,《國立中央圖書館館訊》,10卷4期(1988.11):1-3。

顧力仁,〈永遠秉持誠與恆的信念:王教授振鵠先生論著述要及其學術思想〉,《圖書館學與資訊科學》,31卷2期(2005.10):5-13。

顧力仁,〈王振鵠教授的研究對圖書館教育及治理的影響〉,《國家圖書館館刊》,103年2期(2014.12):193-203。

顧力仁,〈師友風義:王振鵠教授與當代人物〉,《傳記文學》,110卷2期(2017.2):39-56。

顧廷龍等,〈如何促進海峽兩岸圖書館與資訊事業的發展〉,《圖書館學與資訊科學》,18卷2期(1992.10),46-106。其中

王振鵠，〈交流合作，共謀發展〉後收入《臺灣圖書館事業文集》，521-523。

Humphreys, Kenneth William. "National library functions," *Unesco Bulletin for Libraries*, 20, no. 4 (July-August, 1966): 158-69.

三、學位論文

彭慰，《我國聯合目錄編製之研究》，國立臺灣大學圖書館學研究所碩士論文，1985。

鄭麗敏，《近二十年來臺灣地區圖書館學與資訊科學期刊論文引用參考文獻特性分析》，淡江大學教育資料科學研究所碩士論文，1993。

四、報紙

王岫，〈永遠的老師〉，《中華日報》，2002年9月26日，19版。

王振鵠，〈三十年後的圖書館〉，《中華日報》，1976年4月13日，9版。收入《圖書館學論叢》，49-60。

五、網路資源

Anderson, Dorothy. "The Role of the National Bibliographic Centre," *Library Trends*, 25, no. 3 (January, 1977): 645-63. Accessed August 16, 2017. https://www.ideals.illinois.edu/bitstream/handle/2142/8764/librarytrendsv25i3g_opt.pdf.

王振鵠，〈臺灣圖書館學教育之發展〉，2012數位時代圖書資訊教育與產業人才需求研討會，http://www2.glis.ntnu.edu.tw/2012lis_manpower/docs/2012lis_manpower_03.pdf，檢索日期2017年7月12日。

中華圖書資訊學教育學會,〈關於 CALISE〉,中華圖書資訊學教育學會,http://www.calise.org.tw/about.htm,檢索日期:2017年7月11日。

高鵬,〈圖書館統計〉,收入國家圖書館編,《中華民國一〇五年圖書館年鑑》,347-362。臺北市:國家圖書館,2017。https://nclfile.ncl.edu.tw/files/201709/44769db2-aa6d-4127-af74-539850118a7f.pdf,檢索日期:2018年6月1日。

國家圖書館委託,中國圖書館學會研訂,〈我國圖書館員專業倫理守則〉,LAROC 中華民國圖書館學會,http://www.lac.org.tw/law/12,檢索日期:2017年7月12日。

陳終道,〈一粒麥子的事奉〉,《金燈臺》,98 期(2002.3),https://www.goldenlampstand.org/glb/read.php?GLID=09803,檢索日期:2018年5月31日。

〈教育部圖書館事業諮詢會設置要點〉,http://www.rootlaw.com.tw/LawContent.aspx?LawID=A040080021010100-1040511,檢索日期:2018年8月14日。

〈萬惟英教授舊照〉,《Obituary: Wei-ying Wan》,http://obits.mlive.com/obituaries/annarbor/obituary.aspx?pid=178016508,檢索日期:2016年8月26日。

《聖經》現代中譯本,約翰福音 12 章 24-25 節。臺灣聖經公會聖經網站,http://cb.fhl.net/read.php?id=26629&TABFLAG=2&VERSION1=tcv95

六、其他

王振鵠,〈地方圖書館〉,收入張其昀監修,《中華百科全書》第三冊,144。臺北市:中國文化大學出版部,1981。

國立教育資料館製作,中視資訊科技股份有限公司承製,《臺

灣教育人物誌》〔錄影資料〕,臺北市:國立教育資料館,2006。

附錄

附錄一、王振鵠教授大事紀要

王振鵠 著、顧力仁 增補

說明：

　　大事紀要以時間為經，大事為緯，並附有中外大事以及國內外圖書館大事紀要；此外，同時列出重要的出版品，藉以瞭解先生的治事與研究之間之關係。

中外大事及國內外 圖書館大事紀要	個人大事紀要
民 13 年（1924）	（甲子）國曆 4 月 6 日（農曆 3 月 3 日生），原籍河北省濮陽縣，出生於天津市。父炳芳公，母夏芳珍。
民 16 年（1927） 國際圖書館協會聯盟（International Federation of Library Associations, IFLA）成立	（3 歲）
民 19 年（1930）	（6 歲） 入天津市立第 31 小學就讀。
民 20 年（1931） 九一八事件，東北三省被佔領	（7 歲）
民 21 年（1932） 一二八事變，日本攻占上海	（8 歲）
民 25 年（1936） 西安事變	（12 歲） 小學畢業，考入明德中學就讀。該校為全市中學會考榜首，管教嚴格，校風樸實。

中外大事及國內外圖書館大事紀要	個人大事紀要
民 26 年（1937） 中日戰爭爆發	（13 歲） 中日戰起，明德中學被日軍炸毀停辦，全家遷入天津義大利租界避難，轉學英租界工商學院附屬中學二年級就讀。工商學院為天主教耶穌會所創辦，師資陣容整齊，由外籍神父管理。
民 30 年（1941） 太平洋戰爭（1941-1945）起	（17 歲） 高中二年級，參加學生抗日活動，遭日憲緝捕，因事先獲訊，乃離津赴滬，轉入上海浦東中學就讀。
民 32 年（1943）	（19 歲） 自滬回津過年，適天津學生抗日組織遭日憲破壞，日憲於舊曆年前會同義租界警探到家搜查，連同兄妹同被拘捕，關入天津海光寺憲兵隊嚴刑拷訊，繫押四個多月，解送北平日本 1407 軍法部隊審判，以違反大日本皇軍軍律判處監禁三年，移送新橋砲局胡同「外寄人犯收容所」執行。同時解送北平者共七人，內有西南聯大學生袁漢俊被判死刑，中日中學學生陳肇基十年，另有之江大學學生葉綿七年，其他五年不等。振鵠年幼，判監禁三年。三兄振鴻被轉天津監獄拘禁半年釋放，妹振英，14 歲，保釋。
民 34 年（1945） 中日戰爭結束 臺灣光復	（21 歲） 勝利在望，因身體衰弱，曾在獄中昏絕，6 月保釋出獄，未久日本投降。計繫獄二年六個月。出獄後因長期繫鐐，脫鐐後走路虛軟無力，月餘始正常。

中外大事及國內外圖書館大事紀要	個人大事紀要
民 34 年（1945）（續）	（21 歲）（續）
	8 月日本投降，國府駐平代表何其鞏時任中國大學校長，薦入中國大學就讀，經甄試依志願入中文系。
民 35 年（1946） 國共內戰 聯合國教科文組織 UNESCO 成立	（22 歲） 8 月 4 日與王碩芬小姐在北平結婚。碩芬抗戰期間參加抗日活動，曾為日憲拘押半載保釋出獄。
民 36 年（1947） 臺灣二二八事件	（23 歲）
民 37 年（1948） 蔣介石當選中華民國總統 公布實施〈動員戡亂時期臨時條款〉 日本國會圖書館成立	（24 歲） 7 月間大學畢業。
民 38 年（1949） 政府遷都臺北，臺灣省實施戒嚴 375 減租	（25 歲） 北平局勢混亂，元月經城防司令楚溪春發給離境證明，夫婦搭天主教會包機聖保羅號（C47），隨神父修士同機經天津飛上海。在滬未久赴廈門，暫住鼓浪嶼，並於當地報館任助理編輯。 10 月搭英航輪來臺。入臺灣省立師範學院工作，初與圖書館結緣。
民 39 年（1950） 韓戰爆發 大英國家總書目（British National Bibliography, BNB）發行 日本公布《圖書館法》	（26 歲）

中外大事及國內外圖書館大事紀要	個人大事紀要
民 40 年（1951） 美國對臺灣提供軍事、經濟援助 〈臺灣省各縣市圖書館組織規程〉公布	（27 歲）
民 41 年（1952） 〈各省市立圖書館規程〉公布	（28 歲）
民 42 年（1953） 推行耕者有其田，西螺大橋通車 中國圖書館學會成立	（29 歲） 任師院出版組主任，並主編校刊。
民 43 年（1954） 《社會教育法》公布 國立中央圖書館館長蔣復璁籌備在臺復館	（30 歲）
民 44 年（1955） 孫立人事件 省立師範學院成立社會教育學系，內分圖書館學組、社會工作組及新聞學組。	（31 歲） 1 月 19 日長女珮琪出生。 7 月調任師院圖書館主任。 12 月任學會第 3 屆理事、副總幹事，次年 3 月遞補常務理事。
民 45 年（1956）	（32 歲） 12 月任學會第 4 屆理事、總幹事。 主要論著： 省立師範大學圖書館概況。中國圖書館學會會報，6 期，頁 12-14。
民 46 年（1957）	（33 歲） 1 月 19 日長男聲翔出生。與珮琪同生日。 12 月任學會第 5 屆常務理事。

附錄一、王振鵠教授大事紀要

中外大事及國內外 圖書館大事紀要	個人大事紀要
民 47 年（1958） 金門八二三炮戰	（34 歲） 8 月間經美國安全分署教育組顧問費士卓博士推薦，參加美國國務院赴美進修計畫考試，通過後入田納西州畢保德師範學院圖書館學研究所（該校後與 Vanderbilt Univ. 合併）研究。暑期並參觀美中、美東各大圖書館八十餘所。 12 月任學會第 6 屆理事。
民 48 年（1959） 八七水災	（35 歲） 8 月獲碩士學位。（民國 48 年夏因右頰三叉神經痛，經田納西州 Vanderbilt 大學醫學院手術治療，住院一周）。自美返臺，續任師院圖書館主任。 12 月任學會第 7 屆常務理事。 主要論著： 美國圖書館事業發展之近況。中國圖書館學會會報，10 期，頁 2-4。
民 49 年（1960） 中部橫貫公路通車	（36 歲） 8 月師範學院聘為教育學院社會教育系講師兼圖書館主任。另東吳大學聘為兼任副教授，授目錄學。 7.2 學會成立臺灣省圖書館事業改進委員會，以常務理事任委員。 12 月任學會第 8 屆常務理事、叢書編輯委員會召集人。 主要論著： 論杜威十進分類法第十六版。圖書館學報，2 期，頁 63-68。

中外大事及國內外圖書館大事紀要	個人大事紀要
民 50 年（1961） 臺灣大學設圖書館學系 美 Univ. of Minnesota 圖書館學研究所所長 Divid K. Berninghansen 擔任臺大圖書館學系客座教授	（37 歲） 12 月 2 日次男聲文出生。 10 月，師大社教系圖書館組輯錄《圖書館學主要論著索引》油印本，由清宣統元年至民國 50 年 8 月。 12.10 學會討論通過「中學圖書館標準」五條 20 章，之前擬訂初稿，後經多次討論，送教育部備作修訂「中學設備標準」參考。 12 月任學會第 9 屆常務理事、叢書編輯委員會召集人。
民 50 年（1961）（續）	（37 歲）（續） 主要論著： 學校圖書館。臺中市：東海大學圖書館。 大學圖書館的行政組織。圖書館學報，3 期，頁 15-24。
民 51 年（1962）	（38 歲） 4.14 第四次全國教育會議，通過中央圖書館提「發展中國圖書館事業方案」，撰寫說明（與萬惟英、賴永祥、藍乾章、王省吾等）。 2 月任學會第 10 屆常務理事、學校圖書館研究委員會召集人。 主要論著： 談索引。中國圖書館學會會報，14 期，頁 38-40。
民 52 年（1963） 韓國公布〈圖書館振興法〉	（39 歲） 任師院副教授，兼圖書館主任。

中外大事及國內外 圖書館大事紀要	個人大事紀要
民 52 年（1963）（續）	（39 歲）（續） 7 月教育部公布「師範學校設備標準」，內含「圖書設備標準」，擔任該標準修訂委員。 主要論著： 創編近五年教育論文索引及五十一年教育論文索引。
民 53 年（1964） 英國公布 Public Library and Museum Act 美國圖書館實施線上書目檢索 Online bibliographic retrieval 世界新聞專科學校設圖書資料科	（40 歲） 兼任臺灣大學圖書館學系副教授。 12 月任學會第 12 屆常務理事、學校圖書館委員會召集人。 主要論著： （譯）小學圖書館（Mary Peacock Douglas 撰）。臺北：正中。
民 54 年（1965） 美援停止 臺灣在高雄成立第一個加工出口區	（41 歲） 兼任世界新聞專科學校教授（54-55 年、57 年）。 6 月教育部公布「國民學校設備標準」，內含「圖書設備標準」，擔任該標準修訂委員。 7.12 擔任學會暑期圖書館工作人員講習班講師。 10.5 教育部成立大學課程修訂委員會，部聘為文學院圖書館學系課程小組委員 12 月任學會第 13 屆常務理事。 主要論著： 西洋圖書分類之沿革，國科會 53 學年度研究論文。 大學圖書館之館藏資料。圖書館學報，7 期，頁 87-101。

中外大事及國內外 圖書館大事紀要	個人大事紀要
民 55 年（1966） 大陸文化大革命開始 機讀編目格式 MARC 啟用	（42 歲） 任師院教授。 12 月任學會第 14 屆常務理事。 主要論著： 西洋圖書分類之理論與實際，國科會 54 學年度研究論文。
民 56 年（1967） 美英編目規則 AACR-I 發行 線上電腦圖書館中心 (Online Computer Library Centre, OCLC) 成立	（43 歲） 7.10 學會暑期圖書館工作人員研習會在師大圖書館舉行，聘先生為研習會主任。 12 月任學會第 15 屆常務理事、大學圖書館委員會召集人。 主要論著： 各國圖書館員教育之比較研究，國科會 55 學年度研究論文。 暑期研習會之回顧與前瞻——第十一屆圖書館工作人員研習會報告。中國圖書館學會會報，19 期，頁 23-28。
民 57 年（1968） 實施九年國民義務教育	（44 歲） 56 年 2 月師院改制為師範大學，改任圖書館館長。兼任臺灣大學教授（至民 91 年）。 本學年兼任總務長。 12 月任學會第 16 屆常務理事、出版委員會召集人。 主要論著： 美國圖書館合作制度之研究，國科會 56 學年度研究論文。 杜威十進分類法。國立中央圖書館館刊，新 2 卷 2 期，頁 21-27。 西洋圖書分類之起源。載於慶祝蔣慰堂先生七十榮慶論文集（頁 283-296）。臺北：臺灣書局。

中外大事及國內外圖書館大事紀要	個人大事紀要
民 58 年（1969）	（45 歲） 3 月，通過「國立臺灣師範大學圖書館館藏書借用影印出版辦法」。 11.10 聯教組織中國委員會第五屆執行委員會籌組圖書委員會，聘先生為委員。 12 月任學會第 17 屆常務理事。 主要論著： 怎樣管理圖書。臺北：國立臺灣師範大學中等教育輔導委員會。 兒童圖書館。臺北：臺灣書店。 圖書選擇與採訪之研究，國科會 57 學年度研究論文。
民 59 年（1970） 中國文化學院史學研究所設圖書博物組 輔仁大學設圖書館學系	（46 歲） 兼任輔仁大學圖書館學系教授（至民 66 年止）。 12 月任學會第 18 屆常務理事、出版委員會召集人。 主要論著： 標題目錄之研究，國科會 58 學年度研究論文。 美國圖書館之目錄合作制度(上、下)。教育資料科學月刊，1 卷 4–5 期，共 10 頁。 美國參考書的類型。教育資料科學月刊，1 卷 2 期，頁 1-7。
民 60 年（1971） 退出聯合國 聯合國世界科技資訊系統（Universal Information System in Science and Technology, UNISIST）啟用 淡江大學設教育資料科學系	（47 歲） 1.6 出席澳洲國立大學舉行的「第 28 屆國際東方學者會議」，與會提出論文。 3.27 出席中華文化復興運動推行委員會舉行的「發展全國圖書館事業座談會」。 12 月任學會第 19 屆常務理事、出版委員會召集人。

中外大事及國內外圖書館大事紀要	個人大事紀要
民 60 年（1971）（續） 聯合國世界科技資訊系統（Universal Information System in Science and Technology, UNISIST）啟用 淡江大學設教育資料科學系	（47 歲）（續） 主要論著： 美國圖書館標準之研究，國科會 59 學年度研究論文。 美國圖書館學校的評價與認可制。圖書館學報，11 期，頁 179-190。 美國學校圖書館之經營標準。中等教育，22 卷 6 期，頁 12-15。
民 61 年（1972） 美國總統尼克森訪問中國大陸	（48 歲） 師大教授兼任社會教育學系主任及圖書館館長。 擔任考試院典試委員。 12 月任學會第 20 屆常務理事、出版委員會召集人。 主要論著： 圖書選擇法。臺北：國立臺灣師範大學圖書館 各國圖書館標準之比較研究，國科會 60 學年度研究論文。 美國的圖書館服務標準。人文學報，2 期，頁 537-586。 論全面發展圖書館事業之途徑。教育資料科學月刊，4 卷 4 期，頁 2-3。 各國圖書館標準之研究（一～三）。教育資料科學月刊，4 卷 5/6 期 –5 卷 2 期，共 39 頁。
民 62 年（1973） 大英圖書館 The British Library 成立	（49 歲） 1 月，社會教育系與臺北市政府社會局合作「臺北市平民安康計畫」，參與社會工作服務團。 6.5 輔導學生社團「社會教育學會」出版《社教系刊》。

中外大事及國內外圖書館大事紀要	個人大事紀要
民 62 年（1973）（續）	（49 歲）（續）
	12 月任學會第 21 屆常務理事、出版委員會召集人。
	主要論著：
	美國圖書館員養成制度之研究，國科會 61 學年度研究論文。又刊於國立中央圖書館館刊，新 6 卷 1 期，頁 55-58。
	西洋圖書分類制度概說。人文學報，3 期，頁 329-390。
民 63 年（1974） 推動十大建設 國際書目控制（Universal Bibliographic Control, UBC）實施 國際標準書目著錄（International Standard Bibliographic Description, ISBD）公布 研究圖書館組織（Research Library Group, RLG）成立，研究圖書館資訊網路 RLIN 啟用	（50 歲） 主編《圖書館學》一書，由中國圖書館學會委由學生書局出版。 12 月任學會第 22 屆常務理事、出版委員會暨圖書館事業研究發展小組召集人。 主要論著： 美國公共圖書館制度之研究，國科會 62 學年度研究論文。 圖書館與圖書館學，頁 41-86；（與趙來龍合著），圖書資料的選擇，頁 191-248；各國圖書館教育制度，447-486 頁。中國圖書館學會。臺北：學生。
民 64 年（1975） 蔣中正總統逝世，副總統嚴家淦繼任 中國圖書館協會草擬〈圖書館法〉草案完成，徵求各方意見	（51 歲） 在亞洲學會資助下，與華人圖書館員協會合作，創編《圖書館學與資訊科學》半年刊，由師大出版。 圖書館增闢指定參考書閱覽室，陳列各科重要參考書籍教科書，採開架閱覽。 12.2 演講「圖書館之利用」。 12 月任學會第 23 屆常務理事、出版委員會召集人。

中外大事及國內外圖書館大事紀要	個人大事紀要
民 64 年（1975）（續）	（51 歲）（續）
	主要論著：
	美國書目管制工作之研究，國科會 63 學年度研究論文。
	臺灣區大專院校圖書館現況調查報告。臺北：教育部大專圖書館標準擬訂工作小組。
	三十年來的臺灣圖書館事業。圖書館學與資訊科學，1 卷 2 期，頁 41-69。
	教育部新訂「大專圖書館標準」1. 大學及獨立學院圖書館標準（草案）2. 專科學校圖書館標準（草案）。中國圖書館學會會報，27 期，頁 45-52。
民 65 年（1976）	（52 歲）
大陸文化大革命結束	師大進行「索引編纂計畫」，成立「索引編纂小組」，任召集人。
世界出版品利用計畫（Universal Availability Program, UAP）實施	12 月任學會第 23 屆常務理事、學術研究出版暨慶祝成立廿五週年籌備委員會召集人。
	主要論著：
	當前文化建設中圖書館的規劃與設置之研究。臺北：國家建設研究委員會編印。
	美國公共圖書館的發展方向。載於臺灣省立臺中圖書館，臺灣省立臺中圖書館三十週年特刊（頁 36-42）。臺中：臺灣省立臺中圖書館。
	臺灣大專圖書館現況之調查。圖書館學與資訊科學，2 卷 1 期，頁 74-101。
	三十年後的圖書館。載於三十年後的世界（頁 83-87）。臺北：中華日報社。
民 66 年（1977）	（53 歲）
政府推動十二項建設	借調任國立中央圖書館館長。
	3.31 教育部借調任國立中央圖書館館長。
國際機讀編目格式（Universal Machine-Readable Cataloging, UNIMARC）公布	5.11 中圖縮影業務移交換處辦理。
	7.15 召開中圖「圖書館事業研究委員會」。

中外大事及國內外圖書館大事紀要	個人大事紀要
民 66 年（1977）（續）	（53 歲）（續）
	7 月起擴大館務會議，指定同仁提出專題研究報告。
	8.15 舉行「全國書目索引編輯研討會」。
	8.31 赴比利時出席國際圖書館協會聯盟 50 週年年會。
	兼任文化大學史學研究所教授（至 73 年 7 月）。
	12 月任學會第 25 屆常務監事、教育委員會暨圖書館建築設備標準化委員會召集人。
	主要論著：
	美國圖書館教育制度。中華學術院，史學論集。臺北：華岡，頁 856-890。
	資料之蒐集與利用。載於教育研究法（頁 81-87）。臺北：臺灣省國民學校教師研習會。
	國際圖書館協會聯合會五十週年大會紀要。國立中央圖書館館刊，新 10 卷 2 期，頁 57-63。
民 67 年（1978） 蔣經國當選總統，中美斷交 AACRII 公布	（54 歲）
	3.10 舉行中圖「修訂中文圖書分類表研討會」，組織中國圖書分類法編訂委員會及工作小組，進行分類法修訂工作。並任主編。
	3.27 通過中圖「館藏資料縮影及複製微捲申請辦法」。
	3.28 通過規劃中央圖書館館舍遷建事宜。臺北市政府無償撥用土地三千餘坪，行政院在文化建設計畫項下核撥建築經費。教育部組「國立中央圖書館遷建委員會」，先後由政務次長任主任委員。央館館長任委員及工作小組召集人。在教育部舉行中圖遷建委員會第一次會議。

中外大事及國內外 圖書館大事紀要	個人大事紀要
民 67 年（1978）（續）	（54 歲）（續） 4 月出版《國立中央圖書館善本說明書》、《國立中央圖書館館訊》。 6.12 有關申請圖書借印集中出版中心辦理。 本年與臺灣省製片場合作拍攝系列中國古籍影集。 12 月任學會第 26 屆常務理事及教育委員會召集人。 主要論著： 「出版品編目」計畫及「國際標準書號」制度——圖書館界與出版界合作進行的兩件事。出版之友,6 期,頁 16-17。 美國公共圖書館制度(上、中、下)。教育資料科學月刊,14 卷 2-4 期,共 27 頁。 文化中心圖書館之規劃。中國圖書館學會會報,30 期,頁 1-3。 圖書館教育與文化建設。載於教育發展與文化建設（頁 301-315）。臺北：幼獅。
民 68 年（1979） 桃園中正國際機場正式啟用 美麗島事件 國立中央圖書館完成初步中文期刊聯合目錄輸入電腦建檔工作,共收錄 140 所圖書館,共藏 6,692 種中文期刊	（55 歲） 6 月出版《國立中央圖書館館藏中華民國政府出版品目錄》。 8.26 出席國際圖聯（IFLA）在丹麥舉行之 45 屆年會；分訪英、美、日國家圖書館。 10.9 與行政院研考會、新聞局合辦「中華民國政府機關出版品展覽」。 12.13 日本國會圖書館館長酒井悌來訪。 12 月主編《中國圖書分類法（試用本）》出版。 本年製作《國立中央圖書館善本圖書幻燈片選輯》

中外大事及國內外 圖書館大事紀要	個人大事紀要
民 68 年（1979）（續）	（55 歲）（續） 12 月任學會第 27 屆常務理事、教育委員會暨圖書館自動化作業規劃委員會召集人。 主要論著： 國際圖書館協會聯合會第四十五屆年會紀念。國立中央圖書館館刊，新 12 卷 2 期，頁 55-61。 序。中國圖書分類法（試用本）。臺北：國立中央圖書館。
民 69 年（1980） 美國通過《臺灣關係法》 臺灣大學設圖書資訊學研究所，78 年招博士生	（56 歲） 1 月出版《臺灣公藏普通本線裝書目人名索引》。 1 月成立「圖書館自動化作業規劃委員會」，推動圖書館作業自動化計劃，任召集人。第一階段分成中國編目規則、中文機讀編目格式及中文標題總目等三個工作小組。 3.14 臺北市政府原撥用土地收回自用，改撥貴陽街土地。地上有違章建築 160 餘戶，協調拆遷費時 1 年 8 個月始行竣事。 4.22 行政院核定中圖辦理「籌設漢學中心研究資料及服務中心計畫」。 5.9 舉行「文化中心興建座談會」。 6 月中圖讀者研究小間試行開放、出版《中國文化研究簡易書刊目錄》。 8.17 出席在馬尼拉舉行之國際圖聯 46 屆會議，提報中文自動化作業，頗受國際重視。 11.21 舉行「政府出版品管理研討會」。

中外大事及國內外 圖書館大事紀要	個人大事紀要
民 69 年（1980）（續）	（56 歲）（續） 12.1 舉行「圖書館事業與合作發展研討會」，為期三天。 12 月出版《中華民國期刊聯合目錄》，以電腦處理。 12 月任學會第 28 屆常務理事、教育委員會暨圖書館自動化作業規劃委員會召集人。 主要論著： 中央圖書館建館計劃。載於圖書館規劃與媒體技術：圖書館實務研討會會議記錄(88-89 頁)。臺北：國立臺灣師範大學圖書館。 序。載於臺灣地區圖書館事業現況：中華民國圖書館年鑑調查錄。臺北：國立中央圖書館。
民 70 年（1981） 中央圖書館裝設王安機型電腦，開始圖書館自動化作業	（57 歲） 2.15 中圖協辦「中文圖書資料自動化國際研討會」，展示電腦作業成果。2 月出版《中文圖書機讀編目格式》中、英文本及工作手冊。 3.2 中圖成立購備及使用電腦籌劃小組。 3.16 中央圖書館新廈設計評選會議，邀請朱部長滙森主持，聘請各大學建築系或土木工程系所教授擔任評審委員。 4.14 率團訪問日本及韓國公共圖書館，參加者有縣市立圖書館館長等 21 人，行程 15 日。 6.1 行政院核准成立「漢學研究資料暨服務中心」，由部聘為指導委員會委員兼中心主任，9 月第一次指導委員會推為主任委員。

中外大事及國內外圖書館大事紀要	個人大事紀要
民 70 年（1981）（續）	（57 歲）（續） 6 月出版《圖書館事業與合作發展研討會會議紀要》。 7 月出版《中文圖書機讀編目格式》中、英文本修訂二版。 8.29 倡組「中華民國人文及社會科學圖書館館際合作組織」，任召集人。 9 月建立「中華民國出版圖書目錄檔」，將出版新書目錄輸入電腦。 10.4 舉行「中華民國歷代圖書及學術主要論著展覽」並出版展覽目錄。 10 月出版《臺灣公藏方志聯合目錄》增訂本。 11.9 每 OCLC 副總裁 Kilgour 來訪，商研自動化合作。 12 月創編《中華民國圖書館年鑑》，出版。 12 月任學會第 29 屆常務監事、教育委員會暨圖書館自動化作業規劃委員會召集人。 主要論著： 序。我國圖書館事業之現況與展望。中華民國圖書館年鑑，臺北：國立中央圖書館。 序。臺灣現藏之漢學研究資源。中華民國圖書館年鑑，臺北：國立中央圖書館。 序。中文圖書機讀編目格式。臺北：中國圖書館學會、國立中央圖書館。 序。中文圖書機讀編目格式第二版。臺北：中國圖書館學會、國立中央圖書館。 七十年來的中國圖書館事業。載於中華民國開國七十年之教育（頁 887-916）。臺北：廣文。

中外大事及國內外圖書館大事紀要	個人大事紀要
民 71 年（1982）	（58 歲） 1.15 文化建設委員會聘為「語文圖書委員會」委員兼召集人。 1 月創編《漢學研究通訊》、出版《臺灣公藏普通本線裝書目書名索引》。 2.8 辦理「中文機讀編目工作講習會」。 2 月出版《中國歷代藝文總志——經部易、書類初稿本》。 3.29 省府召開文化中心籌建會議，討論組織編制，聘為委員出席。 3 月新館基地增加六百坪土地，辦理變更計畫；經建會通過新館建築及土地補償費十億餘元。美研究圖書館組織（RLG）來函希合作編製「世界中文善本聯合目錄」。 5.29 舉辦「中國歷史與傳記工具書展覽」。 8.29 中圖參加澳洲國立大學「中文書目自動化國際會議」。 9 月出版《中國機讀編目格式》。 10.5 新館建築、給水及電器工程決標。 10.12 舉行中央圖書館新廈動工典禮，由朱滙森部長主持。 10.15 率團參加在美國 Ohio 哥倫布市舉行之美國資訊學會（ASIS）45 屆年會，並舉辦「中文資訊專題討論會」。 10.31 行政院頒授全國公務人員績優獎章。 11.24 教育部辦理大專院校圖書館評鑑，由先生領隊 12.27 訂定「電腦作業及機房管理辦法」。

中外大事及國內外 圖書館大事紀要	個人大事紀要
民 71 年（1982）（續）	（58 歲）（續） 12 月出版《臺閩地區圖書館現況調查研究》。 12 月任學會第 30 屆常務理事、教育委員會暨圖書館自動化作業規劃委員會召集人。 主要論著： 發刊詞。漢學研究通訊，1 卷 1 期，頁 1。 舊書香與新文化——古籍蒐集與整理座談會。中央日報，第 4 版。 文化建設與圖書館。載於社會教育與文化建設（頁 50-64）。臺北：國立臺灣師範大學社會教育學系。 序。中國編目規則：總則、圖書、連續性出版品。臺北：國立中央圖書館。 序。中國機讀編目格式。臺北：國立中央圖書館。 序。海外漢學資源調查錄。臺北：漢學研究資料暨服務中心。
民 72 年（1983） 中央圖書館出版《中國編目規則》、《國立中央圖書館文獻分析機讀編目格式》	（59 歲） 任美國資訊學會（ASIS）臺北分會會長（1983–1984）。 1.29 出版《新收圖書目錄》。 1 月出版《善本題跋真跡》，本月先生召集組織遷館工程工作小組。 3.14 主持「亞太地區第 1 屆圖書館學研討會」，韓國亞太文化中心鄭度淳主任協同主持，嚴前總統家淦致開幕詞，美國 ASIS 理事長 Dr. Charles H. Davis 專題講演，朱部長滙森致閉幕詞。 4.2 舉辦「工商資料展覽」。 4.21 中圖 50 週年館慶。

中外大事及國內外圖書館大事紀要	個人大事紀要
民 72 年（1983）（續）	（59 歲）（續）
	4 月善本圖書機讀編目格式測試成功，擬訂善本書建檔計畫。
	5.9 全面推行館務自動化，成立 13 個作業系統。
	6.11 美國務院邀訪美國文教設施。
	9.8 受頒行政院最優人員榮譽紀念章。
	6 月創編《漢學研究》，出版《光復以來臺灣地區出版人類學主要論著目錄》、《臺灣地區漢學主要論著選目》（年刊）。
	7.1 實施「國內報紙縮影攝製計畫」。
	7 月籌設「資訊圖書館」，位於臺北市和平東路二段科技大樓 13 樓。接受商務印書館委託，以電腦編製《文淵閣四庫全書》目錄卡片。
	8.12 參加「行政機關中文電腦資訊研討暨展示系統會」，展出「中文圖書線上編目」及「書目查詢系統」。
	11.25 報教育部「國立圖書館標準」初稿。
	11 月進行代辦縣市立文化中心圖書採購複驗工作。
	12.13 舉辦「圖書館建築設計研討會」，邀日本鬼頭梓及澤本孝久教授來訪提出新館建築意見。
	12 月出版《外文期刊漢學論評彙目》試刊。
	12 月任學會第 31 屆常務理事、教育委員會暨圖書館自動化作業規劃委員會召集人。

中外大事及國內外圖書館大事紀要	個人大事紀要
民 72 年（1983）（續）	（59 歲）（續） 主要論著： 發刊詞。漢學研究，1 卷 1 期，頁 1。 亞太地區第一屆圖書館學研討會紀要。圖書館學與資訊科學，9 卷 1 期，頁 94-106。 文化中心併發症，書櫃（革新版）1 期，3 版。 序。中國編目規則，臺北：國立中央圖書館。 「兒童讀物研究序」：感念推展我國圖書館事業的費士卓博士。傳記文學，43 卷 6 期，頁 50-64。 序。臺閩地區圖書館現況與調查研究，臺北：國立中央圖書館。 序。國立中央圖書館文獻分析機讀格式，臺北：國立中央圖書館。
民 73 年（1984）	（60 歲） 1.27 舉行圖書館事業研究委員會，研討「國立圖書館標準」及「本館組織條例」。 2 月，實施中文圖書編目自動化，初期仍先填寫編目格式鍵入電腦。 2.25 紀念李清照九百年誕辰，舉行「當代女作家作品展覽」。 4.19 擬定「本館電腦產品推廣暫行辦法」，與各館分享本館實施自動化作業之成果，提供：軟體程式、磁帶、卡片、聯合目錄與出版目錄報表等產品供各館使用。本日與臺中私立明道中學簽約，提供軟體程式與該校，該校將輸入資料供本館運用。 5 月 4 日至 6 日訪視南投縣、臺中縣、臺中市、彰化縣文化中心；22 日訪視臺北縣文化中心；30 日訪視宜蘭縣文化中心。

中外大事及國內外 圖書館大事紀要	個人大事紀要
民 73 年（1984）（續）	（60 歲）（續） 7 月，教育部輔導各縣市文化中心業務，組成「文化中心圖書館技術服務輔導小組」，由本館召集，於 7、8 兩月選派各圖書科系學生，並由各校教師分赴各中心輔導。本館安排輔導小組巡迴輔導各中心。 8 月出席「北美華人學術研討會」。 9.1 漢學研究資料及服務中心資料室開放閱覽。 9.18 本館出席教育部「輔導文化中心圖書館技術服務工作檢討會。」 10.6 舉行「現代詩三十年特展。」 10 月通過「本館圖書選購小組設置辦法」。 12.16 漢學研究資料及服務中心協辦「中國思想史國際研討會」。 12.23 本館舉辦「參考服務研討會。」 12 月任學會第 32 屆常務理事、圖書館自動化作業規劃委員會召集人。 主要論著： 圖書館學論叢。臺北：臺灣學生書局。 我們需要明確的出版政策（讀書與研究方法專題座談）。自由青年，71 卷 1 期，頁 39-40。 序。中文圖書標題總目初稿，臺北：國立中央圖書館。 我國近代圖書館事業之發展。載於中華民國歷史與文化討論集第 3 冊（頁 188-207、227-233）。臺北：中華民國歷史與文化討論集編輯委員會。 序。中國機讀編目格式第二版，臺北：國立中央圖書館。 參考服務及其趨勢。國立中央圖書館館刊，新 17 卷 2 期，頁 1-6。

中外大事及國內外圖書館大事紀要	個人大事紀要
民 74 年（1985） 中央圖書館召集臺大、師大、輔仁、淡江、世新等校與省立臺中圖書館組成文化中心圖書館業務指導小組辦理輔導	（61 歲） 1.7 成立新館搬遷規劃小組。 1.14 通過「國立中央圖書館出版品印製及發行辦法」。 1.26 召開「高中設備標準圖書組委員會議」，進行修訂高中圖書館標準事宜。 1 月，出版《美國國會機讀編目權威記錄格式》。 2 月，出版《臺灣公藏日文漢學關係資料彙編》。 3 月，報教育部「國立中央圖書館經營管理計畫」，作為新館作業指針。 4.1 漢學研究資料及服務中心舉行「方志學國際研討會」。 4 月，出版《中國編目規則簡編》、《國立中央圖書館館藏西文政府出版品專題選目—農業科學》、《中華民國臺灣地區公藏方志目錄》；本館圖書目錄開始實施製作圖書標題。 5.4 舉行「當代文學史料展」。 5.16 報教育部「發展全國圖書資訊網及更新設備計畫」。 5.20 率團出席韓國漢城「第 2 屆亞太地區圖書館學會議」。 5.22 報教育部「中正紀念堂圖書館設置計畫」。 6.8 繼續召集相關圖書館及科系，組成指導小組辦理文化中心圖書館業務輔導。本館並負責編撰《文化中心圖書館工作手冊》。

中外大事及國內外 圖書館大事紀要	個人大事紀要
民 74 年（1985）（續）	（61 歲）（續） 7.27 召開「大專圖書館業務研討會」。 8.19 成立本館圖書選購小組。 9.26 舉辦「圖書館利用教育研討會」。 9 月，完成臺灣省教育廳委託編輯的《臺灣省鄉鎮圖書館選目》。 11.19 出席美國加州大學「全美中國研究協會年會」，介紹臺灣圖書館事業。 12.13 新館第一批木作家具由行政院輔導會桃園工廠議價承製。 12.28 召開「學術圖書館自動化規劃小組」會議。 12 月漢學研究資料及服務中心擬訂「教育度協助國外學人來華研究漢學要點」，經教育不核定轉報行政院核示。 12 月任學會第 33 屆監事、圖書館自動化作業規劃委員會暨圖書館法規委員會召集人。 主要論著： （主持）建立圖書館管理制度之研究。臺北：行政院研究發展考核委員會。 影響閱讀的因素（建立書香社會專題）。中央月刊，17 卷 6 期，頁 64-66。 談學校圖書館利用教育。載於臺北市七十四學年度公私立高級中學及國民中學圖書館利用教育教學觀摩會紀錄（頁 7-17）。臺北：臺北市中山女子高級中學。

中外大事及國內外圖書館大事紀要	個人大事紀要
民 75 年（1986） 民主進步黨成立	（62 歲） 1.20 通過「國立中央圖書館館務會議暫行實施要點」、「國立中央圖書館會議廳、演講聽管理辦法」、「國立中央圖書館工友輪值勤務暫行辦法」等規定。 1 月本館組成驗收小組，並自 2 月起進行新館工程初驗。 2.28 本館報教育部所編《四庫全書續修目錄》，准予備查。 3.5 本館報教育部「四庫全書續修計畫」。 3 月，出版《中國機讀編目權威記錄格式初稿》。 4.28 通過「國立中央圖書館辦公室財物及圖書搬遷須知」。 5.23 本館繼續辦理輔導各縣市文化中心業務，並召開會議。 6.5 舉辦「紀念司馬光、王安石逝世九百週年特展」。 6 月，出版《古籍鑑定與維護研習會專輯》。 7.10 召開「國中設備標準圖書組委員會議」，進行修訂國中圖書館標準事宜。 7.12 召開「學術圖書館自動化規劃會議」。 7.21 陸續進行館藏圖書搬運至新館。 7 月，出版《國立中央圖書館特藏選錄》、《黃河圖》。 8.1 漢學研究資料及服務中心舉辦「敦煌學國際研討會」。 8.17 舉辦「1986 年圖書館事業合作發展研討會」。

中外大事及國內外 圖書館大事紀要	個人大事紀要
民 75 年（1986）（續）	（62 歲）（續） 8月，新館金屬書儲架及會議用視聽設備陸續驗收，另發包指標工程。出版《明詩人小撰稿》。 中央圖書館新廈竣工，並經審計部驗收完成。 9.28 教師節新館啟用典禮，行政院俞國華院長、教部李煥部長主持，蔣經國總統贈仿古花瓶一對致賀，社會人士嘉評如潮。本館舉辦「館藏珍藏文獻展」、「自動化作業成果展」。本館開辦「國際百科線上檢索服務」。 12.29 召開「中文資訊交換碼推廣作業等有關問題」。 12.7 中國圖書館學會授贈圖書館特殊貢獻獎。 12 月任學會第 34 屆常務理事、圖書館自動化作業規劃委員會暨圖書館法規委員會召集人。 主要論著： 序。中國機讀編目權威記錄格式初稿，臺北：國立中央圖書館。 國家圖書館的功能。知新集，21 期，頁 13-15（演講）。 「發揮鄉鎮圖書館功能，加強基層文化建設」座談會。社教雙月刊，15 期，頁 8-9。 圖書館之發展趨勢。載於彰化縣發展圖書館事業研習資料專輯（11-14 頁）。臺北：彰化縣文化中心。

中外大事及國內外圖書館大事紀要	個人大事紀要
民 76 年（1987） 解嚴，開放大陸探親	（63 歲） 1.7 編目組召開「圖書館合作編目建檔會議」，通過「學術圖書館合作編目建檔暫行辦法」。 2.15 香港中文大學邀請發表「臺灣地區圖書資源與書目控制工作」專題演講。 2.24 出版《臺灣公藏人文集社會科學西文期刊聯合目錄》。 3.19 羅馬教廷頒聖思維爵士勳獎，羅光總主教主持。 3.25 舉辦「國際標準圖書號碼」編製推廣座談會。 4.24 應邀赴外交部演講「國家圖書館之資訊功能」。 4.25 卓越雜誌社邀請演講「企業如何應用圖書館資料」。 4 月，漢學研究資料及服務中心出版「敦煌學研究主要論著目錄」。 5.5 漢學研究資料及服務中心更名為「漢學研究中心」。 5.11 報教育部轉經建會「建立縣市文化中心計畫執行成效評估報告」。 5.27-28 舉行「現代圖書館光學記憶應用研討會」。 6.23 出席舊金山「美國華人圖書館員協會」年會，接受頒贈 1987 年傑出服務獎。 6 月，出版《文化中心圖書館工作手冊》（相關法規彙編、分類與編目、選擇與採訪）等冊。出版《中韓關係中文主要論著目錄》。

中外大事及國內外 圖書館大事紀要	個人大事紀要
民 76 年（1987）（續）	（63 歲）（續） 7.1 報教育部「國立中央圖書館遷建工程總報告書」。 7.22-8.2 出席巴黎「第 6 屆歐洲地區國家建設學術研討會」，發表專題講演「近五年來我國漢學研究概述—— 1982-1986」。 8.6 漢學研究資料及服務中心舉辦「明代戲曲小說國際學術研討會」。 8.10，舉辦「中美圖書館與資訊技術研討會」。出版《圖書館事業合作發展討會論文集》。 8.20 出席「中華民國 76 年人文社會教育科技整合研討會」，擔任講評。 9.8 訪視宜蘭文化中心。 9.12 以督導遷建新館、推動圖書館自動化、妥善保存歷代珍籍、策辦漢學研究中心，成績卓著，行政院頒授功績獎章。 9.16 舉行「出納流通自動化作業會議」。 10.2 舉行「讀者服務人員自動化作業講習會」。 11.11 報教育部「圖書資訊網路系統計畫書」，獲行政院同意辦理。 12.15-21 舉辦「中華民國臺北第一屆國際書展」。 12.23 出版《中國家庭之研究主要論著目錄》。 12.24 舉行「圖書資訊網路系統規劃及設計小組簡報會議」。

中外大事及國內外圖書館大事紀要	個人大事紀要
民 76 年（1987）（續）	（63 歲）（續）
	12.29 舉辦「學術圖書館合作編目成效檢討會」，決議寄發各館作業調查問卷。
	12.30，出版《文化中心圖書館工作手冊》（參考服務、典藏與閱覽）。
	12 月任學會第 35 屆常務理事。
	主要論著：
	王雲五先生與中國圖書館事業。載於蔣復璁（主編），王雲五先生與近代中國（43-68 頁）。臺北：臺灣商務印書館。
	社會教育機構與成人教育。載於蔣慰堂先生九秩榮慶論文集（325-341 頁），臺北：中國圖書館學會。
	我們的責任及未來發展的方向。國立中央圖書館館訊，9 卷 4 期，頁 2-5（民國七十六年六月四日對全體同仁講話紀要）。
民 77 年（1988）	（64 歲）
蔣經國總統逝世，李登輝繼任	3.28 本館物品、物料管理規劃納入電腦管理。
中央圖書館附設資訊圖書館啟用	3 月，出版《唐代文學西文主要論著選目》。漢學研究中心印行 1986 年《中國研究文摘》（Digest of Chinese Studies）。
	4.7 出版《國立中央圖書館出版品目錄初稿》。
	4.9–10 訪視臺北市立社教館、美術館、圖書館。
	5 月，漢學研究中自 78 年進行「協助海外學人來華研究計畫」。
	6.6 清點書庫。召開「圖書館自動化與資訊網研討會」。

中外大事及國內外圖書館大事紀要	個人大事紀要
民77年（1988）（續）	（64歲）（續）
	6.10 美國OHIO大學授榮譽法學博士學位。
	7.21 舉行「國家書目中心」簡報會議。
	8.11 教育部將提供本館所開發的「物品管理系統」給其他館所使用。
	9.2 報教育部「推動國際標準書號（ISBN）及預行編目（CIP）計畫」，邀集各有關機關協商具體步驟。
	9.16 本館附設資訊圖書館開館啟用，由本館與資策會提供聯合服務。
	10.27 舉辦「學校圖書館利用指導研討會」。
	11.1 出席行政院院會，提報「組織條例修正草案」，經院會通過。
	11.21 「專科學校圖書館實務研習會」邀請演講「現階段專科學校圖書館的功能與服務」。
	11.25 漢學研究中心出版《臺灣地區漢學資源選介》。
	11.30 漢學研究中心舉辦《漢學研究資源國際研討會》。
	12月，出版《第二次中華民國圖書館年鑑》。
	12月任學會第36屆常務理事、圖書館自動化作業規劃委員會暨圖書館法規委員會召集人。
	行政院聘為故宮博物院文物點查委員會委員（77-78）。

中外大事及國內外圖書館大事紀要	個人大事紀要
民 77 年（1988）（續）	（64 歲）（續）
	主要論著：
	「圖書館法」修訂紀要。臺北市立圖書館館訊，5 卷 3 期，頁 1-5。
	傳承文化使命・開創館務新局。國立中央圖書館館訊，10 卷 2 期，頁 22-23。
	現階段專科學校圖書館的功能與服務。載於專科學校圖書館業務研討會專輯(8-13 頁)。臺北：國立臺北工業專科學校。
	我國資訊服務政策初探。國立中央圖書館館刊，新 21 卷 2 期，頁 101-112。
	今日館際互借的問題與發展趨勢。載於中華民國科技圖書館及資料單位館際合作組織學術活動委員會（主編），資源分享的起步——館際合作研討會綱要(1-11 頁)。高雄：中山大學。
民 78 年（1989） 中央圖書館成立國際標準書號中心	（65 歲）
	1.17 出席「北區高中圖書館訪視及座談會」。
	2.21 舉辦「全國圖書館會議」。
	3.2 邀請蔣復璁前館長以特約講座，來館講授館藏圖書源流及版本目錄知識。年屆 65 歲，
	4.17 教育部舉行「研訂社會教育工作綱要會議」，出席並擔任圖書館組召集人。
	5.23 舉行「全國高級中學圖書館業務研討會」。
	5 月，出版《圖書館自動化與資訊網研討會論文集》。
	7.1 成立國際標準書號中心，並實施國際標準書號登記及在版圖書編目作業。

中外大事及國內外圖書館大事紀要	個人大事紀要
民 78 年（1989）（續）	（65 歲）（續）
	7.31 依規定屆齡退休，辭卸館職，回歸建制，續任教職。舉行「歡送王館長茶會」，致贈紀念品，編印「王振鵠先生：國立中央圖書館館長（民國六十六年四月至七十八年七月）」。
	8 月，教育部聘為顧問職。8 月，續任師大社教系專任教授，每週授課 6 小時。
	8.19–26 應邀參加國際圖聯 55 屆巴黎年會。
	12 月任學會第 37 屆常務監事。
	主要論著：
	（主持）國際標準書號實施及推廣工作研究報告，臺北：國立中央圖書館。
	前言。全國圖書館會議議事錄。臺北：國立中央圖書館。
	文化中心設置與檢討。載於沈寶環教授七秩榮慶祝賀論文集（58-65 頁）。臺北：臺灣學生。
	國立中央圖書館自動化作業現況。載於圖書館自動化專題研習會綱要（78 年度）（頁 338-349），臺北：國立臺灣大學。
	「期刊論文索引二十年感言」。國立中央圖書館館訊 11 卷 3 期，頁 5。
民 79 年（1990） 李登輝當選第一任民選總統 中央圖書館成立書目資訊中心 臺北市立圖書館新建總館啟用	（66 歲） 8 月間應大陸中國圖書館協會之邀，組團赴大陸訪問，參加者 14 人。分訪北京、天津、武漢、上海、杭州各地，參觀北京、北大、南開、師大、武大、上海市圖等十餘所，參加座談會六次。此為兩岸圖書館界正式交流之始。

中外大事及國內外 圖書館大事紀要	個人大事紀要
民 79 年（1990）（續）	（66 歲）（續） 商務印書館聘為編審會委員。 12 月任學會第 38 屆常務理事。 主要論著： 文獻處理標準化問題。中國圖書館學會會務通訊，77 期，頁 17-23。
民 80 年（1991） 廢除動員戡亂時期臨時條款 國民大會全面改選 〈公共圖書館營運管理要點〉公布 全國圖書資訊網路線上合作編目系統啟用 淡江大學設資訊與圖書館學研究所	（67 歲） 選任中國圖書館學會理事長（連任至民 84 年）。 12 月任學會第 39 屆理事長。 主要論著： 文化中心十年。臺北：行政院文化建設委員會。（主持）建立全國圖書館合作服務制度促進資源共享政策。臺北：教育部圖書館事業委員會。 （與吳美美合著）合作館藏發展制度的建立。中國圖書館學會會報，48 期，頁 31-44，。 臺灣地區漢學研究近況。載於中國圖書文史論集（頁 153-174）。臺北：正中。
民 81 年（1992）	（68 歲） 8 月 8 日至 11 日應馬來西亞華校教師會總會之邀在林連玉紀念講座講演（主席沈慕羽）。 10 月，《圖書館學與資訊科學》與天津《圖書館工作與研究兩刊物，進行「如何促進海峽兩岸圖書館與資訊事業的發展」文章交流，共有兩岸 21 位同道參與筆談。 12 月任學會第 40 屆理事長。 主要論著： 我國圖書館學教育的回顧與前瞻。載於大學人文教育的回顧與展望：大學人文教育教學研討會論文集（頁 1103-1125）。國立臺灣大學文學院主辦。

中外大事及國內外圖書館大事紀要	個人大事紀要
民 81 年（1992）（續）	（68 歲）（續） 主要論著： 「書目控制與書目中心」。國立成功大學圖書館通訊，7 期，頁 1-6。 交流合作，共謀發展。圖書館學與資訊科學，18 卷 2 期，頁 105-106。 （召集人）縣市文化中心績效之評估，臺北：行政院研究發展考核委員會。
民 82 年（1993） 辜汪會談 中正大學圖書資訊大樓落成啟用	（69 歲） 參加中華圖書資訊學教育學會與上海華東師大合辦之圖書資訊教育研討會。 8 月參加絲路旅遊途中，應邀到蘭州與甘肅省圖書館及蘭州大學進行交流。 12 月任學會第 41 屆理事長。 主要論著： 為發展中華圖書館事業而努力。交流，9 期，頁 58-59。 前言。中文資訊交換碼簡介，資訊應用國字整理小組。 序。美國機讀編目格式轉至第三版中國機讀編目格式對照表。臺北：教育部。 臺灣地區圖書館事業的發展。載於圖書館學與資訊科學教育研討會論文集（頁 15-24）。臺北：國立臺灣大學圖書館學系。
民 83 年（1994） 中央大學圖書館新館落成啟用 韓國公布《圖書館與讀書振興法》 俄羅斯公布《圖書館事業聯邦法》 輔仁大學設圖書資訊學研究所	（70 歲） 自師大教職退休，計任教職及公職 45 年。 國史館聘為《中華民國文化志》主編。 參加北京大學圖書資訊教育研討會。 12 月任學會第 42 屆理事長。 主要論著： 臺灣地區圖書館事業發展近況。圖書館學與資訊科學，20 卷 1 期，頁 27-47（與劉春銀合著）。

中外大事及國內外 圖書館大事紀要	個人大事紀要
民 84 年（1995） 美國公布圖書館服務與科技法案 (Library Services and Technology Act, LSTA) 世新改設資訊傳播學系	（71 歲） 行政院續聘為文化建設委員會委員。 輔仁大學圖書資訊研究所聘為兼任教授。 臺灣大學圖書資訊研究所及師範大學社會教育系所續聘為兼任教授，兩校每週各授課二小時。 行政院續聘為文化建設委員會委員。 輔仁大學圖書資訊研究所聘為兼任教授。 臺灣大學圖書資訊研究所及師範大學社會教育系所續聘為兼任教授，兩校每週各授課二小時。 8 月間參加國際圖聯 61 屆年會（伊士坦堡），分訪希臘、埃及、雅典、約旦、以色列等文教設施。 12 月任學會第 43 屆常務理事。 主要論著： 高中圖書館的經營理念。高中圖書館館訊，11 期，頁 4-11。
民 85 年（1996） 首次總統直選，由李登輝、連戰當選正副總統 美國公布博物館與圖書館服務法案 (Museum and Library Services Act, MLSA) 政治大學設圖書資訊與檔案學研究所，100 年招博士生	（72 歲） 12 月任學會第 44 屆常務理事。 主要論著： 臺灣地區的圖書館學研究。載於慶祝胡述兆教授七秩榮慶論文集編輯小組編，圖書館與資訊研究論集：慶祝胡述兆教授七秩榮慶論文集（頁 15-24）。臺北：漢美圖書。

中外大事及國內外 圖書館大事紀要	個人大事紀要
民 86 年（1997）	（73 歲） 政治大學聘為圖書資訊研究所兼任教授；師大、臺大繼續任教。 5 月參加中國圖書館學會舉辦「海峽兩岸圖書館事業研討會」。 參加武漢大學圖書資訊教育研討會。 12 月任學會第 45 屆榮譽理事（至 88 年）。 主要論著： （編纂委員會召集人）中華民國史文化志（初稿）。臺北：國史館。 （主持），「全國圖書館館際互借規則」擬訂之研究。臺北：中國圖書館學會。見「全國圖書館館際互借規則擬訂之研究」。教育部圖書館事業委員會會訊，27 期，頁 4-5。 「圖書館法」制訂之必要。社教雙月刊，79 期，頁 53-54。
民 87 年（1998） 玄奘人文社會學院設圖書資訊學系	（74 歲） 國家圖書館聘為顧問及續任漢學研究中心指導委員（自民國 70 年迄今）。 中國圖書館學會聘為榮譽理事。 行政院續聘為文化建設委員會委員（至 90 年）。至 89 年，行政院故宮博物院聘為指導委員。 參加廣州中山大學圖書資訊教育研討會。 主要論著： 蔣慰堂先生對圖書館事業的貢獻。載於蔣復璁先生百歲誕辰紀念文集（頁 34-37）。臺北：中國圖書館學會。

中外大事及國內外 圖書館大事紀要	個人大事紀要
民 88 年（1999） 921 大地震 中興大學設圖書資訊學研究所	（75 歲） 行政院聘為故宮博物院指導委員會委員（88-90 年）。 8.31-9.1 出席「華文書目資料庫合作發展研討會」，發表「海峽兩岸圖書館界交流之回顧與展望」專題演講。 12 月任學會第 46 屆榮譽理事（至 90 年）。 主要論著： 從書目控制談「全國新書資訊月刊」。全國新書資訊月刊，3 期，頁 1-3。 從聯教宣言談公共圖書館服務。書苑，41 期，頁 19-22。 「圖書館學與資訊科學」——二十五周年感言。圖書館學與資訊科學，25 卷 2 期，頁 4-8。
民 89 年（2000） 陳水扁、呂秀蓮當選正副總統，臺灣首次政黨輪替 世新大學設資訊傳播學研究所	（76 歲） 任臺大、師大兼任教授。授「比較圖書館學」及「圖書館管理學」。 11 月應邀參加浙江圖書館百年館慶、新館開館典禮及「21 世紀公共圖書館館長論壇」，訪寧波天一閣及紹興市圖書館。 主要論著： 二十世紀臺灣圖書館事業之回顧與展望。載於國家圖書館（主編），中華民國八十九年圖書館年鑑（頁 11-27）。臺北：國家圖書館。 海峽兩岸圖書館界交流之回顧與展望——華文書目資料庫合作發展研討會專題演講。國家圖書館館訊，88 年 4 期，頁 1-6。 袁同禮傳。載於國史擬傳第 9 輯（頁 107-120）。臺北：國史館。

中外大事及國內外圖書館大事紀要	個人大事紀要
民 90 年（2001） 公布《圖書館法》 「數位典藏國家型科技計畫」實施	（77 歲） 應邀參加廈門市公共圖書館論壇，並在北京師範大學圖書館作專題講演。 因闌尾炎在中心診所動手術，發現患局部腹膜炎，住院 16 日，複診兩個月痊癒。暫停授課。 12 月任學會第 47 屆榮譽理事（至 92 年）。 主要論著： （主持），「中國圖書分類法回顧與前瞻」座談會輯要。國家圖書館館訊，90 年 4 期，頁 17-28。
民 91 年（2002） 師範大學設圖書資訊學研究所，98 年招博士生 交通大學電機資訊學院設數位圖書資訊組	（78 歲） 師大聘為社會教育系名譽教授。圖書資訊學研究所成立，應聘講授「圖書資訊學研討」3 小時。 主要論著： 圖書館法與圖書館事業之發展。載於中華民國九十年圖書館年鑑（頁 25-34）。 現代圖書館的概念與認知。中華圖書資訊學教育學會會訊，19 期，頁 3-4。
民 92 年（2003）	（79 歲） 臺大圖資所聘授「比較圖書館學研討」，博士班選修課程。 主要論著： 臺灣公共圖書館之發展。圖書館(湖南省圖書館學會)，2003 年 6 月，頁 18-19。

中外大事及國內外圖書館大事紀要	個人大事紀要
民 93 年（2004）	（80 歲） 2 月選任中國圖書館學會榮譽理事長。 7 月中國圖書館學會暨師大社教系，圖書資訊學研究所共同舉辦「王振鵠教授圖書館學術，教育與志業：見證臺灣圖書館事業發展研討會」、餐會及新書發表會。出版書緣及祝壽論文專集兩書。 主要論著： 書緣：圖書館生涯五十年。臺北市：王振鵠教授八秩榮慶籌備小組。 《圖書館學與資訊科學》三十年回顧。圖書館學與資訊科學，30 卷 2 期，頁 5-8。 祝賀紹誠教授百齡上壽。中國圖書館學會會報，73 期，頁 1-2。
民 94 年（2005）	（81 歲） 年屆 80 歲，辭去各校教學工作，保留師大博士生論文指導。 主要論著： 錢存訓先生九五榮慶誌賀。中華民國圖書館學會會報，74 期，頁 1-2。 價值觀與品味 決定建築優劣。書香遠傳，29 期，頁 16-19。 JLIS: Past, Present and Future—to Honor the 30th Anniversary of CALA. *Bridging Culture* (CALA), pp. 305-359.
民 95 年（2006） 韓國修訂公布〈圖書館法〉	（82 歲） 4 月參訪北京首都圖書館。

中外大事及國內外圖書館大事紀要	個人大事紀要
民 96 年（2007） 臺灣高速鐵路通車營運	（83 歲） 主要論著： 悼念盧國邦先生——一位忠誠的圖書館事業先行者。中華民國圖書館學會會訊，15 卷 1/2 期，頁 15-16。 百年來的臺灣圖書館事業。圖書與資訊學刊，63 期，頁 1-10。
民 97 年（2008） 馬英九、蕭萬長當選正副總統	（84 歲） 97 年 1 月–98 年 12 月國家圖書館聘為「技術規範資訊委員會」委員。 97 年 5 月–98 年 12 月國家圖書館聘為「學術研究發展小組」委員。
民 98 年（2009）	（85 歲） 11 月參加「2009 年深圳公共圖書館國際高峰論壇」，並出席「公共圖書館研究院」成立大會。
民 99 年（2010） 通過〈行政院組織法〉修正案 ECFA 正式簽訂	（86 歲） 10 月參加「中文文獻資源共建共享合作會議」（第 8 次）。 12 月香港珠海學院聘為中國文史研究生博士論文口試委員並赴港口試。 主要論著： 興建圖書館充實教學資源。載於財團法人劉真先生學術基金會編，劉真先生百齡華誕文集（頁 227-230）。臺北：劉真先生學術基金會。
民 100 年（2011）	（87 歲） 9 月 29 日下午 6 時，內子王碩芬女士因心肌梗塞病逝臺北榮民總醫院，享壽 89 歲，碩芬與余結婚六十六載，相夫教子，持家有方，賢妻良母當之無愧。

中外大事及國內外圖書館大事紀要	個人大事紀要
民 100 年（2011）（續）	（87 歲）（續） 應邀於中華民國圖書館學會「2011 年圖書資訊學研討會」，發表專題講演「臺灣圖書館事業的前景以及專業人員的基本認知」。 國立中央圖書館臺灣分館聘任 101-102「圖書館事業研究發展委員會」委員。
民 101 年（2012） 馬英九、吳敦義連任正副總統	（88 歲） 11 月 20 日應邀於臺灣師範大學圖書館與圖書資訊學研究所舉辦「2012 數位時代圖書資訊教育與產業人才需求研討會」，發表專題講演「臺灣圖書館學教育之發展」。 主要論著： 臺灣圖書館事業的前景以及專業人員的基本認知。刊於胡游熏、劉亭汝、鄭翔、林玉，中華民國圖書館學會 2011 圖書資訊學研討會紀要，中華民國圖書館學會會訊 20 卷 1 期，頁 57-60。
民 102 年（2013）	（89 歲） 中華民國圖書館學會成立六十周年，舉行「數位時代圖書館專業的發展與未來趨勢」會議，應邀致詞〈順勢而發，日新又新〉。 主要論著： 國際標準書號與預行編目之回顧與展望：兼賀國家圖書館八十周年館慶。全國新書資訊月刊，172 期，頁 4-6。 國家圖書館八十年。國家圖書館館刊，102 卷 1 期，頁 1-10。

中外大事及國內外圖書館大事紀要	個人大事紀要
民 102 年（2013）（續）	（89 歲）（續） 主要論著： 我國〈圖書館法〉的制定：賀中華民國圖書館學會成立六十周年。載於中華民國圖書館學會編，中華民國圖書館學會六十周年特刊（頁 3-10）。臺北：中華民國圖書館學會。 圖書館學教育。中華民國圖書館學會會訊，21 卷 2 期，頁 5-7。 古籍蒐藏與整理。國家圖書館館訊，102 年 3 期，頁 23-27。
民 103 年（2014）	（90 歲） 7 月 18 日，中華民國圖書館學會等單位在國家圖書館舉行之「臺灣圖書館事業發展—王振鵠教授學術思想研討會」，發表新書包括：《臺灣圖書館事業文集》、《臺灣圖書館事業百年發展》（與胡歐蘭等合著）、《書緣：圖書館生涯五十年》（增訂版）。另出版《王振鵠教授九秩榮慶論文集》及《典範的時代和理想的人格：王振鵠館長與國立中央圖書館》（顧力仁著）。本日由李華偉博士代表華人圖書館協會 CALA 頒贈「CALA 圖書館傑出領袖張鼎鍾教授紀念獎」。 主要論著： 臺灣圖書館事業文集。臺北：國家圖書館。 臺灣圖書館事業百年發展（與胡歐蘭等合著）。臺北：文華圖書。 書緣：圖書館生涯五十年。臺北市：文華圖書，增訂再版。

中外大事及國內外圖書館大事紀要	個人大事紀要
民 104 年（2015）	（91 歲） 整理舊稿，準備出版文集。 主要論著： 師友追憶：圖書館先進蔣復璁先生。傳記文學，106 卷 5 期，頁 80-8。 「中文資訊交換碼」的誕生——兼憶資訊專家謝清俊、楊鍵樵、張仲陶、黃克東諸先生。傳記文學，107 卷 3 期，頁 28-33。 書目與書評兼而得之：祝賀《全國新書資訊月刊》200 期。全國新書資訊月刊，200 期，頁 6-8。 序。專門圖書館（王珮琪、劉春銀主編）。臺北：五南。
民 105 年（2016） 蔡英文、陳建仁當選總統	（92 歲）
民 106 年（2017）	（93 歲） 符興智、柯皓仁（2017）。以知識本體和鏈結資料建置圖書資訊學領域學者的事業歷程網站系統——以王振鵠教授為例。 主要論著： 憶抗日鋤奸團及遷臺同志。傳記文學，110 卷 4 期，頁 51-54 訂交三十年，公私兩相合：賀胡述兆教授九秩榮慶。載於桃李不言錄：胡述兆教授九秩榮慶，未出版。
民 107 年（2018）	（94 歲） 3 月赴天津。
民 108 年（2019）	（95 歲） 6 月 9 日（星期日）於自宅午休中安詳辭世。

參考文獻

"Chronology of Library and Information Science(lis-chrono)" from http://http://lis-chronology.blogspot.com/2012/07/chronology-of-library-and-information.html

"Library Technology Timeline" from http://http://web.york.cuny.edu/~valero/timeline_reference_citations.htm

〈中國歷史年表〉，維基百科。網址：https://zh.wikipedia.org/wiki/中国历史年表

中華民國圖書館學會出版委員會編輯，《中華民國圖書館學會六十周年特刊》，臺北市：中華民國圖書館學會，2013。

〈世界史年表〉，維基百科。網址：https://zh.wikipedia.org/wiki/%E4%B8%96%E7%95%8C%E5%8F%B2%E5%B9%B4%E8%A1%A8

〈臺灣歷史年表〉，維基百科。網址：https://zh.wikipedia.org/wiki/%E5%8F%B0%E7%81%A3%E6%AD%B7%E5%8F%B2%E5%B9%B4%E8%A1%A8

吳美美，〈筆記王振鵠教授幾個圖書資訊學的重要學術思維〉，《圖書館學與資訊科學》，31卷2期（2015.10）：14-29。

國立中央圖書館六十年大事記編輯小組編輯，《國立中央圖書館六十年大事記（初稿）：民國22年－民國81年》，臺北市：國立中央圖書館，1993。

張錦郎、黃淵泉編，《中國近六十年來圖書館事業大事記》，臺北市：臺灣商務，1974。

陳仲彥，〈王振鵠教授與師大〉，收入王振鵠教授八秩榮慶籌備小組編：《王振鵠教授圖書館學術、教育與志業：見證臺灣圖書館事業發展研討會》，1-24。臺北市：國立臺灣師範大

學圖書資訊學研究所,2014。

國立政治大學圖書資訊與檔案學研究所。〈臺灣百年圖書館史數位圖書館先導計畫〉,http://http://tlh.lias.nccu.edu.tw/dspace

附錄二、王振鵠教授著作及傳記分類目錄

說明：

　　目錄內專著的書名以粗體顯示，凡收入先生所著《圖書館學論叢》、《臺灣圖書館事業文集》兩部文集的作品都分別註明起迄頁碼。本目錄細分類目如下表：

1. 圖書館事業	4. 圖書館經營與管理
1.1 圖書館綜論	4.1 館藏與選擇
1.2 圖書館史（含臺灣圖書館、圖書館人物）	4.2 資源組織（分類編目）
1.3 圖書館學與資訊科學	4.3 讀者服務（含圖書館利用、參考服務）
1.4 圖書館專業組織	4.4 圖書館自動化及資訊服務
1.5 文化建設與文化中心	4.5 圖書館法規與標準
2. 各類型圖書館	4.6 圖書館行政管理
2.1 國家圖書館	5. 圖書館合作交流
2.2 公共圖書館	5.1 館際合作
2.3 大專圖書館	5.2 國際交流
2.4 學校圖書館	5.3 兩岸交流
2.5 專門圖書館	6. 漢學研究及古籍整理
3. 圖書館教育與研究	7. 出版與閱覽
	8. 其他
	9. 傳記、著作目錄
	10. 他人述評

1. 圖書館事業

1. 美國圖書館事業發展之近況　**中國圖書館學會會報**　10 期　民 48.12　頁 2-4
2. 論全面發展圖書館事業之途徑　**教育資料科學月刊**　4 卷 4 期　民 61.10　頁 2-3　又見《臺灣圖書館事業文集》頁 37-43
3. 序／圖書館事業合作與發展研討會會議紀要　國立中央圖書館　民 70.6
4. Welcoming Address (The First Asian-Pacific Conference on Library Science, 1983, Taipei.) Proceedings of The First Asian-Pacific Conference on Library Science, 13-19 March, 1983. Taipei, by Cultural and Social Centre for the Asian and Pacific Region & National Central Library. Seoul, Korea: Cultural and Social Centre for the Asian and Pacific Region, 1983. p.26
5. 亞太地區第一屆圖書館學研討會報告——中華民國七十二年三月十四日至十九日　**國立中央圖書館館刊**　新 16 卷 1 期　民 72.4　頁 48-56
6. 亞太地區第一屆圖書館學研討會紀要　**圖書館學與資訊科學**　9 卷 1 期　民 72.4　頁 94-106　又見《臺灣圖書館事業文集》頁 491-508
7. 各國圖書館概況——國立臺灣師範大學圖書館　**第一次全國圖書館業務會議紀要**　國立中央圖書館　民 61.7　頁 251-255
8. 各國圖書館現況　**臺北市立圖書館館訊**　創刊號　民 72.6　頁 3-8　又見《臺灣圖書館事業文集》頁 509-520
9. 建立圖書館管理制度之研究　臺北市　行政院研究發展考核委員會專題研究報告　民 74.3　218 頁（主持）摘要見《臺灣圖書館事業文集》頁 59-63
10. 建立圖書館管理制度之研究　**研考月刊**　108 期　民 75.2　頁

65-67（研究主持人）

11. 序／**英國圖書館事業綜論**（薛理桂撰）　文華圖書館管理　民 82.5　頁 i-iv

1.1 圖書館綜論

12. 三十年後的圖書館　中華日報　民 65.4.13　版 9　又見《圖書館學論叢》頁 49-60

13. 三十年後的圖書館　**三十年後的世界**　中華日報社　民 65.6　頁 83-87

14. 現代圖書館的功能　幼獅月刊　46 卷 5 期　民 66.11　頁 38-40

15. 當前圖書館建設的使命　中央日報　民 67.12.13　版 11　又見《臺灣圖書館事業文集》頁 45-48

16. 序／**圖書與圖書館論述集**（王錫璋撰）　文史哲出版社　民 69.4

17. 也談圖書館功能　中央日報　民 73.3.20　版 12

18. 圖書館的功能與方向　社會教育論叢第二輯　私立潘氏圖書館社會教育推廣研究委員會　民 73.9　頁 52-57

19. **圖書館學論叢**　臺北市　臺灣學生書局　民 73.12　596 頁（圖書館學與資訊科學叢書）

20. 「圖書館學論叢」後記　臺灣教育　412 期　民 74.4　頁 50

21. 我國圖書館事業之展望　國立中山大學校刊　9 期　民 74.6　頁 3-8（王振鵠主講，張彩貴記錄）

22. 圖書館之發展趨勢　彰化縣發展圖書館事業研習資料專輯　彰化縣立文化中心　民 75.10　頁 11-14

23. 現代圖書館的功能　**圖書館教育參考資料輯**（臺北縣國小圖書館教育輔導叢書之三）　北縣政府教育局國民教育輔導團　民

76.3　頁 5-10

24. 社會教育機構與成人教育　**蔣慰堂先生九秩榮慶論文集**（嚴文郁等撰）　中國圖書館學會　民 76.11　頁 325-341

25. 序／**鐘聲**（王岫撰）　采風出版社　民 77.10

26. **社會教育機構與成人教育**　臺北市　明德基金會　民 83　13 頁

27. 現代圖書館的概念與認知　臺灣公共圖書館研討會致詞　民 91.11

28. 現代圖書館的概念與認知　中華圖書資訊學教育學會會訊　19 期　頁 3-4　民 91.12　又見《臺灣圖書館事業文集》頁 87-91

29. 現代圖書館的概念與認知　圖書館學研究（吉林省圖書館學會）　2003 年 4 期　頁 5-6

30. 序／**圖書館發展十大熱門問題**（吳建中撰）　文華圖書館管理　民 93　頁 1

31. 臺灣圖書館事業的前景以及專業人員的基本認知　中華民國圖書館學會 2011 圖書資訊學研討會紀要（胡祍熏、劉亭汝、鄭翔、林玉紀錄）　中華民國圖書館學會會訊　20 卷 1 期　民 101.6　頁 57-60。

32. **臺灣圖書館事業文集**　臺北市　國家圖書館　民 103.5　541 頁

1.2 圖書館史（含臺灣圖書館、圖書館人物）

33. 序／中國近六十年來圖書館事業大事記（張錦郎、黃淵泉編撰）　臺灣商務印書館　民 63.8

34. "Library and Information Services in Taiwan, Republic of China." Proceedings of The First Conference on Asian Library Cooperation.（第一屆亞洲圖書館合作會議實錄）Tamkang

College Oct.1974, p.113-135

35. 我國圖書館事業　教育資料科學月刊　7卷2/3期　民64.1 頁6-9

36. 三十年來的臺灣圖書館事業　圖書館學與資訊科學　1卷2期　民64.10　頁41-69

37. 圖書館專業教育制度（節錄）　收錄於全國高等學校圖書館工作委員會秘書處編　圖書館學情報學專業教育參考資料（內部參考）　1983。由「三十年來的臺灣圖書館事業」節錄改題　原刊於《圖書館學與資訊科學》　1卷1期　民64.10　頁41-69

38. 光復後的臺灣圖書館事業　中國時報　民68.10.25　版15

39. **序／臺灣地區圖書館事業現況：中華民國圖書館年鑑調查錄**　國立中央圖書館　民69.12

40. 我國圖書館事業之現況與展望　**臺灣地區圖書館事業現況：中華民國圖書館年鑑調查錄**　國立中央圖書館　民69.12　頁1-7

41. 中國圖書館史　中華百科全書（第二冊）　中國文化大學出版部　民70.5　頁84

42. 我國圖書館事業之現況與展望　圖書館事業合作與發展研討會會議紀要　國立中央圖書館　民70.6　頁53-60

43. "Libraries and Librarianship in Taiwan." *National Central Library Newsletter* Vol.13 No.1/2 Aug.1981 pp.167-174

44. 七十年來的中國圖書館事業　**中華民國開國七十年之教育**　廣文書局　民70.9　頁887-916

45. **中華民國圖書館年鑑**　臺北市　國立中央圖書館　民70.12　451頁（創編）

46. 序／**中華民國圖書館年鑑**　國立中央圖書館　民70.12

47. 我國圖書館事業之現況與展望　**中華民國圖書館年鑑**　國立中

央圖書館　民 70.12　頁 11-17

48. 序／**國際重要圖書館的歷史與現況**（黃端儀譯撰）　臺灣學生書局　民 71.7

49. 序／**西洋圖書館史**（尹定國譯）　臺灣學生書局　民 72.5

50. 序／**中國圖書館發展史：自清末至抗戰勝利**（嚴文郁撰）　楓城出版社　民 72.6

51. 序／**兒童讀物研究**（司琦編）　臺灣商務印書館　民 72.10

52. 「兒童讀物研究序」：感念推展我國圖書館事業的費士卓博士　傳記文學　43 卷 6 期　民 72.12　頁 112

53. 序／**臺閩地區圖書館現況與調查研究**（雷叔雲等撰）　國立中央圖書館　民 72.12

54. 我國近代圖書館事業之發展　**中華民國歷史與文化討論集**　第 3 冊　中華民國歷史與文化討論集編輯委員會　民 73.6　頁 188-207、227-233　又見《圖書館學論叢》頁 493-517

55. 序／**中國圖書館事業論集**（張錦郎撰）　臺灣學生書局　民 73.11

56. 序／**中國圖書館事業論集**　書目季刊　19 卷 1 期　民 74.6　頁 29-30

57. 民國七十四年的圖書館界――引言　國立中央圖書館館訊　8 卷 4 期　民 75.2　頁 394-395

58. "Library and Information Services in Taiwan, ROC." **圖書館事業合作發展研討會論文集**　國立中央圖書館　民 75.8　頁 4-1–4-9

59. "China, Republic of (Taiwan)." *ALA World Encyclopedia of Library and Information Services*. 2d edition. Chicago: American Library Association, 1986. pp.192-194

60. 王雲五先生與中國圖書館事業　東方雜誌　復刊 20 卷 12 期　民 76.6　頁 13-19

61. 王雲五先生與中國圖書館事業 **王雲五先生與近代中國**（蔣復璁等撰） 臺灣商務印書館 民 76.6 頁 43-68
62. **第二次中華民國圖書館年鑑** 臺北市國立中央圖書館 民 77.12 488 頁（主編）
63. 序／**第二次中華民國圖書館年鑑** 民 77
64. 三十五年來的圖書館事業 中國圖書館學會會報 43 期 民 77.12 頁 3-15（與王錫璋合撰）
65. 圖書館事業發展概述 **第二次中華民國圖書館年鑑** 國立中央圖書館 民 77.12 頁 1-25（與王錫璋合撰）
66. 前言／**全國圖書館會議議事錄** 國立中央圖書館 民 78.5
67. 圖書館事業發展概述 **高中圖書調查報告選輯** 民 78.5 頁 239-241（與王錫璋合撰）
68. 臺灣地區圖書館事業現況 **高中圖書調查報告選輯** 民 78.5 頁 203-206
69. 我國圖書館事業的發展 國立中央圖書館臺灣分館館訊 2 期 民 79.10 頁 2-6（王振鵠演講，曾靖媛整理）
70. 回顧與前瞻：圖書館事業近年來之重要發展 中國圖書館學會會報 49 期 民 81.12 頁 1-6
71. "The Recent Development of Librarianship in the R.O.C." Proceedings of International Conference on National Libraries towards the 21th Century. National Central Library. April 20-24, 1993, pp.153-168.
72. 臺灣地區圖書館事業的發展 **圖書館學與資訊科學教育研討會論文集** 國立臺灣大學圖書館學系 民 82.7 頁 15-24
73. 臺灣地區圖書館事業發展近況 **海峽兩岸暨香港地區圖書資訊學術研討會論文集** 上海 華東師範大學 民 82.12.13-15 頁 1-15（與劉春銀合撰）

74. 臺灣圖書館現況　圖書與情報　1993 年 4 期　頁 1-2
75. "Taiwan" *World Encyclopedia of Library and Information Services*. 3rd edition. Chicago: American Library Association, 1993. pp. 810-811
76. 臺灣地區圖書館事業發展近況　圖書館學與資訊科學　20 卷 1 期　民 83.4　頁 27-47（與劉春銀合撰）
77. 臺灣圖書館現況　出版人　民 84.3　頁 41-44
78. 前言／袁同禮先生百年冥誕紀念專輯　中國圖書館學會會訊 3 卷 4 期　民 84.12　頁 1
79. 蔣慰堂先生對圖書館事業的貢獻　蔣復璁先生百歲誕辰紀念文集　中國圖書館學會　民 87　頁 34-37
80. 沈寶環八秩上壽祝詞　沈寶環教授八秩榮慶祝壽論文集（賴鼎銘主編）　臺灣學生書局　民 88.11　頁 4
81. 臺灣圖書館事業之回顧與展望　公元二千年海峽兩岸公共圖書館基礎建設研討會論文集　行政院文化建設委員會　民 89.9　頁 1-(13-22)
82. 臺灣圖書館事業之回顧與展望　21 世紀公共圖書館館長論壇編審委員會編　北京　中央文獻出版社　2000.11　頁 349-369
83. 二十世紀臺灣圖書館事業之回顧與展望　中華民國八十九年圖書館年鑑　國家圖書館　民 89.12．頁 11-27　又見《臺灣圖書館事業文集》頁 3-36
84. 袁同禮傳　國史擬傳　第九輯　國史館　民 89.12　頁 107-120
85. 自今以始樂餘年——賀盧荷生教授榮休暨七十大慶　盧荷生教授七秩榮慶論文集　文史哲出版社　民 90.6　頁 3-5
86. 張鼎鍾女士榮休誌賀　崇敬與感憶——張委員鼎鍾教授榮退文薈　中國圖書館學會　民 91.9　頁 11
87. 祝賀嚴紹誠教授百齡上壽　中華民國圖書館學會會報　73 期

民 93.12　頁 1-2
88. 錢存訓先生九五榮慶致賀　中華民國圖書館學會會報　74 期　民 94.6　頁 1-2
89. 蔣復璁先生傳略　教育愛：臺灣教育人物誌 III　臺北市　國立教育資料館　民 95　頁 31-41（附影片光碟）
90. 百年來的臺灣圖書館事業（演講）　臺北市　國立政治大學　民 96.5.19　http://tlh.lias.nccu.edu.tw/dspace/handle/lias/600　檢索日期：2014 年 11 月 4 日
91. 悼念盧國邦先生———一位忠誠的圖書館事業先行者　中華民國圖書館學會會訊　15 卷 1/2 期　民 96.6　頁 15-16
92. 百年來的臺灣圖書館事業　圖書與資訊學刊　63 期　民 96.11　頁 1-10
93. **臺灣圖書館事業百年發展**　臺北市　文華圖書館管理　民 103.7　514 頁（與胡歐蘭、鄭恆雄、劉春銀合撰）
94. 師友追憶：圖書館先進蔣復璁先生　傳記文學　636 期　民 104.5　頁 80-85
95. 「中文資訊交換碼」的誕生——兼憶資訊專家謝清俊、楊鍵樵、張仲陶、黃克東諸先生　傳記文學　107 卷 3 期　民 104.9　頁 28-33
96. 訂交三十年，公私兩相合：賀胡述兆教授九秩榮慶　**桃李不言錄：胡述兆教授九秩榮慶**　民 106　未出版

1.3 圖書館學與資訊科學

97. 文獻管理（Documentation）與圖書館學　耕書集　2 期　民 61.11　頁 3-4
98. **圖書館學**　臺北市　臺灣學生書局　民 63.3　565 頁（主編）

333

99. 前言／**圖書館學**（王振鵠主編，中國圖書館學會出版委員會）臺灣學生書局　民 63.3

100. 圖書館與圖書館學　**圖書館學**　臺灣學生書局　民 63.3　頁 41-86　又見《圖書館學論叢》頁 3-48

101. 圖書館學與資訊科學　半年刊　1 卷 1 期　臺北市國立臺灣師範大學社會教育學系、美中地區中國圖書館從業人員協會　民 64.4　（創編）

102. 圖書館學與資訊科學　圖書館學刊（輔大）　4 期　民 64.6　頁 9-11（王振鵠主講，李桂馥、梁奮平筆記）

103. 圖書館學　中華百科全書（第八冊）　中國文化大學出版部　民 71.12　頁 273

104. 序／**圖書資訊學**（周寧森撰）　三民書局　民 80.2

105. 序／**比較圖書館學導論**（薛理桂等編撰）　臺灣學生書局　民 83.5　頁 i-ii

106. 「圖書館學與資訊科學」——二十五周年感言　圖書館學與資訊科學　25 卷 2 期　民 88.10　頁 4-8

107. 《圖書館學與資訊科學》三十年的回顧　圖書館學與資訊科學　30 卷 2 期民 93.10　頁 5-8　又見《臺灣圖書館事業文集》頁 343-350

108. JLIS: Past, Present, and Future—to Honor the 30th Anniversary of CALA. *Bridging Culture: Chinese American Librarians and Their Organization: A Glance at the Thirty Years of CALA, 1973-2003*　**架起中美文化的橋樑：華人圖書館員協會回眸三十年**，*1973-2003*（桂林：廣西師範大學出版社，2004），pp. 355-359.

1.4 圖書館專業組織

109. 讀書最樂——圖書館週的意義及其活動　中國圖書館學會會報　22 期　民 59.12　頁 4-5　又見《臺灣圖書館事業文集》頁 301-304

110. 讀書最樂——圖書館週的意義及其活動　臺灣新生報　民 59.12.1　版 9

111. 第廿九屆東方學者大會圖書館學組研討會紀要　中國圖書館學會會報 25 期　民 62.12　頁 15-16　又見《臺灣圖書館事業文集》頁 429-432

112. 國際圖書館協會聯合會五十週年大會紀要　國立中央圖書館館刊　新 10 卷 2 期　民 66.12　頁 57-63　又見《臺灣圖書館事業文集》頁 433-447

113. 國際圖書館協會聯合會第四十五屆年會紀要　國立中央圖書館館刊　新 12 卷 2 期　民 68.12　頁 55-61　又見《臺灣圖書館事業文集》頁 449-464

114. 中國圖書館學會第廿七屆會員大會報告　中國圖書館學會會務通訊　20 期　民 69.1　頁 1

115. 序／**中華圖書館協會**（宋建成撰）　臺灣育英社　民 69.6

116. 圖書館週的意義及其活動　書藝　12 期　民 70.3　版 1

117. 中國圖書館學會　中華百科全書（第二冊）中國文化大學出版部　民 70.5　頁 85

118. 第三十屆會員大會致詞　中國圖書館學會會務通訊　32 期　民 72.1　頁 1-2（林怜羲、陳淑惠記）

119. 第三十一屆會員大會暨成立三十週年慶祝大會致詞　中國圖書館學會會務通訊　36 期　民 73.1　頁 2

120. 對中國圖書館學會的期望　中國圖書館學會會報　51 期　民 82.12　頁 1-2

121. **參加國際圖書館協會聯盟第六十一屆年會報告**　中華民國圖

書館學會　民 84　又見《臺灣圖書館事業文集》頁 465-477

122. 對中國圖書館學會的期望　**中國圖書館學會四十年：民國四十二年～八十二年**　中國圖書館學會　民 84.12　頁 7-8

123. 我對學會的幾點期望　中國圖書館學會會訊　8 卷 4 期　民 89.12　頁 2-4（第四十六屆第二次會員大會王振鵠專題演講，劉春銀記錄）　又見《臺灣圖書館事業文集》頁 139-144

124. 順勢而發，日新又新──賀中華民國圖書館學會成立六十周年　中華民國圖書館學會會訊　21 卷 2 期　民 102.12　頁 1

1.5 文化建設與文化中心

125. 文化中心圖書館之規劃　中國圖書館學會會報　30 期　民 67.12　頁 1-3

126. 圖書館界應如何響應文化建設　中國圖書館學會會務通訊　16 期　民 68.1　頁 8-9

127. 「文化建設」討論發言記錄　中國圖書館學會會務通訊　20 期　民 69.1　頁 13

128. 「確立文化中心的目標與功能」座談會紀實　中央月刊　13 卷 2 期　民 69.12　頁 53-69（徐慰虹記錄）

129. **當前文化建設中圖書館的規劃與設置之研究**　臺北市國家建設研究委員會　民 70.6　92 頁

130. 文化建設與圖書館事業之發展　**社會教育論叢**　私立潘氏圖書館社會教育推廣研究委員會　民 70.11　頁 16-20

131. 文化建設與圖書館　**社會教育與文化建設**　國立臺灣師範大學社會教育學系　民 71.6　頁 50-64　又見《圖書館學論叢》頁 519-543

132. 文化中心併發症　書櫃　革新版 1 期　民 72.5.20　版 3（王

振鵠口述，林淑蘭筆述）

133. 結合社會資源、擴大服務層面（為文化中心把脈——如何發揮文化中心功能座談會）　師友　205期　民73.7　頁15
134. 文化中心設置與檢討　**沈寶環教授七秩榮慶祝賀論文集**　沈寶環教授七秩華誕籌備委員會　臺灣學生書局　民78.6　頁58-65
135. **文化中心十年**　臺北市文化建設委員會　民80　64頁　部分摘錄見《臺灣圖書館事業文集》頁65-73
136. 二十一世紀的文化建設（演講）　馬來西亞林連玉基金會邀講　吉隆坡　天后宮禮堂　民81.8.10　又見《臺灣圖書館事業文集》頁75-85
137. 縣市文化中心績效之評估　臺北市行政院研究發展考核委員會　民81　238頁（召集人）
138. 談文化中心的發展　社教雙月刊　54期　民82.4　頁32

2. 各類型圖書館

2.1 國家圖書館

139. 國立中央圖書館館訊　季刊　臺北市　國立中央圖書館　民67.4　（創編）
140. 近年來的國立中央圖書館　國立中央圖書館館刊　新13卷2期　民69.12　頁1-4
141. 國立中央圖書館　中華百科全書（第六冊）　中國文化大學出版部　民71.6　頁415-416
142. 國家圖書館　中華百科全書（第六冊）　中國文化大學出版部　民71.6　頁450
143. 國立中央圖書館七十一年度重要工作概況　社會教育年刊

36 期　民 71.12　頁 50-56

144. 遷建委員會工作小組報告　國立中央圖書館館訊　5 卷 4 期　民 72.1　頁 246

145. 前言／五十週年館慶特刊　國立中央圖書館館刊新 16 卷 1 期　民 72.4　頁 1

146. 在文化建設階段國立中央圖書館之發展　幼獅月刊　58 卷 4 期　民 72.10　頁 33-37

147. 國立中央圖書館七十三年度工作概況　社會教育年刊　38 期　民 73.12　頁 51-57

148. 國立中央圖書館之資源與服務　研考月刊　97 期　民 74.3　頁 23-29　又見《臺灣圖書館事業文集》頁 157-165

149. 中央圖書館遷建計劃　圖書館規劃與媒體技術：圖書館實務研討會會議記錄　國立臺灣師範大學圖書館　民 69.8　頁 88-89

150. 國立中央圖書館之未來展望　社教雙月刊　12 期　民 75.3　頁 20-22

151. 國家圖書館的功能　知新集　21 期　民 75.6　頁 13-15（演講）

152. 國立中央圖書館之現況與展望　國立中央圖書館遷館紀念特刊　國立中央圖書館　民 75.9　頁 56-57

153. 國立中央圖書館之現況與展望　出版之友　37/38 期　民 75.10　頁 30-31

154. 國立中央圖書館之現況與展望　社會教育年刊　40 期　民 75.12　頁 167-168

155. 國立中央圖書館七十五年度工作概況　社會教育年刊　40 期　民 75.12　頁 68-77

156. 國立中央圖書館之現況與展望　中國圖書館學會會報　39 期　民 75.12　頁 1-2

157. "The Republic of China, National Central Library." *Encyclopedia of Library and Information Science*. Vol.41 supp.6 Executive Editor Kent, Allen. New York: Marcel Dekker, 1987. pp. 291-304

158. 中央圖書館邁向國家圖書資訊中心　新聞天地　第 43 年第 2 期（2030 期）民 76.1　頁 12-13

159. 國立中央圖書館之現況與展望　中國圖書館學會會務通訊 54 期　民 76.1 頁 12-14+11

160. 國立中央圖書館之現況與展望　空傳　5 期　民 76.4.1　頁 1-2

161. 國立中央圖書館之現況與展望　臺灣教育月刊　443 期　民 76.11　頁 1-4

162. 我們的責任及未來發展的方向　國立中央圖書館館訊　9 卷 4 期　民 76.11　頁 2-5（王館長於民國七十六年六月四日對全體同仁講話紀要）　又見《臺灣圖書館事業文集》頁 147-155

163. 國立中央圖書館七十六年度工作概況　社會教育年刊　41 期　民 76.12　頁 74-90

164. "National Central Library of the Republic of China." *Comparative and International Librarianship*. Ed. by P. S. Kawatra. New Delhi: Sterlling Publishers, 1987. pp.14-29

165. 傳承文化使命・開創館務新局　國立中央圖書館館訊　10 卷 2 期　民 77.5 頁 22-23（王振鵠講，易明克記錄）

166. 序／國立中央圖書館出版品目錄　國立中央圖書館　民 77.5

167. 序／日本國立國會圖書館研究（王芳雪撰）　文史哲出版社 民 77.7

168. 國立中央圖書館業務簡報　國立中央圖書館館訊　10 卷 4 期 民 77.11　頁 31

169. 無限的感念──中央圖書館成立六十年感言　國立中央圖書館館訊　15 卷 2 期　民 82.4　頁 9-10

170. 對國家圖書館的祝望　國家圖書館館訊　85 年 1 期　民 85.5　頁 2

171. 國家圖書館八十年　國家圖書館館刊　102 年 1 期　民 102.6　頁 1-10　又見《臺灣圖書館事業文集》頁 173-183

2.2 公共圖書館

172. 美國公共圖書館制度之研究　油印本　民 63　122 頁（國科會 62 學年度研究論文）見單篇 70

173. 美國公共圖書館的發展方向　臺灣省立臺中圖書館三十週年特刊（臺灣省立臺中圖書館編）　臺中市：臺灣省立臺中圖書館　民 65.3　頁 36-42

174. 美國公共圖書館制度（上、中、下）　教育資料科學月刊　14 卷 2-4 期　民 67.10-12　共 27 頁　又見《圖書館學論叢》頁 225-308

175. 地方圖書館　中華百科全書（第三冊）　中國文化大學出版部　民 70.7　頁 144

176. 「發揮鄉鎮圖書館功能，加強基層文化建設」座談會　社教雙月刊　15 期　民 75.9　頁 8-9

177. 序／公共圖書館的經營管理（鄭吉男撰）　文史哲出版社　民 77.10

178. 鄉鎮圖書館之發展　社教雙月刊　38 期　民 79.8　頁 36

179. 與民眾打成一片──訪師大王振鵠教授談鄉鎮圖書館的發展　尚華　師友　304 期　民 81.10　頁 16

180. 新舊任館長交接暨布達儀式：王教授振鵠致詞全文　臺北市

立圖書館館訊　15 卷 4 期　民 87　頁 10-11
181. 從聯教宣言談公共圖書館服務　書苑　41 期　民 88.7　頁 19-22　又見《臺灣圖書館事業文集》頁 361-365
182. 祝賀臺北市立圖書館五十週年館慶　臺北市立圖書館五十年史述　臺北市立圖書館　民 91.10　頁 iii-v.
183. 臺灣公共圖書館之發展　圖書館（大陸）　2003 年 6 期　頁 18-19
184. 國立中央圖書館臺灣分館建館九十週年誌慶　國立中央圖書館臺灣分館編　根的迴響：慶祝建館九十週年論文集　臺北市：該館　民 94 頁 7-8

2.3 大專圖書館

185. 省立師範大學圖書館概況　中國圖書館學會會報　6 期　民 45.8　頁 12-14
186. 大學圖書館學　油印本　民 50　222 頁
187. 大學圖書館的行政組織　圖書館學報 3 期　民 50.7　頁 15-24
188. 大學圖書館之館藏資料　圖書館學報 7 期　民 54.7　頁 87-101
189. 大學圖書館的功能　教育資料科學月刊　2 卷 3 期　民 60.4　頁 3-5
190. 廿六年來的師大圖書館　中國圖書館學會會報　24 期　民 61.12　頁 16-17
191. 臺灣區大專院校圖書館現況調查報告　臺北市　教育部大專圖書館標準擬訂工作小組　油印本　民 64.10　48 頁
192. 大專院校圖書館問題　中國論壇 1 卷 9 期　民 65.2　頁 30-33
193. 臺灣大專圖書館現況之調查　圖書館學與資訊科學　2 卷 1

341

期　民 65.4　頁 74-101

194. 現階段專科學校圖書館的功能與服務　專科學校圖書館實務研討會專輯　國立臺北工業專科學校　民 77.11　頁 8-13

195. 興建圖書館充實教學資源　劉真先生百齡華誕文集（財團法人劉真先生學術基金會編）　劉真先生學術基金會，民 88.10　頁 227-230

196. 祝賀社教系成立四十年　收在胡幼偉主編《社教系四十年》　國立臺灣師範大學社會教育系　民 84　頁 10-11

2.4 學校圖書館

197. 美國的學校圖書館　中等教育　11 卷 3/4 期　民 49.6　頁 2-4

198. 臺灣省中學圖書設備調查　中等教育　11 卷 3/4 期　民 49.6　頁 5-8　筆名予群

199. **學校圖書館**　臺中市　東海大學圖書館　民 50.6　95 頁（圖書館學小叢書）

200. **小學圖書館**　臺北市　正中書局　民 53　118 頁（Douglas, Mary Peacock 撰，王振鵠譯）（民 72 年臺 7 版）

201. **兒童圖書館**　臺北市　臺灣書店　民 58.8　214 頁（民 67 年三版）

202. 現代小學的圖書館　兒童教育　創刊號　民 62.6　頁 146-148（Douglas, Mary Peacock 著，王振鵠譯）

203. 世界主要國家學校圖書館概況　高級中學法參考資料　民 66.5　頁 65-73

204. 談學校圖書館利用教育　臺北市七十四學年度公私立高級中學及國民中學圖書館利用教育教學觀摩會紀錄　臺北市　中山女子高級中學　民 74.12　頁 7-17

205. 序／**國民中小學圖書館之經營**（蘇國榮撰）　臺灣學生書局　民 78.1
206. 世界主要國家學校圖書館概況　高中圖書館經營文獻選輯　國立中央圖書館　民 78.5　頁 1-16
207. 談學校圖書館利用教育　高中圖書館經營文獻選輯　國立中央圖書館　民 78.5　頁 175-185
208. 高中圖書館的經營理念　高中圖書館館訊　11 期　民 84.4　頁 4-11
209. 兒童圖書館指導計畫一覽表　嘉義師院學報　11 期　民 86.11　頁 72-76

2.5 專門圖書館

210. 序／**專門圖書館管理**（張樹三撰）　曉園出版社　民 77.4
211. 資訊圖書館　美國資訊科學學會臺北學生分會會訊　2 期　民 78.6　頁 56-58（王振鵠演講，黃美娟記錄）
212. 序／**專門圖書館**（王珮琪、劉春銀主編）　五南出版社　民 104

3. 圖書館教育與研究

213. 圖書館工作人員暑期講習班簡介　中等教育　12 卷 1 期　民 50.2　頁 20-22 民 80.4　118 頁（研究委員）
214. 暑期研習會之回顧與前瞻——第十一屆圖書館工作人員研習會報告　中國圖書館學會會報　19 期　民 56.12　頁 23-281
215. **各國圖書館員教育之比較研究**　油印本　民 56　154 頁（國科會 55 學年度研究論文）

216. **美國圖書館員養成制度之研究**　油印本　民62　63頁（國科會61學年度研究論文）
217. 美國圖書館學校的評價與認可制度　圖書館學報　11期　民60.6　頁179-190（Carnousky, Loon 著，王振鵠譯）
218. 我國圖書館教育概況　第一次全國圖書館業務會議紀要　國立中央圖書館　民61.7　頁193-2111_P102
219. 美國圖書館員之養成制度　國立中央圖書館館刊　新6卷1期　民62.3　頁55-58
220. 社教系刊發刊詞　社教系刊　創刊號　民62.6.5　頁2
221. 美國的圖書館專業人員養成制度　社教系刊　創刊號　民62.6　頁46-48
222. 我國圖書館教育現況　中國圖書館學會會報　24期　民62.12.3　頁27-32
223. 各國圖書館教育制度　**圖書館學**　臺灣學生書局　民63.3　頁447-486
224. 美國的圖書館教育制度（上、下）教育資料科學月刊　7卷5/6期－8卷1期 民64.6-7　共12頁　又見《圖書館學論叢》頁451-490
225. 中華民國的圖書館教育　中美技術　20卷3期　民64.9　頁1-5
226. "Education of Library Science in the Republic of China." *SATCA Review*（中美技術）Vol.20 No.3 Sep.1975, pp. 1-7, 29
227. 中華民國圖書館教育現況——國立臺灣師範大學社會教育學系圖書館組　圖書館學與資訊科學　2卷1期　民65.4　頁45-73
228. 美國圖書館教育制度　**史學論集**（中華學術院編）　臺北市華岡出版有限公司　民66.4　頁856-890

229. 圖書館教育與文化建設　**教育發展與文化建設**　幼獅文化事業公司　民 67.12　頁 301-315
230. 我國的圖書館教育制度　**圖書館事業合作與發展研討會會議紀要**　國立中央圖書館　民 70.6　頁 243-29
231. 七十年圖書館工作人員研習會開學典禮致詞　中國圖書館學會會務通訊　27 期　民 70.10　頁 5
232. 圖書館教育　**中華民國圖書館年鑑**　國立中央圖書館　民 70.12　頁 249-261（與郭麗玲合撰）
233. 七十一年度圖書館工作人員研習會開學典禮致詞　中國圖書館學會會務通訊　30 期　民 71.7　頁 7-8
234. 七十一年圖書館工作人員研習會結業典禮報告　中國圖書館學會會務通訊　31 期　民 71.10　頁 6
235. 七十二年暑期圖書館工作人員研習會結業典禮致詞　中國圖書館學會會務通訊　35 期　民 72.10　頁 23（薛理桂記）
236. 三十年來的臺灣圖書館教育　中國圖書館學會會報　35 期　民 72.12　頁 9-19　又見《圖書館學論叢》頁 431-450
237. 三十年來的臺灣圖書館教育　收錄在季嘯風、李文博主編**圖書館學與情報學**　第 3 輯　北京　書目文獻出版社　1988.2　頁 1-19　原刊**圖書館學論叢**　1984　頁 431-450
238. 七十三年度暑期研習會開學典禮致詞　中國圖書館學會會務通訊　40 期　民 73.9　頁 11
239. 我國圖書館學教育的回顧與前瞻　**大學人文教育的回顧與展望——大學人文教育教學研討會論文集**　國立臺灣大學文學院主辦　民 81.6.17-18　頁 103-125　又見《臺灣圖書館事業文集》頁 307-330
240. 溝通・交流・合作——共同促記中華圖書館事業的發展（圖書館學與資訊科學教育研討會開幕致詞）　**圖書館學與資訊**

科學教育研討會論文集　國立臺灣大學圖書館學系　民 82.7　頁 ii

241. 圖書館學教育的幾個問題　上海高校圖書情報學刊　1994 年 1 期　1994　頁 8-9

242. 臺灣地區的圖書館學研究　**圖書館與資訊研究論集：慶祝胡述兆教授七秩榮慶論文集**　漢美圖書公司　民 85　頁 15-24　又見《臺灣圖書館事業文集》頁 331-342

243. 圖書館學教育　中華民國圖書館學會會訊 21 卷 2 期　民 102.12 頁 5-7

4. 圖書館經營與管理

244. **怎樣管理圖書**　臺北市　國立臺灣師範大學中等教育輔導委員會　民 58.6　133 頁

245. 圖書館的經營與實務　**文化中心行政人員研討（習）會實錄**　國立臺灣師範大學社會教育學系　民 73.3　頁 68-71

246. 前言／**文化中心圖書館工作手冊**　文化中心圖書館工作手冊編輯小組　國立中央圖書館　民 76.6

247. 文獻處理標準化問題　中國圖書館學會會務通訊　77 期　民 79.11　頁 17-23　又見《臺灣圖書館事業文集》頁 371-384

4.1 館藏與選擇

248. **圖書選擇與採訪之研究**　油印本　民 58　110 頁（國科會 57 學年度研究論文）

249. **圖書選擇法**　臺北市　國立臺灣師範大學圖書館　民 61.10　142 頁

250. 圖書資料的選擇　**圖書館學**　臺灣學生書局　民 63.3　頁 191-248（與趙來龍合撰）
251. **圖書選擇法**　臺北市　臺灣學生書局　民 73　142 頁　5 版
252. 合作館藏發展制度的建立　中國圖書館學會會報　48 期　民 80.12　頁 31-44（與吳美美合撰）　又見《臺灣圖書館事業文集》頁 257-284
253. **推動全國圖書館館藏發展計畫**　臺北市　教育部圖書館事業委員會專題研究報告　民 84　407 頁（研究委員）
254. 一九九八年海峽兩岸資訊微縮學術交流會開幕賀詞　檔案與微縮　50 期　民 87　頁 6

4.2 資源組織（分類編目）

255. 論杜威十進分類法第十六版　圖書館學報　2 期　民 49.7　頁 63-68
256. 談圖書分類法　社會教育　3 期　民 50　4 版
257. **西洋圖書分類之沿革**　油印本　民 54　252 頁（國科會 53 學年度研究論文）
258. **西洋圖書分類之理論與實際**　手稿本　民 55　94 頁（國科會 54 學年度研究論文）
259. 現代圖書館新觀念和圖書分類手續　國教世紀　3 卷 4 期　民 56.10　頁 10-11
260. 杜威十進分類法　國立中央圖書館館刊　新 2 卷 2 期　民 57.10　頁 21-27
261. 西洋圖書分類之起源　慶祝蔣慰堂先生七十榮慶論文集　國立中央圖書館館刊（特刊）　臺灣學生書局　民 57.11　頁 283-296　又見《圖書館學論叢》頁 311-325

262. 美國圖書館之目錄合作制度（上、下） 教育資料科學月刊 1卷4-5期 民59.6.9 共10頁 又見《圖書館學論叢》頁403-428

263. **標題目錄之研究** 油印本 民59 80頁（國科會58學年度研究論文）

264. 美國杜威十進分類法 **美國圖書館業務** 遠東圖書公司 民61.5 頁39-48

265. 西洋圖書分類制度概說 人文學報 3期 民62.12 頁329-390 又見《圖書館學論叢》頁327-401

266. **西洋圖書分類制度概說** 臺北縣 輔仁大學 民62 62頁

267. **美國書目管制工作之研究** 油印本 民64 72頁（國科會63學年度研究論文）

268. 序／**中華民國圖書聯合目錄** 國立中央圖書館 民66.8 又見《臺灣圖書館事業文集》頁233-235

269. 「出版品編目」計劃及「國際標準書號」制度——圖書館界與出版界合作進行的兩件事 出版之友 6期 民67.3 頁16-17

270. 序／**中國圖書分類法**（試用本） 國立中央圖書館 民68.12

271. 序／**中文圖書機讀編目格式** 中國圖書館學會、國立中央圖書館 民70.2

272. 序／**中文圖書機讀編目格式**第二版 中國圖書館學會、國立中央圖書館 民70.6

273. "Preface"／*Chinese MARC Format for Books*. Library Association of China & National Central Library, 1981.

274. "Preface"／*Chinese MARC Format for Books*. 2nd Edition Library Association of China & National Central Library, 1984

275. 杜威十進分類法 **中華百科全書**（第三冊） 中國文化大學

出版部　民 70.7　頁 436
276. 國際十進分類法　**中華百科全書**（第六冊）　中國文化大學出版部　民 71.6　頁 462
277. 序／**中國編目規則：總則、圖書、連續性出版品**　國立中央圖書館　民 71.8
278. 序／**中國機讀編目格式**　國立中央圖書館　民 71.9　又見《臺灣圖書館事業文集》頁 229-230
279. "Preface"／*Chinese MARC Format*. National Central Library, 1982. pp. iii-vi
280. 序／**中國編目規則**　國立中央圖書館　民 72.8
281. 序／**國立中央圖書館文獻分析機讀格式**　國立中央圖書館　民 72.12
282. 序／**中文圖書標題總目初稿**　國立中央圖書館　民 73.2
283. 序／**中國機讀編目格式**第二版　國立中央圖書館　民 73.7　又見《臺灣圖書館事業文集》頁 225-228
284. 序／圖書分類與管理　純文學季刊　12 號　民 73.7
285. 序／**圖書分類與管理**（洪兆鉞撰）　純文學出版社　民 73.8　頁 1-3
286. 序／圖書分類與管理　中央日報　民 73.10.14　版 12
287. "Preface"／*Chinese MARC Format*. 2nd ed. National Central Library, 1984
288. 序／**國際標準書目著錄發展史研究**（方仁撰）　文史哲出版社　民 74.1
289. 序／**中國機讀編目權威記錄格式初稿**　國立中央圖書館　民 75.2
290. 序／**中文圖書分類編目學**（黃淵泉撰）　臺灣學生書局　民

75.9

291. **國際標準書號實施及推廣工作研究報告**　臺北市　國立中央圖書館　民 78.2　107 頁（主持）　摘要見《臺灣圖書館事業文集》頁 211-217

292. 圖書出版與國際標準書號　出版之友　47 期　民 78.6　頁 14-20

293. 書目控制與書目中心　國立成功大學圖書館通訊　7 期　民 81.7　頁 1-6

294. 序／**美國機讀編目格式**　轉自第三版中國機讀編目格式對照表　教育部　民 82.6　頁 i-ii

295. 序／**中國編目規則**（修訂本）　國立中央圖書館　民 84　見《臺灣圖書館事業文集》頁 230-231

296. 從書目控制談《全國新書資訊月刊》　全國新書資訊月刊　3 期　民 88.3　頁 1-3　又見《臺灣圖書館事業文集》頁 219-223

297. 「中國圖書分類法回顧與前瞻」座談會輯要　國家圖書館館訊　90 年 4 期　民 90.11　頁 17-28（主持）

298. 序／**圖書館目錄發展研究**（張慧銖撰）　文華圖書館管理　民 92.3

299. 國際標準書號與預行編目之回顧與展望──兼賀國家圖書館 80 週年館慶　全國新書資訊月刊　172 期　民 102.4　頁 4-6

300. 書目與書評兼而得之：祝賀《全國新書資訊月刊》200 期　全國新書資訊月刊　200 期　民 104.8　頁 6-8

4.3 讀者服務（含圖書館利用、參考服務）

301. 近五年教育論文索引　臺北市　國立臺灣師範大學圖書館編

民 50　創編

302. 談索引　中國圖書館學會會報　14 期　民 51.12　頁 38-40　又見《臺灣圖書館事業文集》頁 385-391

303. **教育論文索引**　臺北市　國立臺灣師範大學圖書館編　民 52~66　創編

304. 美國參考書的類型　教育資料科學月刊　1 卷 2 期　民 59.4　頁 1-7（Shores, Louis 著，王振鵠譯）

305. 美國參考書的類型　**美國圖書館業務**　遠東圖書公司　民 61.5　頁 59-71

306. 我國的索引服務　圖書館學刊（輔大）　1 期　民 61.6　頁 11-12

307. 序／中文報紙文史哲論文索引第一冊（張錦郎編）　正中書局　民 62.11

308. **中文參考書選介**　臺北市　國立臺灣師範大學圖書館編　民 65　創編

309. **西文參考書選介**　臺北市　國立臺灣師範大學圖書館編　民 66　創編

310. 資料之收集與利用　**體育學研究法**　教育部體育司　民 66.6　頁 53-59

311. 資料之蒐集與利用　**教育研究法**　臺灣省國民學校教師研習會　民 66.6　頁 81-87

312. 序／**縮影技術學**（沈曾圻、顧敏編撰）　技術引介社　民 66.10

313. 序／中央月刊第一卷至第十卷目錄索引　中央月刊社　民 67.10

314. 序／中華民國期刊論文索引彙編（六十六年度）　國立中央圖書館　民 67.12　頁 III

351

315. 序／**中文參考用書指引**（張錦郎編撰）　文史哲出版社　民 68.4

316. 談索引　**索引編製法論叢**　天一出版社　民 68.10　頁 3-5

317. 序／**中華民國報紙論文索引**第一輯　英文中國郵報社　民 69.1

318. 序／**中文資料索引及索引法**（鄭恆雄撰）　文史哲出版社　民 69.3

319. 序／**中華民國報紙論文索引**第二輯　英文中國郵報社　民 70.1

320. 序／**西洋人文學文獻概論**（曾素宜編撰）　中西留學出版社　民 70.10

321. 展覽說明／**中國歷史與傳記工具書展覽目錄**　國立中央圖書館　民 71.5

322. 序／**中文參考資料**（鄭恆雄撰）　臺灣學生書局　民 71.7

323. 序／**縮影作業實務**（吳相鏞撰）　南京出版公司　民 71.8

324. 怎樣利用圖書館　**怎樣突破讀書的困境**　臺灣東華書局　民 71.10　頁 81-171（與宋建成合撰）

325. 序／**期刊管理及利用**（戴國瑜撰）　臺灣學生書局　民 72.1

326. 序／**書僮書話**（唐潤鈿撰）　文史哲出版社　民 72.2

327. 展出的話／**工商參考資料展覽目錄**　國立中央圖書館　民 72.4

328. 書僮書話序　中央日報　民 72.4.21　版 12

329. 序／**當代女作家文學作品書目**　國立中央圖書館　民 73.1

330. 序／**中文參考資料**　書目季刊　17 卷 4 期　民 73.3　頁 31-32

331. 序／**法國藝術圖書展覽目錄**　國立中央圖書館　民 73.3

332. 序／**圖書與圖書館利用法**（吳哲夫、鄭恆雄、雷叔雲合撰）

行政院文化建設委員會　民 73.6

333. 三民主義學術著作展覽籌辦經過紀要　**中華民國中山學術會議實錄**　中華民國中山學術會議實錄編纂委員會　民 73.7　頁 369-370

334. 展出的話／現代詩三十年展覽目錄　國立中央圖書館　民 73.10

335. 參考服務及其趨勢　國立中央圖書館館刊　新 17 卷 2 期　民 73.12　頁 1-6　又見《臺灣圖書館事業文集》頁 239-250

336. 美國參考書的類型　**參考服務研討會參考資料**　民 73.12.21　頁 60-72（本文為 59 年譯文之修正稿）

337. 展出的話／當代文學史料展覽目錄　國立中央圖書館　民 74.5

338. 展出的話／紀念司馬光王安石逝世九百週年展覽目錄　國立中央圖書館　民 75.6

339. 展出前言／全國雜誌展覽目錄　國立中央圖書館　民 75.11

340. 談圖書館的運用與現代化　凌晨訪問　**文化傳播叢書**　行政院文化建設委員會　民 76.4　頁 151-161

341. 序／**中華民國學術機構錄**・六版（*Directory of the Cultural Organization of the Republic of China*. 6th Edition.）國立中央圖書館出版品國際交換處　民 76.7

342. 彰顯蔣公思想與功業的「蔣中正先生論著目錄」　大中至正 5 期　民 77.4　頁 28-29

343. 序／**中華民國行政機關出版品目錄彙編・民國 *73~76* 年**　國立中央圖書館　民 78.7

344. 期刊論文索引廿年感言　國立中央圖書館館訊　11 卷 3 期　民 78.8　頁 5　又見《臺灣圖書館事業文集》頁 237-238

345. 序／中華民國行政機關出版品目錄彙編　**政府出版品管理及**

利用文獻選集（國立中央圖書館採訪組官書股編） 國立中央圖書館 民79.5 頁280

346. 讀者服務的新趨向 中國圖書館學會會務通訊 75期 民79.7 頁3-5

347. 導言／**圖書資料運用** 臺北縣蘆洲鄉 國立空中大學 民80.2 427頁（與鄭恆雄、賴美玲、蔡佩玲合撰）見《臺灣圖書館事業文集》頁351-359

348. 序／**知識的門徑——圖書館・讀書與出版**（王錫璋撰） 文史哲出版社 民85.1

349. 泛論圖書館利用教育 高中圖書館 14期 民85.3 頁9-11

350. 專訪王振鵠教授——談資訊素養與圖書館使用者教育 陳靖儀採訪 社教雙月刊 73期 民85.6 頁22-23

351. 序／***e* 世代華文辭典** 東華書局 民90.11（總審定並序）1,470頁

352. 序／**教育研究資訊資源服務析論**（陳仲彥撰） 秀威資訊科技 民97.9

4.4 圖書館自動化及資訊服務

353. 「圖書館電腦化」座談會發言紀錄 中國圖書館學會會務通訊 14期 民67.7 頁8-9（陳炳昭記錄）

354. 我國圖書館自動化作業計劃及實施現況 國立臺灣大學圖書館學系成立廿週年紀念特刊 國立臺灣大學圖書館學系、國立臺灣大學圖書館學系系友會、國立臺灣大學圖書館學系系學會 民70.12 頁39-40

355. 我國圖書館自動化作業之現況與展望 國立中央圖書館館刊 新15卷1/2期 民71 頁1-5

356. Opening Remarks. (Symposium on Computer Processing of Chinese Library Materials and Computer-Assisted Chinese Language Instruction at ASIS-82, Columbus, Ohio, 1982.) ***Symposium on Computer Processing of Chinese Library Materials and Computer-Assisted Chinese Language Instruction at ASIS-82 Proceedings***. Co-Sponsored by the Institute for Information Industry, the Library Association of China (Taipei), the ROC Committee for Scientific and Scholarly Cooperation with U.S., Academia Sinica. Taipei: American Society for Information Science Taipei Chapter, 1982.

357. 自動化作業之現況與展望　中國圖書館學會會務通訊　31 期　民 71.10　頁 10-11（王振鵠演講，姜海燕摘錄）

358. "Chinese Library Automation-An Overview." ***Symposium on Computer Processing of Chinese Library Materials and Computer-Assisted Chinese Language Instruction at ASIS-82 Proceedings***. American Society for Information Science Taipei Chapter,1982. Oct.1982, pp. 1-1–1-4（與沈寶環合撰）

359. "The Development of Library Automation as a Foundation of the NationalLibrary Network in Taiwan." 教育資料與圖書館學　20 卷 2 期　民 71.12　頁 101-108

360. "Library and Information Services in Taiwan, ROC." ***Proceedings of The First Asian-Pacific Conference on Library Science***, 13-19 March, 1983. Taipei, by Cultural and Social Centre for the Asian and Pacific Region & National Central Library. Seoul, Korea: Cultural and Social Centre for the Asian and Pacific Region, 1983. pp. 59-65

361. 我國圖書館自動化作業之現況及展望　**當代教育理論與實際：孫邦正教授七秩大慶紀念論文集**　五南圖書　民 72.3　頁

561-575　又見《圖書館學論叢》頁 545-559

362. 資訊功能與圖書管理　縮影研究　2 卷 1 期　民 73.3　頁 8-9
363. 資訊功能與圖書管理　中警半月刊　408 期　民 73.3　版 2
364. 圖書資訊技術服務研討會閉幕致詞　**圖書資訊技術服務研討會實錄**　國立臺灣師範大學、中國圖書館學會　民 73.4　頁 105-107
365. 國立中央圖書館自動化作業簡介　臺北縣立文化中心季刊　創刊號　民 73.6　頁 8-10
366. 序／**資訊科學導論**（張鼎鍾編譯）　臺灣學生書局　民 73.11
367. "A Preliminary Study of The Information Service Policy in The Republic of China."　**圖書館自動化與資訊網研討會論文集**　The ROC Committee for Scientific and Scholarly Cooperation with the U.D., Academia Sinica. National Central Library, Jun. 1988, pp. 5-29
368. 國立中央圖書館自動化作業現況　研考月刊　12 卷 9 期　民 77.9　頁 22-30
369. 我國資訊服務政策初探　國立中央圖書館館刊　新 21 卷 2 期　民 77.12　頁 101-112　又見《臺灣圖書館事業文集》頁 185-200
370. Foreword／*Library Automation and Information Networks 1988:Proceedings of a Seminar*. The ROC Committee for Scientific and Scholarly Cooperation with the U.S., Academia Sinica. National Central Library, Taipei, 1989.
371. 國立中央圖書館自動化作業現況　**圖書館自動化專題研習會綱要**（78 年度）　國立臺灣大學　民 78.7　頁 338-349　又見《臺灣圖書館事業文集》頁 201-210
372. 整體規劃全國圖書館資訊網路系統　臺北市　教育部圖書館

事業委員會專題研究報告　民 80.6　271 頁（研究委員）

373. 我國圖書資訊服務政策之探討　**文化建設與社會教育**（郭為藩等著）　臺北市　正中書局　民 80　頁 161-174

374. 前言／**中文資訊交換碼簡介**　資訊應用國字整理小組編印　民 82.5

375. 序／**臺灣地區圖書館自動化系統彙編**　教育部　民 82.6　頁 i-ii

376. 王振鵠、吳美美　我國「圖書館發展新指標」研擬報告暨討論提綱　圖書館與國家資訊基礎建設（*NII*）研討會論文集（中華圖書資訊學教育學會編）　臺北　編者　民 84　頁 174-214

377. 臺灣地區圖書館光碟資訊服務　圖書與資訊學刊　12 期　民 84.2　頁 4-12（與林呈潢合撰）

378. 序／張鼎鍾教授七秩榮慶籌備小組編　**跨越數位時代的資訊服務：張鼎鍾教授七秩榮慶論文集**　臺北市　文華圖書館管理　民 93　頁 1

379. 序／胡歐蘭教授七秩榮慶籌備小組編　*21 世紀數位圖書館發展趨勢*　臺北市　文華圖書館管理　民 94　頁 1-2

380. 「中文資訊交換碼」的誕生──兼憶資訊專家謝清俊、楊鍵樵、張仲陶、黃克東諸先生　傳記文學　107 卷 3 期　民國 104.9　頁 28-33

4.5 圖書館法規與標準

381. 圖書館法規　**中華百科全書**（第八冊）　中國文化大學出版部　民 71.12　頁 270-271

382. 「圖書館法」修訂紀要　臺北市立圖書館館訊　5 卷 3 期　民 77.3　頁 1-5 見《臺灣圖書館事業文集》頁 105-113

383. 圖書館界對「圖書館法」的期望　中央日報　民 83.7.3　4 版

384. 「圖書館法」制訂之必要　社教雙月刊　79 期　民 86.6　頁 53-54

385. 圖書館法概說圖書館人員法制研習班講稿　國家圖書館　民 90.8　又見《臺灣圖書館事業文集》頁 93-104

386. 圖書館法與圖書館事業之發展　中華民國九十年圖書館年鑑　國家圖書館民 91.1　頁 25-34　又見《臺灣圖書館事業文集》頁 115-137

387. 我國〈圖書館法〉的制訂：賀中華民國圖書館學會成立六十周年　**中華民國圖書館學會六十周年特刊**　臺北市：中華民國圖書館學會　民 102.12　頁 3-10

388. **美國圖書館標準之研究**　油印本　民 60　117 頁（國科會 59 學年度研究論文）

389. **各國圖書館標準之比較研究**　油印本　民 61　160 頁（國科會 60 學年度研究論文）

390. **大專院校圖書館標準草案**　民 80.4.26　23 頁（研究委員）

391. 美國學校圖書館之經營標準　中等教育　22 卷 6 期　民 60.12　頁 12-15

392. 美國的圖書館服務標準　人文學報　2 期　民 61.01　頁 537-586　又見《圖書館學論叢》頁 163-224

393. 美國圖書館的服務標準　**美國圖書館業務**　遠東圖書公司　民 61.5　頁 11-23

394. 各國圖書館標準之研究（一～三）　教育資料科學月刊　4 卷 5/6 期 –5 卷 2 期　民 61.12–62.2　共 39 頁　又見《圖書館學論叢》頁 63-161

395. 各國圖書館標準之研究（二）～（四）　收錄在季嘯風、李文博主編　**圖書館學與情報學**第 2 輯　頁 38-50、第 3 輯　頁

39-68、第 5 輯頁 23-46　北京　書目文獻出版社　1988.2　原刊**圖書館學論叢**　1984
396. 教育部新訂「大專圖書館標準」1.大學及獨立學院圖書館標準（草案）　2.專科學校圖書館標準（草案）　中國圖書館學會會報　27 期　民 64.12　頁 45-52
397. 序／**韓國圖書館標準**（曹炯鎮編）　學海出版社　民 75.3
398. 澳洲學校圖書館標準　**全國高級中學圖書館業務研討會**　高中圖書法規標準選輯　民 78.5　頁 113-120
399. 加拿大學校圖書館標準　**全國高級中學圖書館業務研討會**　高中圖書館法規標準選輯　民 78.5　頁 121-132
400. 英國學校圖書館標準　**全國高級中學圖書館業務研討會**　高中圖書館法規標準選輯　民 78.5　頁 133-137
401. 美國中小學校圖書館服務標準　**全國高級中學圖書館業務研討會**　高中圖書館經營文獻選輯　民 78.5　頁 175-185
402. 序／**中日韓三國圖書館法規選編**（簡耀東編）　文華圖書館管理　民 83

4.6 圖書館行政管理

403. **規劃圖書館事業輔導體系**　臺北市　教育部圖書館事業委員會專題研究報告　民 84　85 頁（研究委員）
404. 圖書館建築規劃的基本認知　書香遠傳　29 期　民 94.10　頁 16-19　又見《臺灣圖書館事業文集》頁 167-172

5. 圖書館合作交流

405. **美國圖書館合作制度之研究**　油印本　民 57　154 頁（國科會 56 學年度研究論文）

5.1 館際合作

406. 教育資料之合作交流　教育資料研討會記錄　國立臺灣師範大學、國立教育資料館　民 69.5　頁 103-107

407. 今日館際互借的問題與發展趨勢資源　分享的起步——館際合作研討會綱要　中華民國科技圖書館及資料單位館際合作組織學術活動委員會　國立中山大學　民 77.12　頁 1-11　又見《臺灣圖書館事業文集》頁 285-293

408. **建立全國圖書館合作服務制度促進資源共享政策**　臺北市教育部圖書館事業委員會專題研究報告　民 80.6　260 頁（計畫主持人）緒論見《臺灣圖書館事業文集》頁 251-255

409. **全國圖書館館際互借規則擬定之研究**　教育部圖書館事業委員會專題研究報告　民 86.12　147 頁（主持人）

410. 全國圖書館館際互借規則擬定之研究　教育部圖書館事業委員會會訊　26 期　民 87.1　頁 3-5

411. 全國圖書館館際互借規則之研訂——中華人文社會科學圖書館合作組織八十七年會員大會專題演講　國家圖書館館訊 88 年 1 期　民 88.2　頁 1-2　又見《臺灣圖書館事業文集》頁 295-298

5.2 國際交流

412. 中華民國圖書館日韓訪問團報告　中國圖書館學會　民 70.4.14–28　見《臺灣圖書館事業文集》頁 479-490

5.3 兩岸交流

413. 交流合作，共謀發展　圖書館學與資訊科學　18 卷 2 期　民 81.10　頁 105-106（為該期「如何促進海峽兩岸圖書館與資訊

事業的發展」專欄之前言）　又見《臺灣圖書館事業文集》頁 521-523

414. 為發展中華圖書館事業而努力　交流　9 期　民 82.5　頁 58-59　又見《臺灣圖書館事業文集》頁 525-528
415. 海峽兩岸圖書館界交流之回顧與展望——華文書目資料庫合作發展研討會專題演講　國家圖書館館訊　88 年 4 期　民 88.11　頁 1-6　又見《臺灣圖書館事業文集》頁 529-541
416. 海峽兩岸圖書館界交流之回顧與展望　**華文書目資料庫合作發展研討會論文集**　國家圖書館　民 89.3　頁 11-20
417. 海峽兩岸圖書館界交流之回顧與展望　**陳譽先生八秩華誕圖書館學情報學論文集**（黃秀文等主編）　北京　北京圖書館出版社　2000　頁 193-205

6. 漢學研究及古籍整理

418. 漢學研究通訊季刊　臺北市　漢學研究資料及服務中心　民 71.1　（創編）
419. 發刊詞／**漢學研究通訊**　1 卷 1 期　民 71.1　頁 1
420. 舊書香與新文化——古籍蒐集與整理座談會　中央日報　民 71.4.18　版 4
421. 序／**國立中央圖書館善本題跋真跡**　國立中央圖書館　民 71.5
422. 序／**海外漢學資源調查錄**（汪雁秋編）　漢學研究資料及服務中心　民 71.10
423. 發刊詞／**漢學研究漢學研究**　1 卷 1 期　民 72.6　又見《臺灣圖書館事業文集》頁 425-426
424. **漢學研究**　半年刊　臺北市　漢學研究資料及服務中心　民

72.6 (創編)

425. 序／**光復以來臺灣地區出版人類學論著目錄**（黃應貴主編）中國民族學會、漢學研究資料及服務中心　民 72.6

426. 序／**中國國際圖書館中文舊籍目錄**　國立中央圖書館　民 73.6

427. 序／**近代東北區域研究資料目錄**（趙中孚主編）　漢學研究資料及服務中心、中央研究院近代史研究所　民 73.7

428. 序／**中國歷代藝文總志**（經部）　國立中央圖書館　民 73.11

429. 序／**中華民國臺灣地區公藏方志目錄**（王德毅主編）　漢學研究資料及服務中心　民 74.3

430. 序／**國立中央圖書館特藏選錄**　國立中央圖書館　民 75.7

431. 序／**國立中央圖書館善本書目**·增訂二版　國立中央圖書館　民 75.12

432. 序／**敦煌學研究論著目錄**（鄭阿財、朱鳳玉編）　漢學研究資料及服務中心　民 76.4　頁 i

433. 序／**國立中央圖書館善本書目**·增訂二版　國立中央圖書館館刊　新 20 卷 1 期　民 76.6　頁 1-2

434. 序／**臺灣地區漢學論著選目彙編本**·民 *71* 年~*75* 年　漢學研究資料及服務中心　民 76.6

435. 序／**中韓關係中文論著目錄**（黃寬重主編）　漢學研究資料及服務中心　民 76.6

436. 王國維先生對於漢學研究的貢獻　紀念王國維先生逝世六十週年學術座談會會議資料　紀念王國維先生逝世六十週年學術座談會籌備會　民 76.6.2　頁 10

437. 近五年來我國漢學研究概述　亞歐評論　39/40 期　民 77.2　頁 52-64

438. 序／**唐代文學西文論著選目**（倪士豪主編）　漢學研究中心

民 77.3

439. 序／**剛伐邑齋藏書志**（袁榮法撰） 國立中央圖書館特藏組 民 77.5

440. 序／**善本藏書印章選粹** 國立中央圖書館 民 77.6

441. 序／**臺灣地區漢學資料選介** 漢學研究中心 民 77.11

442. 中華民國漢學研究近況（民國 71 年至 76 年） 漢學研究資源國際研討會會議資料 漢學研究中心 民 77.11 頁 35

443. 中華民國漢學研究近況——民國七十一年至七十六年（上、下） 漢學研究通訊 8 卷 3-4 期 民 78.9,12 共 16 頁 又見《臺灣圖書館事業文集》頁 393-424

444. 臺灣地區漢學研究近況 **中國圖書文史論集** 正中書局 民 80.12 頁 153-174

7. 出版與閱讀

445. 中國大學生課外閱讀興趣之調查研究 教育學報（國立臺灣師範大學） 創刊號 民 59.6 頁 882-858（與張春興合撰）

446. 出版兒童讀物的重要性 大華晚報 民 62.7.1 版 3（與林良等）

447. 圖書館與出版事業出版界 1 期 民 69.1 頁 2-3 又見《臺灣圖書館事業文集》頁 367-370

448. 談圖書的類性 書香 38 期 民 72.1 版 1

449. 我們需要明確的出版政策（讀書與研究方法專題座談） 自由青年 71 卷 1 期 民 73.1 頁 39-40

450. 影響閱讀的因素（建立書香社會專題） 中央月刊 17 卷 6 期 民 74.4 頁 64-66

451. 會讀書更要會用書——讓社會充滿書香（主管官署談書香）

臺灣畫刊　民76.4　頁6-7

452. 迎接中華民國臺北第一屆國際書展　中華民國臺北第一屆國際書展手冊　國立中央圖書館　民76.12　頁7-11

453. 書人書話　臺灣春秋　1卷6期　民78.3　頁52-54

454. 圖書出版事業與圖書館　國立中央圖書館館訊　16卷2期　民83.5　頁3-7

8. 其他

455. 蒲陽（筆名）　火把（散文）手稿本　28頁

456. 蒲陽（筆名）　關於波蘭的兩本書：出賣波蘭目睹記、波蘭怎樣變為蘇聯衛星國　中華日報　民39.7.12　五版文藝

457. 予群（筆名）　關於播音藝術　新生報　民39.7.16　九版

458. 蒲陽（筆名）　路向（文獎會選稿）　火炬　第3期　民41.1.25　頁1-7,11

459. 蒲陽（筆名）　李雷的死　文壇　3卷4期　民44.1.1　頁7-8

460. 序／**美國的今天**（吳述圉撰）　倫理文化資源開發有限公司　民72.12

461. 中華民國史文化志　（初稿）　國史館中華民國史文化志編纂委員會　臺北市國史館　民86.5　（召集人）

462. 憶漢俊　傳記文學　97卷4期　民99.10　頁123-124

463. 憶抗日殺奸團及遷臺同志　傳記文學　110卷4期　民106.04　頁51-54

9. 傳記、著作目錄

1. 王振鵠先生：國立中央圖書館館長，中華民國六十六年四月至七十八年七月　國立中央圖書館　民 78
2. 「王振鵠」　圖書館學百科全書　北京　中國大百科全書出版社　1993.8　頁 514
3. 「王振鵠」　中華文化名人錄　中外名人研究中心　北京　中國青年出版社　1993.12　頁 89
4. 「王振鵠」　當代臺灣人物辭典　崔之清主編　鄭州　河南人民出版社 1994.7　頁 334
5. 「王振鵠」　中國圖書館學情報學檔案學人物大辭典　吳仲強主編　香港　亞太國際出版有限公司　1999　頁 29-30
6. 走過圖書館事業的半個世紀：王振鵠教授八秩榮慶紀念光碟（王振鵠教授八秩榮慶籌備小組編）　臺北市　國立臺灣師範大學圖書資訊學研究所　民 93
7. Dr. Chen-Ku Wang: The 1987 CALA Distinguished Service Award Recipient. *Bridging Culture—Chinese American Librarians and Their Organization: A Glance at the Thirty Years of CALA, 1973-2003*　架起中美文化的橋樑：華人圖書館員協會回眸三十年，*1973–2003*（桂林：廣西師範大學出版社，2004），pp. 276-282.
8. 'Wang, Chen-ku.' *Who's Who in America*. (New Providence, NJ: Marquis Who's Who, 2011, 65thedition), Vol. 2, p. 4764,
9. 'Wang, Chen-ku' *Who's Who in the World*. (Berkeley Heights, NJ: Marquis Who's Who, 2012,29th edition), Vol. 2, p. 2513.
10. 王振鵠教授口述歷史紀錄片　國立臺灣師範大學　民 103.7
11. 振翮高飛、鵠志萬里：王振鵠教授九秩榮慶特展（國立臺灣師範大學圖書館籌備辦理）　民 103.7　（包括王振鵠教授著作

目錄及大事紀要）http://archives.lib.ntnu.edu.tw/ChenKuWang/chronology.jsp　檢索日期：2014 年 8 月 7 日

12. 王振鵠先生著作年表（民國四十五年至民國七十三年）　嚴鼎忠、程麟雅編訂　**圖書館學論叢**　臺灣學生書局　民 73　頁 563-583

13. 著作年表（民國四十五年至民國七十八年）　**見王振鵠先生：國立中央圖書館館長，中華民國六十六年四月至七十八年七月**　國立中央圖書館　民 78　頁 24-39

14. 王振鵠教授著作目錄　吳碧娟彙輯　**當代圖書館事業論集**　民 83.7　頁 821-842

15. **書緣：圖書館生涯五十年**　臺北市　王振鵠教授八秩榮慶籌備小組　民 93　290 頁

16. 王振鵠著作目錄　王振鵠教授八秩榮慶籌備小組編　**書緣：圖書館生涯五十年**　民 93　頁 206-241

17. 王振鵠教授著作目錄（民 45-93）　吳美美　圖書館學與資訊科學　31 卷 2 期　民 94.10　頁 23-29

18. **書緣：圖書館生涯五十年**（增訂本）　臺北市　書緣編印部　民 103.7　367 頁

19. 王振鵠著作目錄（增訂）　書緣編印部編　**書緣：圖書館生涯五十年**（增訂本）　民 103.7　頁 254-293

20. 圖書館學與資訊科學編輯委員會　CALA 圖書館傑出領袖張鼎鍾教授紀念獎獎項暨得獎人簡介——王振鵠　圖書館學及資訊科學　41 卷 2 期　民 104.10　頁 127-131

21. 圖書館學與資訊科學編輯委員會　第二屆「CALA 圖書館傑出領袖張鼎鍾教授紀念獎」得獎人王振鵠教授口述學思歷程　圖書館學及資訊科學　41 卷 2 期　民 104.10　頁 132-136

10. 他人述評

1. 推動全國圖書館事業的手：訪國立中央圖書館王館長　陳志、袁美敏訪問紀錄　臺北市立圖書館館訊　3 卷 2 期　民 74.12　頁 34-39
2. 謙抑應世、協和容眾：館長王振鵠教授　雷叔雲撰　國立中央圖書館館訊　9 卷 1 期　民 75.5　頁 12-14
3. 任重道遠——訪中央圖書館王振鵠館長　靜方訪問　幼獅月刊　64 卷 6 期　民 75.12　頁 6-9
4. 遷建新館改進管理推展社教發揚文化——國立中央圖書館館長王振鵠之優良事蹟　行政院人事行政局　政風獎懲通報 87 期　民 76.10.31
5. 評王振鵠的圖書館學思想與方法　邱念雄　圖書館學研究 1989 年 3 期　頁 84-90
6. 王館長振鵠與國立中央圖書館　國立中央圖書館館訊　11 卷 3 期　民 78.8　頁 2-4
7. 振鵠論　倪波　圖書與情報（大陸）　1994 年 4 期　1994.4　頁 33-38
8. 圖書館界的領航者——專訪王振鵠教授　丁櫻樺　圖書與資訊學刊　9 期　民 83.5　頁 42-45
9. 青衫磊落终生行，書堆遨游留聲名　朱文怡　社會教育學刊　23 期　民 83.5　頁 316
10. **當代圖書館事業論集：慶祝王振鵠教授七秩榮慶論文集**　王振鵠教授七秩榮慶祝壽論文集編輯小組編著　臺北市　正中書局　民 83.7　844 頁
11. 壽序　盧荷生　**當代圖書館事業論集**　民 83.7　頁 1-2
12. 我所認識的王振鵠教授　李華偉　**當代圖書館事業論集**　民

83.7　頁 3-7

13. **寸心銘感集：王振鵠教授的小故事**　寸心銘感集編輯委員會編印　民 83.9　包含王錫璋撰「早巡」等 36 篇
14. 浩瀚書海中的一座燈塔——專訪王振鵠教授　池增輝撰　高中圖書館　16 期　民 85.9　頁 53-56
15. 中國臺灣圖書館學家王振鵠的學術思想與實踐　崔鈺、康軍　圖書情報工作（大陸）　1997 年 4 期　1997.4　頁 7-12
16. 記我國臺灣圖書館事業的開創者王振鵠先生　金恩輝、陳艷華　圖書館學研究（大陸）　1997 年 2 期　1997.4　頁 80-87
17. 回顧與展望；專訪王振鵠教授、曾淑賢館長　圖書館學刊（輔仁大學）　30 期　民 90.6　頁 9-31
18. 永遠的老師　王岫撰　中華日報　民 91.9.26　19 版
19. 記中央圖書館的四位館長　胡述兆　國家圖書館館刊　92 年 1 期　民 92.6　頁 1-6
20. 王振鵠教授與圖書館事業　顧力仁　中國圖書館學會會訊　131 期　民 92.12　頁 10-14　又轉載於中國圖書館學會出版委員會主編　**圖書館人物誌**　臺北市　中國圖書館學會　2003　頁 157-165
21. 「徒法不足以自行」，端賴自我惕勵做好後續工作——王振鵠先生近作《圖書館法與事業的發展》評介　王振鳴、康軍　圖書情報工作　2003 年 1 期　頁 91-96
22. 國圖記憶　唐申蓉　國家圖書館館訊　民 93.5　頁 10-13
23. 王振鵠館長與臺灣圖書館事業——恭賀振鵠先生八十嵩壽　盧荷生　國家圖書館館刊　民 93.6　頁 1-7
24. 現代圖書館事業的奠基者——王振鵠教授　王岫　人間福報　民 93.7.17　11 版
25. 王振鵠教授與圖書館事業——書緣：圖書館生涯五十年讀後

感　宋建成　全國新書資訊月刊　68 期　民 93.8　頁 85-87

26. 卅年如一：敬愛的王振鵠老師　林始昭　國立臺灣師範大學圖書館通訊　64 期　民 93.11　頁 8

27. 王振鵠教授圖書館學術、教育與志業——見證臺灣圖書館事業發展研討會紀要　胡志根　國立臺灣師範大學圖書館通訊　64 期　民 93.11　頁 9-12

28. 臺灣圖書館事業開創者——王振鵠教授　國立臺灣師範大學圖書館通訊推廣服務組　國立臺灣師範大學圖書館通訊　64 期　民 93.11　頁 24

29. 王振鵠教授與師大圖書館　陳仲彥　國立臺灣師範大學圖書館通訊　64 期　民 93.11　頁 5-7

30. 本校社會教育系王振鵠名譽教授八秩榮慶特展　國立臺灣師範大學圖書館通訊　64 期　民 93.11　頁 13

31. **王振鵠教授八秩榮慶論文集**　王振鵠教授八秩榮慶籌備小組　臺北市　學生書局　民 93.11

32. **王振鵠教授圖書館學術，教育與志業：見證臺灣圖書館事業發展研討會**（王振鵠教授八秩榮慶籌備小組編）　臺北市　國立臺灣師範大學圖書資訊學研究所　民 93

33. 王振鵠教授與師大　陳仲彥　**王振鵠教授圖書館學術，教育與志業：見證臺灣圖書館事業發展研討會**（王振鵠教授八秩榮慶籌備小組編）　臺北市　國立臺灣師範大學圖書資訊學研究所　民 93　頁 1-24

34. 永遠秉持誠與恆的信念：王教授振鵠先生論著述要及其學術思想　顧力仁　圖書館學與資訊科學　31 卷 2 期　民 94.10　頁 5-13

35. 筆記王振鵠教授幾個圖書資訊學的重要學術思維　吳美美　圖書館學與資訊科學　31 卷 2 期　民 94.10　頁 14-29

36. 王振鵠教授的書目學理念與實踐　鄭恒雄　圖書館學與資訊科學　31卷2期　民94.10　頁30-38
37. 王振鵠教授與我國圖書館事業　宋建成　圖書館學與資訊科學　31卷2期　民94.10　頁39-45
38. 王振鵠教授與我國圖書館學教育　吳明德、賴麗香　圖書館學與資訊科學　31卷2期　民94.10　頁46-51
39. 從傳統走向現代——于振鵠心繫圖書館發展　李欣如　書香遠傳　49期　民96.6　頁10-11　http://www.nlpi.edu.tw/PublishArticle.aspx?IndexCalendarYear=2016&IndexCalendarMonth=2&KeyID=b1ca8fc1-035f-4df1-a9ea-642b4dad39cf
40. 臺灣圖書館史重要人物　蔡明月　**臺灣圖書館事業與教育史研討會論文集**　臺北市　政治大學　民96.5　頁60-62
41. 圖林三賢　何光國　中國圖書館學會會訊　156期　民100.6　頁40-43
42. 實驗記憶——知名校友卷　楊靜武　天津　中國教育出版社　2013　頁6-9
43. 與老館長話舊　王岫　中華日報　民103.2.27
44. **典範的時代和理想的人格：王振鵠館長與國立中央圖書館**　顧力仁　新北市　華藝學術　民103　237頁
45. 王振鵠館長與國立中央圖書館　顧力仁　**王振鵠教授九秩榮慶論文集**（王振鵠教授九秩榮慶籌備小組編）　臺北市　師大書苑　民103　頁109-139
46. 華人圖書館協會（Chinese American Librarians Association, CALA）頒發「傑出圖書館領導獎（CALA Outstanding Library Leadership Award in Memory of Dr. Margaret Chang Fung）」Professor Cheng-Ku Wang—the Recipient of the 2014CALA Outstanding Library LeadershipAward. 2014.7

http://www.lac.org.tw/files/announcement_of_prof._wang_chen-ku.pdf(Accessed August 7,2014)

47. 永遠的國家圖書館館長：一生做好一件事，展現專業價值　林孟玲　Library Watch　民 103.6.17　http://ifii-enews.blogspot.tw/2014/06/blog-post_6653.htm　檢索日期：2014 年 8 月 7 日

48. 祝賀博雅的圖書館學者——振鵠師 90 大壽　王岫　人間福報　民 103.7.14　14 版

49. **臺灣圖書館事業發展——王振鵠教授學術思想研討會**（國家圖書館合作發展組編）　臺北市　國家圖書館　民 103.7

50. 不解的書緣：半世紀圖書館服務的回顧與感想　**臺灣圖書館事業發展——王振鵠教授學術思想研討會**（國家圖書館編）　臺北市　國家圖書館　民 103.7　頁 1-3

51. **王振鵠教授九秩榮慶論文集**　王振鵠教授九秩榮慶籌備小組編著　臺北市　師大書苑　民 103　568 頁

52. 《臺灣圖書館事業百年發展》：記述一本描繪臺灣圖書館事業發展軌跡的案頭工具書出版　劉春銀　全國新書資訊月刊　186 期　民 103.6　頁 24-27

53. 書緣增訂本問世　蘇精　全國新書資訊月刊　186 期　民 103.6　頁 41-42

54. 經驗與睿智的鎔鑄：王師振鵠《臺灣圖書館事業文集》讀後　顧力仁　全國新書資訊月刊　186 期　民 103.6　頁 43-46

55. 先睹為快：評介《王振鵠教授九秩榮慶論文集》　吳美美　全國新書資訊月刊　186 期　民 103.6　頁 47-52

56. 在喧囂年代，為溫柔敦厚的典範作記　雷叔雲　全國新書資訊月刊　186 期　民 103.6　頁 53-55

57. 王振鵠——臺灣圖書館事業的領航者　書香遠傳　115 期　民 103.9　頁 8-11

58. 仁壽無疆：圖書館界慶賀王振鵠教授九秩嵩壽紀要　顧力仁　國家圖書館館訊　103 年 4 期　民 103.11　頁 26-33
59. 王振鵠教授圖書館學術思想在大陸的傳播及其影響　程煥文、肖鵬　國家圖書館館刊　103 卷 2 期　民 103.12　頁 173-180
60. 王振鵠教授與臺灣圖書館事業　宋建成　國家圖書館館刊　103 卷 2 期　民 103.12　頁 181-191
61. 王振鵠教授的研究對圖書館教育及治理的影響　顧力仁　國家圖書館館刊　103 卷 2 期　民 103.12　頁 193-203
62. 我國圖書館百年發展的小百科：讀王振鵠、胡歐蘭、鄭恒雄、劉春銀《臺灣圖書館事業百年發展》（臺北市：文華圖書館管理，2014）　曾堃賢　圖資與檔案學刊　7 卷 1 期　民 104.6　頁 132-143
63. 師友風義：王振鵠教授與當代人物　顧力仁　傳記文學　110 卷 2 期　民 106.2　頁 39-56
64. 書信手稿　王岫　中華日報副刊網路版　106.10.19.
65. 以知識本體和鏈結資料建置圖書資訊學領域學者的事業歷程網站系統——以王振鵠教授為例　符興智、柯皓仁　圖書館學與資訊科學　43 卷 1 期　民 106　頁 122-154

附錄三、王振鵠教授著作及傳記編年目錄（增補刪改部分）

說明：

據〈王振鵠著作目錄（增訂）〉再加增補刪改，原目錄收入書緣編印部編，《書緣：圖書館生涯五十年》（增訂本）民103，頁254-293。

專書

1. **近五年教育論文索引**　臺北市　國立臺灣師範大學圖書館編　民50 創編
2. **教育論文索引**　臺北市　國立臺灣師範大學圖書館編　民52~66 創編
3. **中文參考書選介**　臺北市　國立臺灣師範大學圖書館編　民65 創編
4. **西文參考書選介**　臺北市　國立臺灣師範大學圖書館編　民66 創編
5. **書緣：圖書館生涯五十年**　臺北市　王振鵠教授八秩榮慶籌備小組　民93 290 頁
6. **臺灣圖書館事業文集**　臺北市　國家圖書館民103.5　541 頁
7. **書緣：圖書館生涯五十年（增訂本）**　臺北市　書緣編印部 民103.7　367 頁
8. **臺灣圖書館事業百年發展**　臺北市　文華圖書館管理民103.7 514 頁（與胡歐蘭、鄭恆雄、劉春銀合撰）

單篇

1. 臺灣省中學圖書設備調查　中等教育　11卷 3/4期　民49.6

頁 5-8　以筆名予群發表

2. 談圖書分類法　社會教育　3 期　民 50　4 版（改，原目錄記此文出處為社教通訊 3 期，民 50，頁 4，據陳仲彥教授提供原件改正）

3. 中國大學生課外閱讀興趣之調查研究　教育學報（國立臺灣師範大學）　創刊號　民 59.6　頁 882-858（與張春興合撰）（應為頁 858-882）

4. 社教系刊發刊詞　社教系刊　創刊號　民 62.6.5　頁 2（增，陳仲彥教授提供）

5. 美國公共圖書館的發展方向　**臺灣省立臺中圖書館三十週年特刊**（臺灣省立臺中圖書館編）　臺灣省立臺中圖書館　民 65.3　頁 36-42

6. 前言／**圖書館學**（王振鵠主編，中國圖書館學會出版委員會）臺灣學生書局　民 63.3（補，先生以學會出版委員會的名義發表，內容精要）

7. 美國圖書館教育制度　**史學論集**（中華學術院編）　臺北市華岡出版有限公司　民 66.4　頁 856-890

8. 圖書館專業教育制度（節錄）　收錄於全國高等學校圖書館工作委員會秘書處編　圖書館學情報學專業教育參考資料（內部參考）　民 72。由「三十年來的臺灣圖書館事業」節錄改題　原刊於《圖書館學與資訊科學》　1 卷 1 期　民 64.10

9. "Preface"／*Chinese MARC Format for Books*. 2nd Edition Library Association of China & National Central Library 1984

10. 資訊功能與圖書管理　縮影研究　2 卷 1 期　民 73　頁 8-9

11. 三十年來的臺灣圖書館教育　收錄於季嘯風、李文博主編**圖書館學與情報學**第 3 輯　北京　書目文獻出版社　1988.2

頁 1-19　原刊圖書館學論叢　1984　頁 431-450

12. 各國圖書館標準之研究（二）～（四）收錄於季嘯風、李文博主編　**圖書館學與情報學**第 2 輯　頁 38-50、第 3 輯　頁 39-68、第 5 輯　頁 23-46　北京　書目文獻出版社　1988.2　原刊圖書館學論叢　1984

13. 序／中華民國行政機關出版品目錄彙編　**政府出版品管理及利用文獻選集**（國立中央圖書館採訪組官書股編）　國立中央圖書館　民 79.5　頁 280

14. 序／**圖書資訊學導論**（周寧森撰）　三民書局　民 80.2（改，書名圖書館學改為**圖書資訊學**）

15. 二十一世紀的文化建設　馬來西亞林連玉基金會邀講　吉隆坡　天后宮禮堂　民 81.8.10　見《臺灣圖書館事業文集》頁 75-85

16. 序／**中日韓三國圖書館法規選編**（簡耀東編）　文華圖書館管理　民 83

17. 序／**中國編目規則**（修訂本）　國立中央圖書館　民 84　見《臺灣圖書館事業文集》頁 230-231

18. **參加國際圖書館協會聯盟第六十一屆年會報告**　中華民國圖書館學會　民 84　見《臺灣圖書館事業文集》頁 465-477

19. 祝賀社教系成立四十年　收在胡幼偉主編　**社教系四十年**　國立臺灣師範大學社會教育系　民 84　頁 10-11

20. 王振鵠、吳美美　我國「圖書館發展新指標」研擬報告暨討論提綱　在中華圖書資訊學教育學會編《圖書館與國家資訊基礎建設（NII）研討會論文集》　民 84　頁 174-214

21. 一九九八年海峽兩岸資訊微縮學術交流會開幕賀詞　檔案與微縮　50 期　民 87　頁 6

22. 新舊任館長交接暨布達儀式：王教授振鵠致詞全文　臺北市

立圖書館館訊　15 卷 4 期　民 87　頁 10-11
23. 興建圖書館充實教學資源　**劉真先生百齡華誕文集**（財團法人劉真先生學術基金會編）　劉真先生學術基金會　民 88.10　頁 227-230　（補）
24. 臺灣圖書館事業之回顧與展望　*21* **世紀公共圖書館館長論壇**　編審委員會編北京　中央文獻出版社　2000.11　頁 349-369
25. 臺灣圖書館事業的前景以及專業人員的基本認知　中華民國圖書館學會 2011 圖書資訊學研討會紀要　（胡祍熏、劉亭汝、鄭翔、林玉紀錄）　中華民國圖書館學會會訊　20 卷 1 期　民 101.6 月　頁 57-60
26. 圖書館學教育　中華民國圖書館學會會訊　21 卷 2 期　民 102.12　頁 5-7
27. 順勢而發，日新又新——賀中華民國圖書館學會成立六十周年　中華民國圖書館學會會訊　21 卷 2 期　民 102.12　頁 1
28. 臺灣公共圖書館之發展　圖書館（大陸）　2003 年 6 期　頁 18-19
29. 不解的書緣：半世紀圖書館服務的回顧與感想　**臺灣圖書館事業發展——王振鵠教授學術思想研討會**（國家圖書館編）　臺北市　國家圖書館　民 103.7　頁 2
30. 師友追憶：圖書館先進蔣復璁先生　傳記文學　106 卷 5 期　民 104.5　頁 80-85
31. 「中文資訊交換碼」的誕生——兼憶資訊專家謝清俊、楊鍵樵、張仲陶、黃克東諸先生　傳記文學　107 卷 3 期　民 104.9　頁 28-33
32. 書目與書評兼而得之：祝賀《全國新書資訊月刊》200 期　全國新書資訊月刊　200 期　民國 104.8　頁 6-8
33. 序／**專門圖書館**（王珮琪、劉春銀主編）　五南出版社　民 104

34. 憶抗日殺奸團及遷臺同志　傳記文學　110 卷 4 期　民 106.04　頁 51-54
35. 訂交三十年，公私兩相合：賀胡述兆教授九秩榮慶　**桃李不言錄：胡述兆教授九秩榮慶**　民 106　未出版

傳記（包括著作目錄以及他人述評）

1. 遷建新館改進管理推展社教發揚文化——國立中央圖書館館長王振鵠之優良事蹟　行政院人事行政局　政風獎懲通報 87 期　民 76.10.31
2. **王振鵠先生：國立中央圖書館館長，中華民國六十六年四月至七十八年七月**　國立中央圖書館　民 78
3. 著作年表（民國四十五年至民國七十八年）見**王振鵠先生：國立中央圖書館館長，中華民國六十六年四月至七十八年七月**　國立中央圖書館　民 78　頁 24-39
4. 評王振鵠的圖書館學思想與方法　邱念雄　圖書館學研究 1989 年 3 期　頁 84-90
5. 「王振鵠」　**圖書館學百科全書**　北京　中國大百科全書出版社　1993.8　頁 514
6. 「王振鵠」　**中華文化名人錄**　中外名人研究中心　北京　中國青年出版社　1993.12　頁 89
7. 青衫磊落終生行，書堆遨游留聲名　朱文怡　社會教育學刊 23 期　民 83.5 頁 316
8. 壽序　盧荷生　**當代圖書館事業論集**　民 83.7　頁 1-2
9. 王振鵠教授著作目錄　吳碧娟彙輯　**當代圖書館事業論集**　民 83.7　頁 821-842
10. 「王振鵠」　**當代臺灣人物辭典**（崔之清主編）　鄭州　河南人民出版社　1994.7　頁 334

11. 「王振鵠」　中國圖書館學情報學檔案學人物大辭典（吳仲強主編）　香港　亞太國際出版有限公司　1999　頁 29-30
12. 走過圖書館事業的半個世紀：王振鵠教授八秩榮慶紀念光碟（王振鵠教授八秩榮慶籌備小組編）　臺北市　國立臺灣師範大學圖書資訊學研究所　民 93
13. 王振鵠教授圖書館學術，教育與志業：見證臺灣圖書館事業發展研討會（王振鵠教授八秩榮慶籌備小組編）　臺北市　國立臺灣師範大學圖書資訊學研究所　民 93
14. 王振鵠著作目錄　王振鵠教授八秩榮慶籌備小組編　**書緣：圖書館生涯五十年**　民 93　頁 206-241
15. 王振鵠教授與師大　陳仲彥　王振鵠教授八秩榮慶籌備小組編《王振鵠教授圖書館學術，教育與志業：見證臺灣圖書館事業發展研討會》　國立臺灣師範大學圖書資訊學研究所　民 93　頁 1-24
16. 王振鵠教授著作目錄（民 45-93）　吳美美編　圖書館學與資訊科學　31 卷 2 期　民 94.10　頁 23-29
17. 'Wang, Chen-ku.' *Who's Who in America* (New Providence, NJ: Marquis Who's Who, 2011, 65th edition), Vol. 2, p. 4764
18. 實驗記憶──知名校友卷　楊靜武　天津　中國教育出版社　2013　頁 6-9
19. 與老館長話舊　王岫　中華日報　民 103.2.27
20. 典範的時代和理想的人格：王振鵠館長與國立中央圖書館　顧力仁著　新北市　華藝學術　民 103　237 頁
21. 王振鵠館長與國立中央圖書館　顧力仁　**王振鵠教授九秩榮慶論文集**（王振鵠教授九秩榮慶籌備小組編）　臺北市　師大書苑　民 103　頁 109-139
22. 振翮高飛、鵠志萬里：王振鵠教授九秩榮慶特展（國立臺灣

師範大學圖書館籌備辦理） 民103.7（包括王振鵠教授著作目錄及大事紀要）http://archives.lib.ntnu.edu.tw/ChenKuWang/chronology.jsp 檢索日期：2014年8月7日

23. 王振鵠著作目錄（增訂） 書緣編印部編 **書緣：圖書館生涯五十年**（增訂本） 民103.7 頁254-293
24. 永遠的國家圖書館館長：一生做好一件事，展現專業價值 林孟玲 Library Watch 民103.6.17 http://ifii-enews.blogspot.tw/2014/06/blog-post_6653.htm 檢索日期：2014年8月7日
25. 祝賀博雅的圖書館學者——振鵠師90大壽 王岫 人間福報 民103.7.14 14版
26. **臺灣圖書館事業發展——王振鵠教授學術思想研討會**（國家圖書館合作發展組編） 臺北市 國家圖書館 民103.7
27. **王振鵠教授九秩榮慶論文集** 王振鵠教授九秩榮慶籌備小組編著 臺北市 師大書苑 民103 568頁
28. 《臺灣圖書館事業百年發展》：記述一本描繪臺灣圖書館事業發展軌跡的案頭工具書出版 劉春銀 全國新書資訊月刊 186期 民103.6 頁24-27
29. 書緣增訂本問世 蘇精 全國新書資訊月刊 186期 民103.6 頁41-42
30. 經驗與睿智的鎔鑄：王師振鵠《臺灣圖書館事業文集》讀後 顧力仁 全國新書資訊月刊 186期 民103.6 頁43-46
31. 先睹為快：評介《王振鵠教授九秩榮慶論文集》 吳美美 全國新書資訊月刊 186期 民103.6 頁47-52
32. 在喧囂年代，為溫柔敦厚的典範作記 雷叔雲 全國新書資訊月刊 186期 民103.6 頁53-55
33. 王振鵠——臺灣圖書館事業的領航者 書香遠傳 115期 民103.9 頁8-11

34. 仁壽無疆：圖書館界慶賀王振鵠教授九秩嵩壽紀要　顧力仁　國家圖書館館訊　103 年 4 期　民 103.11　頁 26-33
35. 王振鵠教授圖書館學術思想在大陸的傳播及其影響　程煥文、肖鵬　國家圖書館館刊　103 卷 2 期　民 103.12　頁 173-180
36. 王振鵠教授與臺灣圖書館事業　宋建成　國家圖書館館刊　103 卷 2 期　民 103.12　頁 181-191
37. 王振鵠教授的研究對圖書館教育及治理的影響　顧力仁　國家圖書館館刊　103 卷 2 期　民 103.12　頁 193-203
38. CALA 圖書館傑出領袖張鼎鍾教授紀念獎獎項暨得獎人簡介——王振鵠　圖書館學與資訊科學編輯委員會　圖書館學及資訊科學　41 卷 2 期　民 104.10　頁 127-131
39. 第二屆「CALA 圖書館傑出領袖張鼎鍾教授紀念獎」得獎人王振鵠教授口述學思歷程　圖書館學與資訊科學編輯委員會　圖書館學及資訊科學　41 卷 2 期　民 104.10　頁 132-136
40. 我國圖書館百年發展的小百科：讀王振鵠、胡歐蘭、鄭恒雄、劉春銀，《臺灣圖書館事業百年發展》（臺北市：文華圖書館管理資訊公司，2014）　曾堃賢　圖資與檔案學刊　7 卷 1 期　民 104.6　頁 132-143
41. 師友風義：王振鵠教授與當代人物　顧力仁　傳記文學　110 卷 2 期　民 106.2　頁 39-56
42. 書信手稿　王岫　中華日報副刊網路版　民 106.10.19
43. 符興智、柯皓仁　以知識本體和鏈結資料建置圖書資訊學領域學者的事業歷程網站系統——以王振鵠教授為例　圖書館學與資訊科學　43 卷 1 期　民 106　頁 122-154

附錄四、王振鵠文集自序及編輯後記

王振鵠文集自序

個人文集之出版，殊屬幸事，展閱舊稿，過去寫作的情景彷彿就在眼前，略述感懷如下：

一、解決實際的需要而寫作

民國 38 年，我進師範學院工作，初與圖書館結緣，44 年任圖書館主任，47 年赴美進修，進修期間，歷訪各圖書館百餘所，並廣為蒐集美國圖書館發展之資料。返臺後，受聘任師院社會教育系講師仍兼圖書館主任。當時臺灣圖書館猶在建設之中，缺少專業論述，而授課所需的教材尤其嚴重不足。我遂多方參引國外的發展，並審視國內所需，開始圖書館專業的研究。

從民國 44 年至今，個人所撰寫圖書館專業領域的專著有 40 種，論文近 400 篇，另創編專業刊物多種。若以字數為計，個人所撰寫的當逾百萬字。實際上，啟動我研究的初衷是為了解決教學的需要，而其後隨著工作的擴展，研究的範圍也逐漸延伸到臺灣圖書館事業的發展、兩岸圖書館的合作交流以及國際圖書館的比較，這一演變，雖然是我始料未及，但是另一方面也顯示出這些作品是為了解決實際的需要而寫作。

二、寫作的方向及旨趣

在師院任教期間，由民國 50 年至 63 年間，我進行了一系列有關圖書館的基礎研究，這些作品多屬國科會的研究論文。

當時倚恃年輕力旺，在學校忙碌了一天之後，返家餐畢，略事休息，即開始寫作，這個習慣我持續了十多年不輟。

民國 66 年，個人由學校轉任國立中央圖書館，78 年退休返校任教，直至 94 年卸去各校教學，僅保留師範大學研究生指導。此期間前後約有廿多年，個人參與並規劃臺灣圖書館各方面的發展，並且擔任各相關計畫的主持研究，許多作品都與臺灣的圖書館事業息息相關，無形之中，也奠定了臺灣圖書館的發展基礎。

我曾經對「圖書館學」的意義及功能加以闡釋：

> 圖書館學是一種知識與技能，據以研究圖書館經營的理論與實際，以及有關圖書資料之選擇、蒐集、組織與運用的方法。圖書館學的效用，對國家社會而言，它是統御國家文化資源，推展社會教育的一種手段；對圖書管理機構而言，它是一項資料處理的應用技術；對個人而言，它是一項治學的門徑與研究的方法。[1]

而個人的寫作方向也與此相符，也就是以上所說的「統御文化資源，推展社會教育，資料處理技術和治學門徑方法。」這四方面。

至於個人研究的旨趣，我曾經就「圖書館的研究」說到三個重點，分別是：

（一）理論的研究：建立圖書資訊事業的價值觀，探討圖書館學的理論基礎，研究在不同社會環境影響

---

[1] 中國圖書館學會出版委員會編，《圖書館學》（臺北市：臺灣學生書局，1990），1。

下圖書館事業發展的規律,資訊社會對未來圖書館之衝擊等等。

(二) 技術層面的研究:建立以我國文化為本的技術規範和文獻處理方法,自國家文化傳承及讀者資訊需求觀點分析圖書館之館藏與服務,圖書館資訊服務之技術與倫理等等。

(三) 資源的研究:在合作發展前提下建立統合與互通的作法,由一研究機構主導下加以調查協調,並能提供進一步個別的研究服務,當有助於研究文獻資源之利用。[2]

針對後兩者,亦即「技術層面的研究和資源的研究」,臺灣的圖書館專業人員與個人都有所著力,但是略感遺憾的是,在理論方面的研究,猶有不足,有待圖書館多士繼續努力。

三、各方對個人研究的評介

歷來館界同仁對個人的研究以及理念屢有評介,包括李華偉、盧荷生、鄭麗敏、倪波、金恩輝、崔鈺以及程煥文等諸位學者專家,節略如下:

- 王教授極力提升圖書館學學術研究,曾任《圖書館學與資訊科學》刊物主編,也是《圖書館學》一書主編(1974)。他的著作包括《圖書館學論叢》、《圖書館選擇法》等書,以及有關圖書資訊學為主題的各類

---

[2] 王振鵠,〈臺灣地區的圖書館學研究〉,胡述兆教授七秩榮慶論文集編輯小組編,《圖書館與資訊研究論集:慶祝胡述兆教授七秩榮慶論文集》,(臺北市:漢美圖書,1996),22。

論述百餘篇。(李華偉,1987)

- 王振鵠在圖書館學方面造詣很深,自成一家,有其鮮明的個性。其學術思想的特徵有包括:一、洋為中用、中西結合、振興漢學,二、見解不落窠臼、觀點刻意創新,三、開放與綜合並舉,四、事業與人才培養並重。(邱念雄,1989)

- 被引用次數量最多的國內著者。(鄭麗敏,1993)

- 見解獨到,實務上可行,更能緊抓住臺灣圖書館發展的急迫需求,能在臺灣圖書館事業發展的關鍵點上,跨越過來。(盧荷生,1994)

- 在學術上的研究來源於實踐,不脫離實踐,並且服務於實踐,是一條寓工作、研究、教育於一體的「三結合」之路。(倪波,1994)

- 範圍廣泛,無所不及;取法西洋,也重自身研究;結合行政經驗與學理研究,不流於空泛;前後貫串,有其系統。(金恩輝、陳艷華,1997)

- 理念與實際融合,充分比較後闡發己見,注重在地地區的具體情況。(崔鈺、康軍,1997)

- 80年代初開始,大陸圖書館學界開始系統地轉載王振鵠教授的學術論文,成為大陸圖書館學界瞭解臺灣圖書館事業發展狀況的重要途徑。90年代以來,大陸圖書館學界開始研究王振鵠教授的事業貢獻與學術思想,一致公認王振鵠教授是臺灣卓越的圖書館事業領導者和最有影響力的圖書館學專家之一。王振鵠教授圖書館學術思想在大陸的傳播生動地反映了海峽兩

岸圖書館學術交流與傳播的歷史。（程煥文、肖鵬，2014）

以上指教，既是對個人的鼓勵，也是對圖書館從業人員的提示，也就是説作為一個專業圖書館員，服務與研究兩者不可偏廢，專注而有恆的研究是增強個人服務的動力，而專業研究自必以服務為導向，才能發揮實際的效果，謹此與所有圖書館員以及讀者相互勉勵。

民國 99 年，胡教授述兆兄轉達中山大學譚祥金教授、趙燕群教授賢伉儷的邀請，希將過去所發表的著述，彙集成編。當時認為圖書館的演進一日千里，過去的作品已成陳編，對專業不復有所裨助，遂婉謝兩位教授的盛意。民國 100 年，譚祥金教授、趙燕群教授賢伉儷寄來彙收兩位大著的文集兩卷，煌煌巨製；之後，胡述兆教授、李德竹教授兩位的文集也於民國 104 年相繼成書，以上鴻編皆內容精闢、詳確有據，對兩岸圖書館的發展保存了完整翔實的論述，實為當代圖書館學重要的記錄。去（民 103）年，圖書館界為賤辰辦理研討會，中山大學圖書館館長程煥文教授專程由廣州抵臺申賀，重提文集編印的計畫，盛情可感，乃董理舊稿，類分如目，彙成本文集。

本文集收錄專著十餘種、論文二百餘篇，又擇錄各界報導及評述三十篇，並將個人大事紀要、著作編年目錄及著作分類目錄列為附錄，彙編成書。書內少數合著及報導評述，以原著者散居各處，歉未能逐一徵詢。

本文集得以面世，多賴中山大學圖書館館長程煥文教授的殷勤商研以及安排編輯督印出版諸事宜，又承國家圖書館館長曾淑賢教授及同仁、師範大學柯皓仁教授及同仁代為蒐集影印

若干舊稿,有關整理由顧力仁教授協助進行。由於資料繁多,整理費時,編務工作較為繁雜,同仁辛苦可知。茲值文集付梓,謹對參與工作之同仁致以謝忱。

國立臺灣師範大學名譽教授
王振鵠誌

104 年 7 月 10 日初稿
104 年 12 月 25 日修訂

王振鵠文集編輯後記

先生著述宏富,截至民國 104 年 12 月,已有專書 40 種、論文近 400 篇。其中的專書雖然大部分出版成書,但是多數已經絕版,而且若干專書,連圖書館也不多見。論文部分,纂輯成冊的約近 70 餘篇,尚不到全數的百分之二十,其餘散見各刊物,查尋殊為不易,全集的編纂當有助於整體瞭解先生的學思研究歷程。

先生全集的編輯,自民國 103 年 9 月起著手規劃,至 104 年 12 月將所有的文稿(包含若干電子檔案在內)郵送中山大學圖書館館長程煥文教授,前後經過一年有餘,原因當是人力有限,並非一氣呵成,而是陸續完成。以下謹述過程,並誌心得。

一、作業過程

民國 103 年程煥文館長函示有關《圖書館學家文庫》基本編輯事項,略含:

1、　收集整理全部著述,並提供電子文稿及紙本複印件。
2、　全面收錄先生著述目錄,按學科分門類次。
3、　整理先生照片圖錄,置於文集前,以圖片方式記錄先生的生活、事業與學術經歷。
4、　編輯先生著述系年,並收集他人發表相關文字。
5、　撰寫自序、他序及後記。

以上要項詳盡完整,文集的架構已經粲然浮現,另以表格呈現如下:

內容	說明
收集整理全部著述及他人發表相關文字	提供電子文稿及紙本複印件
照片圖錄	包括：成長及家人、進入師範、赴美研修、教學生涯、央館歲月、漢學中心、學會憶往、兩岸交流、師友追憶以及手稿著述等內容。
目次	
序	
大事紀要	附錄一
著作編年目錄	附錄二，著述系年
著作分類目錄	附錄三，按性質分門類次
後記	

除了上述編輯體例以外，先生對於文章內兩岸用詞歧異這個問題，甚為關注，深望能夠保持原貌。程煥文館長也表示將和此間協商處理，全力以赴，以釋先生的懸慮。

二、整理目錄

文稿的蒐集當以完整詳確的目錄作為基礎，才能事半功倍。蘇精教授提供了《書緣》增訂本的全部電子檔案，包括先生的著述（編年）目錄。遂以此為據，再加以增補，並妥訂類目，編成分類目錄，該目錄的類目如下表所示：

類目	類目
1. 圖書館事業	4. 圖書館經營與管理
1.1 圖書館綜論	4.1 館藏與選擇
1.2 圖書館史（含臺灣圖書館、圖書館人物）	4.2 資源組織（分類編目）
1.3 圖書館學與資訊科學	4.3 讀者服務（含圖書館利用、參考服務）
1.4 圖書館專業組織	4.4 圖書館自動化及資訊服務
1.5 文化建設與文化中心	4.5 圖書館法規與標準
2. 各類型圖書館	4.6 圖書館行政管理
2.1 國家圖書館	5. 圖書館合作交流
2.2 公共圖書館	5.1 館際合作
2.3 大專圖書館	5.2 國際交流
2.4 學校圖書館	5.3 兩岸交流
2.5 專門圖書館	6. 漢學研究及古籍整理
3. 圖書館教育與研究	7. 出版與閱覽
	8. 其他
	9. 傳記、著作目錄與他人述評

　　先生的著述既精且豐，必賴分類目錄才能窺見「宗廟之美，百官之富」，過去吳美美教授曾經編過〈王振鵠教授著作目錄（民 45- ）〉（收在〈筆記王振鵠教授幾個圖書資訊學的重要學術思維〉，《圖書館學與資訊科學》31 卷 2 期，民 94.10，頁 23-29），提供了若干啟發。另外，為了避免重複，凡論文收入在論文集之中，如《圖書館學》、《圖書館論叢》、《臺灣圖書館事業文集》，都在分類目錄上逐一註明出處，略寓有「別裁」的方式；而專書與論文之間內容相同，或一文重複兩見者，也都予以註明，稍近「互註」的含意。以上的註明雖然

不是很明顯，但是做起來並不單純，因為有的作品從目錄未必看得出來，要實際看到原文，才能甄別。

以上著述分類目錄編好後，另作為文稿蒐集的依據以及日後文集的目次。104 年 5 月，程煥文館長來函，建議將文集分為「專書」及「論文」兩部分，然後依照篇幅，再分為若干冊。此建議甚符實際，遂再加以改動，而分類目錄仍將「專書」及「論文」合而為一，以見類別。

在整理的過程中，偶然會發現舊目所漏收的文章，同時先生以及其他人也陸續發表新的文章，必需即時補到目錄中，以致於已經編輯完成的目錄需要隨之增添。尤其是程煥文教授以及肖鵬先生所寫的的〈王振鵠教授圖書館學術思想在大陸的傳播及其影響〉(《國家圖書館館刊》103 卷 2 期，民 103.12，頁 173-78)，收錄了許多先生的著述在大陸被轉載的出處以及先生在大陸的傳記資料。每一次的改動，都需要將先生的著述編年目錄、分類目錄以及放置在文集之前的目次一起改動；而最早所設計的分類類目在實際分類時，也發現若干扞格不合，凡此都需要不時的改動，也影響了工作的進度。

三、蒐集文稿

先生的文稿接近百分之八十散見於各報刊及書籍之內，而早年所出版的若干專書，連先生手邊也不盡齊全。

民國 73 年，中央圖書館閱覽組曾經將先生前此所發表的論文複印裝冊，並且複製三套，兩套庋放圖書館，一套贈給先生留存。圖書館的兩套久已不見，而先生的一套一時間手邊也

找不到，以致於先生從 45 年到 73 年之間的著述需要另外設法找尋。

國家圖書館的《臺灣期刊論文索引系統》廣收臺灣近 40 年所出版的學術以及一般論文，其中收錄民國 59 年以後先生的論文甚多，部分還有全文影像。先生先將過去未經授權的論文全數授權國家圖書館對外公布流通，繼得國家圖書館館長曾淑賢教授慨然提供協助，交囑高鵬主任以及羅金梅專員全力配合，提供資料。104 年 2 月上旬羅專員退休，在退休之前，她提供了相當數量的著述原稿，包括全文影像以及紙本複印件，至為辛勞。另師範大學圖書館館員吳宜修小姐主動協助，提供了一部分著述原稿的紙本複印件。

此外，蘇精教授以及陳仲彥教授提供了若干電子檔案及紙本複印件，同時個人也走訪各圖書館複印或掃瞄。

在整理目錄、蒐集文稿的過程中，陸續發現了少數過去著述目錄的漏誤，也都設法補正，舉例說明一二如下：

- 談圖書分類法　社會教育　3 期　民 50　4 版（改，原目錄記此文出處為社教通訊 3 期，民 50，頁 4，據陳仲彥教授提供原件改正）
  序／圖書資訊學導論（周寧森撰）　三民書局　民 80.2（改，書名圖書館學改為圖書資訊學）
- 臺灣省中學圖書設備調查　中等教育 11 卷 3/4 期　民 49.6　頁 5-8　以筆名予群發表（補，陳仲彥教授提供）
- 序／中日韓三國圖書館法規選編（簡耀東編）編　文華圖書館管理　民 83（補）

- 美國公共圖書館的發展方向　臺灣省立臺中圖書館三十週年特刊（臺灣省立臺中圖書館編）　臺中市：臺灣省立臺中圖書館　民65.3　頁36-42（補）
- 興建圖書館充實教學資源　劉真先生百齡華誕文集（財團法人劉真先生學術基金會編）　劉真先生學術基金會　民88.10　頁227-230（補）
- 前言／圖書館學（王振鵠主編,中國圖書館學會出版委員會）　臺灣學生書局　民63.3（補,先生以學會出版委員會的名義發表,內容精要）
- 強化著作權的保護　中華日報　民67.1.9-12　版9（刪,作者為他人）

以上說明,絕非表彰個人所作的事,而是強調目錄的編輯至為不易,尤其是「以目輯目」,更容易沿襲原有的錯漏,這一點凡是曾經編過目錄的都必有體會。

另先生八秩榮慶及九秩榮慶時曾經發行過光碟申賀,九秩榮慶特展另有專屬網頁,都是有關先生特別的影像資料,皆補入目錄中。

文稿的蒐集形式同時包括電子檔案（文字或掃瞄）和紙本複印兩種,電子檔案易於郵送,而紙本複印則備先生校閱所需。目前的圖書館多備有自助式的掃瞄設備,對於文稿的蒐集頗有幫助。

四、大事紀要

民國104年7月先生提供個人「大事紀要」,分年敘事,

並附重要作品，茲以前稿為根據，再參考《國家圖書館七十七年大事記》以及《中華民國圖書館學會六十周年特刊》，摘錄先生相關行事，逐年補入，以成全璧。

大事紀要以時間為經，大事為緯，並附有中外大事以及國內外圖書館大事紀要；此外，同時列出重要的出版品，藉以瞭解先生的治事與研究之間之關係。

五、圖錄照片

選錄先生歷年照片 124 幀，內以先生所著《書緣》增訂本的圖照為依據，再加增補，包括：成長及家人、進入師範、赴美研修、教學生涯、央館歲月、漢學中心、學會憶往、兩岸交流、師友追憶、手稿著述等內容，依照時間排列，以資瞭解。

其中若干照片距現在已有超過半個世紀，彌足珍貴，對於瞭解臺灣圖書館的發展及其代表性的人物頗有幫助。

六、先生著述特色

先生的著作，先進時賢稱述甚多，不再贅言，謹此舉出若干特色，以盡其詳：
- 在時間上，自民國45年至今（104），延亙至長，且持續不輟。
- 在數量上，累積豐富，包括近 40 部專書、400 篇論文。
- 在品質上，至為精闢，曾經是被引用最多的作者。
- 在主題上，包括圖書館事業、各類型圖書館、教育與研究、經營與管理、合作交流、漢學研究與古籍整理、出版閱覽⋯等，遍及圖書館各個領域，在華人圖書館界，無出其右者

- 在布局上，從小處著手而不瑣細，從大處著眼而不空洞，兼從宏觀及微觀的角度分析申論。
- 在文字上，先生國學根柢深厚，文筆洗鍊，行文簡潔明確，生動有力。
- 在研究上屢有創舉，先生的著述，常發人所未發，而居研究之先，例如：〈論全面發展圖書館事業之途徑〉（61.10）是最早呼籲全面規劃臺灣圖書館、《建立圖書館管理制度之研究》（74.3）是最早探討臺灣圖書館整體制度、〈臺灣地區圖書館事業的發展〉（82.7）是二十世紀最早回顧臺灣圖書館的發展、〈圖書館與圖書館學〉（63.3）是最完整論述圖書館與圖書館學的論文、〈當前文化建設中圖書館的規劃與設置之研究〉（70.6）是最早規劃中央及地方圖書館的研究、〈中央圖書館遷建計劃〉（69.8）是最早討論圖書館建築計畫書。此外，先生所主編的《圖書館學》（63.3）以及所創編的《圖書館學與資訊科學》（63.3）、《中華民國圖書館年鑑》（70.12）、《漢學研究通訊》（71.1）、《漢學研究》（72.6）……等都開當時風氣之先。其他如在公共圖書館、大專圖書館、圖書館員養成制度、處理文獻標準化、圖書館法、標題目錄、合作制度、兩岸交流……等議題上的論述，都居於領先的角色。
- 在性質上，結合了理論與實務，言必有物，文必有據，內容充實詳確而且務實可行。

先生的著述，「橫看成嶺側成峰，遠近高低各不同」，我們從其中可以看到圖書館（學）的箇中旨趣與服務人生。

七、誌感

　　先生這一輩子只和圖書館結緣，而且樂在其中。同樣的，先生在著述為文時，也是把「圖書館」當作終生的志業為目標來寫作，所以寫出來的不是冰冷的技術或規範，而是對著彷彿站在眼前的圖書館員或讀者而下筆。因為先生看見了那看不見的事業，所以筆下的文字常常充滿的希望，也流露出期許。樂意向讀者傳達出這樣的心意、並且願意和讀者保持著這一份牽絆，這應當是支持先生一甲子以來仍然筆耕不輟的動力。張錦郎教授曾經寫過〈善教者使人繼其志〉一文，文中說道：「……聽他講話，看他表情，……給人一種感覺：圖書館事業是一份很神聖的工作，要敬業、要執著、要全力以赴。」描述貼切。其實，不僅僅是從講話、表情，讀先生所寫的任何文章，都可以同樣地感受到鼓舞和期許。」很貼切。

　　臺灣的圖書館建設發展啟軔於民國40年左右，近60年來，不論在教育、研究以及行政管理各方面，先生始終貢獻其中。臺灣圖書館事業的發展與先生的大半生幾乎劃上了等號。圖書館即先生的人生，先生筆下的的作品就是一部臺灣圖書館篳路藍縷的拓展史書。展讀先生的著述，懷想臺灣圖書館從過過去的物力維艱走到目前的小康富庶，殊為不易。凡我同道讀先生書，涵詠其中，必能瞭解圖書館對於社會文化、民族國家之影響，若此，則全書之成編與中山大學諸先進之貢獻，也將與先生的志業流傳永遠。

顧力仁謹誌

104年7月9日初稿

104年12月17日修訂

後記

一、人物及時代的還原

　　本書就王老師與臺灣圖書館的關係作一個全面的論述，書中的每一件事、每一句話，都有所根據。王老師為臺灣圖書館所作的、所寫的以及所說的，大家都耳熟不過，那為什麼還要再多這本書呢？

　　圖書館和其他專業一樣，需要一棒接著一棒傳遞下去，我們在先進所開闢的道路上前進，而後起之秀也是在我們的成果上繼續邁進。這本書記述王老師和那一個時代，從胼手胝足初入小康境界，由手工製造轉向自動生產，是一段在物質上捉襟見肘，但在精神上發揚蹈厲的難忘日子。如今，臺灣圖書館幾與國際同步，不論在「資訊」或「數據」的理論和實務上都不落人後。但新的一代是否知道過去那一段篳路藍縷的日子？又是否能體會那種「什麼都沒有，卻又什麼都有」的價值觀？這是許多人關心的，也是寫這本書心意的所在。

　　王老師生長於國家蹇難時，憑藉著信心、毅力和決心，在70年代為臺灣的圖書館開創新局，當時也正是臺灣躋身「亞洲四小龍」的年代。王老師在教育、研究以及管理上都享有盛譽，但是他領導群倫，提升專業，並不完全靠這些看得見的能力，而是以虛懷若谷、謙沖自牧的態度去服務大家。在報導王老師的各樣看法和種種作為時，我試著將存在背後的那些因素抽繹出來，以還原人物及時代對後來的影響。

二、有容乃大，無欲則剛

在寫完初稿時，「有容乃大，無欲則剛」這八個字隨著老師的身影浮現出來。老師氣度閎深，曾經在中央圖書館秘書室服務過的薛吉雄先生形容老師對待同仁「年長者尊敬有加，如兄如姐；年少者和和藹關懷，親如家人。」（〈望之儼然即之也溫〉）另外，圖書館先進嚴文郁教授長先生近十歲，他也曾經描述對先生的感想：

> 器宇軒昂，儀表動人，且溫文爾雅，謙沖為懷，更令人易與接近。……每於開會及座談之際，見其處事冷靜而堅定，發言審慎而坦率，分析問題，簡明切要，實其學養深邃所致，由是景仰之忱，與時俱增。（《圖書館學論叢》序）

許多人樂意拜訪先生，或徵詢意見，或傾訴困難，往往能從先生處得到幫助，先生雖然是許多訊息和看法的集中地，但從不論人長短，或講述是非。

先生用人能取其長處，或者有個性也強的部屬，先生總不計其短，而讓他發揮所長，為團隊做出最大的貢獻。

先生筆下行雲流水，字蹟遒勁有力，他所寫的手札和說出來的話語透發著溫馨，令人常得激勵。先生從不吝於獎掖後進，讓很多學生部屬難以忘懷。國家圖書館前主任王錫璋先生收到過先生的信，他回憶說：

> ……三、四年前我寄去給他一份中華日報，內容是在副刊刊出的一篇我寫他的「與老館長話舊」的文章，他特

地寫了一封兩頁的感謝信給我，充滿彼此共事時的懷舊情懷。（王岫，〈書信手稿〉）

　　先生受邀三次，才出任中央圖書館館長，而教育部長每次更迭，先生必向新部長請辭，也必定被挽留，這不是虛應故事而已，而是先生把「作事」看的比「作官」來得重要，或者說先生從來不把「館長」這個職務當作「官位」。歷任部長也瞭解先生不可被取代的重要性。李煥先生擔任教育部長時，曾介紹某君到中央圖書館任職，先生以圖書館需要專業背景而婉覆，而這在先生擔任師範大學圖書館館長時已有前例，當時是張宗良校長，先生婉拒了一位沒有專業背景的主管眷屬到圖書館工作。

　　中央圖書館新建工程發包伊始，先生即函告承包廠商將心力放在工程品質上，務求盡善盡美，絕不要試圖行賄，若有同人索賄，即刻向館長舉報。在進行過程中，先生也曾多次拒絕各方關說。不接受關說，不受屈外力，讓圖書館工程保持該有的專業本質，先生之所以守正不阿是因為「不憂不懼，無欲則剛」。

　　先生做事，常將一天當兩天用，擔任中央圖書館館長時，「遷建新館、推動圖書館自動化以及提供漢學研究資源與服務」這三項重要的工作，彼此間是重疊進行。當時，先生在上班之前，必先巡視工地，下班後往往再去一次。到了辦公室，經常有同人已經等著報告公事，為的是怕一上班就不容易見到先生。

　　當時，先生一天的行程極為緊湊，圖書館、學會、教育部、文建會……大小會議不間斷，尚需不時訪視文化中心或者評鑑

圖書館系所。下班後先生常常要招待海外來訪同道，或是參加與公務有關的餐聚。中午時，先生或回家午餐小憩，或留在辦公室吃從家裡帶來的三明治。那段時間，先生雖然起早睡晚，但是從不見倦容，一方面是先生生活嚴謹，作息規律；另一方面也由於師母的悉心照顧。

先生從不積壓公事，中央圖書館的同仁多熟悉先生下班時手上提的大型公事包，裡面裝滿了白天看不完的公文，次日多經批閱發還，必要時還會與同人當面研議。在這麼忙碌的生活中，對於各方的來信，先生都一一親筆回覆，而對一般人習以為常的事，他也不會忽略。中央圖書館前主任張錦郎教授曾經收過先生寫的信，他回憶說：

> 隔天（十九日）……剛上班不久，……送來一封信，打開一看，是王館長振鵠師收到筆者贈書的謝函，信末日期署「十八日」。當時看完信，頗感愧疚，心裡想：學生送老師一本書是理所當然的，為什麼還寫那麼長的一封信？更何況信是在收到書的當天寫的，當晚不是老師的壽宴嗎？為什麼不能第二天、第三天再寫呢？又為什麼隔天上午即派人送信來？當夜寫信，天亮寄信，這就是王館長振鵠師待人處世的一種執著。（〈善教者使人繼其志〉）

先生既能容人，又勤於治事，所以海納百川成其大。

三、文化底蘊和斐然文采

老師有舊學根底，也雅好新文學，熟悉魯迅、巴金的作品，最欣賞五四文學健將之一何其芳的散文。來臺灣前，老師曾一

度任職《廈門日報》編輯部。讀初中時，所寫的文章常被指定當堂朗讀，以供同學觀摩，高中不時向報刊投稿。來臺灣初期，老師發表了不少作品。若不是日後往圖書館發展，必定享譽文壇。本書附錄二「王振鵠教授著作及傳記分類目錄」中列出「8.其他」一項，記載先生部分文學作品的出處。

老師投身圖書館行列後，不再有時間寄情文學，他深厚的文化底蘊和豐富的文采轉而投向圖書館領域，這就是為什麼老師所寫出來的圖書館文章不但透發著濃郁的文化氣息，並且極富可讀性。在一篇題為〈書人書話〉的文章中，老師說到：

> 古人曾說行萬里路，讀萬卷書。我個人深切的體認，讀書在汲取知識，追求學問，但同時也不要脫離現實，忽略人生。清朝廖燕在其「松堂集」一書中曾勸人多讀無字書，他說無字書者，天地萬物是也，取之不盡，用之不竭。其意指一個人除讀書外，更要深入社會，體驗人生。朱熹主張讀書更有「切己體察」的功夫，指出「學不止是讀書，凡做事皆是學」，也寓有此理。在這書籍世界中，汲取源頭活水固然重要，但也不可因資訊氾濫而遭湮沒。（《臺灣春秋》1 卷 6 期，民國 78 年 3 月）

這是體會人生，洞察學問而抒發的感喟，深富哲理。

四、王振鵠先生文集的出版

本書列了好幾個附錄，分別是：

（一）王振鵠教授大事紀要

（二）王振鵠教授著作及傳記分類目錄

（三）王振鵠教授著作及傳記編年目錄（續補）

（四）王振鵠先生文集自序及編輯後記

其中，附錄四所提《王振鵠先生文集》需要在此說明一二。2011年，時任中山大學圖書館館長譚祥金教授邀請先生出版個人文集，收入《圖書館家文庫》中。臺灣除先生外，受邀的還有胡述兆教授及李德竹教授（都已經在2014年出版）、沈寶環教授（已收稿，尚未出版），當時先生考量到曾經擔任公職，論著中有許多圖書館對國家社會影響的描述，而兩岸用詞多有歧異，不願意因為出版被改動，而一再婉謝。

2014年7月中，繼任中山大學圖書館館長的程煥文教授蒞臺祝賀先生九十嵩壽，當面敦請先生出版個人文集。當年9月3日程煥文教授來函，就文集出版相關事宜，包括文稿蒐集、分類整理、圖文收錄、版面編輯，乃至於照片的相數（即解析度）、先生著述系年、研究目錄、著者自序、編輯後記等，鉅細靡遺，屢敘詳盡，並表示關於兩岸用詞歧異之處，將會盡全力尊崇先生的旨意以保持原貌。

2014年11月29日程煥文教授收到先生的「著作分類目錄」以及「文集分類選目」兩份目錄後，向筆者表示「先獲取初稿中的所有全文（除了重複的以外），影本即可，做好文字準備。一旦確定了最後的目錄就可以直接排序交稿了。另外，需要編一個著述系年，按時序收錄王教授的所有著述，以及一個有關王教授的研究目錄，當然也是所有研究、報導、賀文等文字。煩請您先準備。」

2015年12月25日筆者備妥以上資料，將先生文集稿件以航空郵件交寄中山大學，內包含專著11種、單篇論文255種，

另照片 124 張。

之後，筆者與程煥文教授仍不時通信，以瞭解進度。

2017 年 7 月 27 日，程煥文館長函稱「如無意外，明年應該可以出版的。我們很重視此事，一定會盡力做得最好。」

2017 年 12 月 8 日，程煥文館長再來函，稱「年來出版審查太細太嚴，我不得不一字一句審閱，尚需時日才能完成。」

由 2014 年 9 月至 2019 年 5 月，近五年間與程煥文館長來往信件 30 封，平均每 2 個月一封。以上僅就來往通信，取其若干，摘錄一二，以供關心者瞭解。

大陸出版《圖書館家文庫》，旨在彙印民國以來重要的圖書館先進作品，以瞭解當代圖書館事業的發展，甚具意義。已經出版的除了前文所提以外，還包括《譚祥金趙燕群文集》、《李華偉文集》、《謝灼華文集》、《杜定友文集》等。有關文集的內容、稿件蒐集的過程，在先生所寫的〈序文〉和本人所寫的〈後記〉中，有詳盡的描述，敬請參閱。

先生的文集（全集）雖然暫時不能如期出版，期盼日後能在海峽兩岸問世，目前先生在《臺灣期刊論文索引系統》中所出現的文章都已經全部授權，提供全文影像，供各界閱覽。

五、感念及致謝

退休之後，能夠繼續和老師保持「師徒教學」的關係，讓我受益無窮。老師的記憶力驚人，過往的人物、情景如數家珍，歷歷在目。近年來，雖然體力不若之前，但是在家人的陪伴下，身心愉悅。

2014 年，我完成了《典範的時代和理想的人格：王振鵠館長與國立中央圖書館》一書，係就老師在中央圖書館館長任內的治績作為題材。這本書算是前書的延伸，彼此間並不重複，可以相互參閱。以老師作為寫作的對象，要感謝政治大學名譽教授胡歐蘭老師在多年之前的啟發，也要感謝國家圖書館前主任蘇精教授的提示。

臺灣大學名譽教授吳明德老師審閱全稿並惠賜序文，為本書增重。吳老師從臺大退休，沒有繼續兼課，是系裡和同學的損失。吳老師和王老師有諸多相似處，他們都曾經為臺灣圖書館的發展譜寫新頁。

本書初稿經藍文欽教授審閱，在體例、用語和格式上指教許多，謝謝他所花的時間和精力。張慧銖教授退而不休，繼續主持華藝數位股份有限公司的編輯業務，讓優秀的業界能與臺灣圖書館同步成長，並協助專業更進一步發展，很有貢獻。這本書繼續由華藝數位股份有限公司常效宇董事長的團隊出版，由衷感謝。特別是在互動過程中，張總編輯、黃于庭執行編輯，以及美編同仁的專業素養令我印象深刻。在寫作過程中，經常使用臺灣大學圖書館，該館資源豐富，設備完善，服務精湛，惠我良多，在此致謝。

內子辛法春是我寫作的知己、聽眾和第一位讀者，謝謝她長年的陪伴與支持。

老師於本年（2019）6 月 9 日在家中午睡時安詳過世，這本書預計 6 月中旬出版，張總編輯頗感遺憾。去年（2018）的 5 月間，張總編輯、愚夫婦陪同老師及吳明德老師餐聚的情景彷如昨日，今年還來不及邀請張總編輯一起再做「老萊子」（逗

老師發笑），我也不免遺憾，但摩挲著老師在書稿上的修改筆跡，感到無限的滿足。書的封面經過華藝同仁一再求好修改，並經老師選定，這張照片神采奕奕，最能表現老師的雍容大度。

師母於 2011 年去世，老師頓失重心，健康下滑，帕金森、高血壓……紛至。這八年來，在家人悉心的照顧下，大為穩定。老師次子王聲文醫師及高明暖伉儷陪侍身邊，晨昏定省；長女王珮琪館長及夫婿蕭國鏞先生伉儷住在咫尺，早晚問候；長子王聲翔建築師年節假日，必定排除萬難，由事務所所在地的大陸各地飛返臺北歡度佳節，其餘分在各處的孫輩們不時親趨或電話叩問，讓老師的家居充滿歡愉和溫馨。2018 年 3 月間，王聲文醫師夫婦陪老師坐著輪椅，克服萬難，由臺北飛到天津故里，這是老師最後一次的遠行。

從今年 4 月開始，師範大學社會教育學系就在張羅 7 月間老師的九五嵩壽，面對身邊至親至敬的遽離，任誰都會有遺憾，「若是……！」，大家驟然聽到噩耗，必定有許多難以割捨的思念。但想到老師卸下了身體的羈絆，和摯愛的師母重聚不分，我們當為此祝福。老師福壽雙全地回到天家，他希望我們捨下繾綣的私情，為曾經和他擁有那美好的回憶而滿足欣幸，他也必定希望每一位懷想他的人都要喜樂健康的勇往直前，像他用一生留給我們的印象。

顧力仁謹記
2018 年 5 月 13 日初稿
2019 年 5 月 16 日修訂
2019 年 6 月 10 日再記

國家圖書館出版品預行編目（CIP）資料

誠與恆的體現：王振鵠教授與臺灣圖書館 / 顧力仁著.
-- 新北市：華藝學術出版：華藝數位發行, 2019.06
　面；　公分
ISBN 978-986-437-161-7(平裝)

1. 王振鵠 2. 國家圖書館 3. 圖書館事業

026.133　　　　　　　　　　　　108002940

誠與恆的體現：王振鵠教授與臺灣圖書館

作　　者／顧力仁
責任編輯／黃于庭
封面設計／張大業
版面編排／許沁寧

發 行 人／常效宇
總 編 輯／張慧銖
業　　務／周以婷
出　　版／華藝數位股份有限公司學術出版部（Ainosco Press）
　　　　　地址：234 新北市永和區成功路一段 80 號 18 樓
　　　　　電話：(02)2926-6006　　傳真：(02)2923-5151
　　　　　服務信箱：press@airiti.com
發　　行／華藝數位股份有限公司
　　　　　戶名（郵局／銀行）：華藝數位股份有限公司
　　　　　郵政劃撥帳號：50027465
　　　　　銀行匯款帳號：0174440019696（玉山商業銀行 埔墘分行）
法律顧問／立暘法律事務所　歐宇倫律師
　ISBN／978-986-437-161-7
　　DOI／10.978.986437/1617
出版日期／2019 年 6 月
定　　價／580

版權所有・翻印必究　　Printed in Taiwan
（如有缺頁或破損，請寄回本社更換，謝謝）